LIÇÕES PARA VOCÊ CONSTRUIR NEGÓCIOS EXPONENCIAIS

LIÇÕES PARA VOCÊ CONSTRUIR NEGÓCIOS EXPONENCIAIS

DE VENDEDOR DE SACOLAS PLÁSTICAS A FUNDADOR DE UM GRUPO MULTIMILIONÁRIO

JOSÉ PAULO, Ph.D.

São Paulo
2021

IdealBooks

© 2021 por José Paulo Pereira Silva

Todos os direitos reservados à Ideal Books. É proibida a reprodução total ou parcial desta obra sem autorização expressa da Ideal Books.

Dados Internacionais para Catalogação na Publicação (CIP)

S586 Silva, José Paulo Pereira, 1973-

Lições para você construir negócios exponenciais : de vendedor de sacolas plásticas a fundador de um grupo multimilionário / José Paulo Pereira Silva. – São Paulo: Ideal Books, 2021.

352 p. : il. color. ; 21 cm.

Inclui bibliografia.
ISBN 978-65-993576-2-6
ISBN e-Book 978-65-993576-3-3

1. Silva, José Paulo Pereira, 1973- - Biografia. 2. Cultura organizacional. 3. Empreendedorismo. 4. Gestão estratégica. I. Título.

CDD: 658.421
CDU: 65.016.1

Ficha catalográfica elaborada por Marta de Souza Pião – CRB 8/6466

Direção Geral Ideal Books

Fábio Fonseca

Coordenação Editorial

Raquel Andrade Lorenz

Editoração   Redatora

Gisele Flôres   Thailize Brandolt

Parecerista   Aprovação

Ewerton Quirino   Ewerton Quirino

Revisão Ortográfica   Capa

Editora Coletânea   Jones Mazzarotto

Foto da Capa   Projeto Gráfico e Diagramação

Grupo Ideal Trends   Editora Coletânea

A DEUS pela saúde, vida e companhia
em todos os momentos.

Aos meus pais (José Pereira Silva e Cleusa Maria
Zanete Pereira) e às minhas irmãs (Carmem Ponte
e Nátalli Zanete) pelo amor, carinho e apoio que
sempre me dedicaram ao longo da minha vida.

Aos meus saudosos avós (Lázara Aparecida Zanete
— avó materna — e Júlio Pereira da Silva — avô
paterno), exemplos de coragem, honestidade e amor.

À Roseli Martins Pereira, minha amiga, companheira
e esposa que inspira e incentiva cada passo meu
com sua sabedoria, delicadeza e determinação,
compartilhando comigo sonhos e realizações.

Aos meus filhos amados (Anne Caroline,
Paulo Henrique e Peter Paul) por toda a
felicidade que nos proporcionam, por suas
palavras, seus sorrisos e seu carinho.

Ao meu nobre amigo Ewerton Quirino, por toda a
dedicação e pelo suporte na construção deste projeto,
resgatando momentos e fatos fundamentais.

A todos os colaboradores e sócios do Grupo Ideal
Trends, pessoas extraordinárias e incansáveis na
busca pela excelência e pelo crescimento mútuo.

A todos aqueles que transformam suas ideias
e seus sonhos em projetos reais, ajudando
a construir uma sociedade melhor.

José Paulo Pereira Silva

Orlando, Flórida (EUA), junho de 2021.

SUMÁRIO

PREFÁCIO 11

PALAVRA DE UM AMIGO 13

PRÓLOGO 15

CONHEÇA-ME! **19**

OS PRINCÍPIOS

E OS VALORES QUE ME MOVEM 21

AS ORIGENS 25

A SEDE DE CONHECIMENTO...33

OS INSUCESSOS...39

UMA DECISÃO IDEAL E UMA TRAJETÓRIA DE SUCESSO **45**

INTRODUÇÃO À ERA DO CRESCIMENTO EXPONENCIAL 47

DE VENDEDOR DE SACOLAS A
FUNDADOR DE UM GRUPO MULTIMILIONÁRIO 55

RESULTADOS EXPONENCIAIS..59

LIDERANÇA EFICAZ E EXPONENCIAL 65

O RAIO X DA ALMA 69

PRINCÍPIOS E CULTURA DE UM GRUPO EXPONENCIAL 73

CONSTÂNCIA 77

INTEGRIDADE 81

FÉ 85

CONSOLIDAÇÃO E CAMINHO EXPONENCIAL PARA O SUCESSO 89

UM GRUPO EMPRESARIAL SÓLIDO
E DE CRESCIMENTO EXPONENCIAL 91

SETE PILARES DO NEGÓCIO IDEAL 99

EMPREENDEDORES – OS 7 ERROS MAIS COMUNS
E OS 10 COMPORTAMENTOS DE SUCESSO EXPONENCIAL 123

HABILIDADES MAIS PROCURADAS
PELAS EMPRESAS E COMO DESENVOLVÊ-LAS 133

CRESCIMENTO EXPONENCIAL 147

ORGANIZAÇÕES EXPONENCIAIS 153

LIDERANÇA EXPONENCIAL 165

TRÊS AÇÕES PARA O DESENVOLVIMENTO EXPONENCIAL 183

MARKETING DIGITAL: NEGÓCIOS E PROFISSÕES 187

UM FENÔMENO NAS REDES SOCIAIS 197

OPORTUNIDADE DE CRESCIMENTO EXPONENCIAL 209

MARTIN LUTHER KING TINHA UM SONHO...
EU TAMBÉM TENHO UM 215

MUDANÇA EM LARGA ESCALA INOVAÇÃO EDUCACIONAL 219

IDEAL EDUCAÇÃO COMPARTILHANDO CONHECIMENTO
E UMA CULTURA DE CRESCIMENTO EXPONENCIAL 223

PROFISSÕES DO FUTURO 231

MARKETING MULTINÍVEL 237

UMA FRANQUIA ANTICRISE 245

O CAMINHO IDEAL: EQUILÍBRIO PARA UMA VIDA FELIZ 251

O CAMINHO IDEAL: EQUILÍBRIO PARA UMA VIDA FELIZ 253

CONSELHOS FINAIS ESPECIALMENTE PARA VOCÊ 263

PARA TER O MELHOR, DÊ SEU MELHOR! 265

BÔNUS 269

E O FUTURO, COMO SERÁ? 271

CAFÉ COM CULTURA: UM BATE-PAPO SOBRE MINHA
TRAJETÓRIA EXPONENCIAL NO GRUPO IDEAL TRENDS 277

O OLHAR DE UM LÍDER 291

MOVIMENTO EMPREENDEDORISMO IDEAL 295

DEPOIMENTOS 299

REFERÊNCIAS 315

ANEXOS 329

PREFÁCIO

José Paulo tem todas as qualidades de um grande homem: íntegro, determinado, humilde e temente a Deus. É um líder inspirador que sabe como extrair o que as pessoas têm de melhor.

Ele é um empreendedor serial de energia inesgotável. Aqueles que conseguem acompanhá-lo crescem como pessoas e como profissionais, tornando-se os privilegiados que participarão do sucesso da equipe.

Com seu espírito nobre, ele sempre afirmou aos amigos que seu maior objetivo é levar a palavra de Deus para todos, destacando também que seu sucesso como grande empreendedor é apenas um meio para um fim, uma maneira de arregimentar recursos para o elevar o coração das pessoas para Deus.

Tive o privilégio de acompanhar a trajetória de empreendedorismo do José Paulo desde o início, testemunhando sua evolução meteórica, própria dos grandes lutadores. Nunca deixei de me surpreender com seu crescimento vertiginoso. Aproveitem e desfrutem da leitura.

Edson Pardini

PALAVRA DE UM AMIGO

Nobre amigo José Paulo.

Hoje eu compreendo que ter um amigo vai além do conceito que as pessoas acreditam ser verdade. Um verdadeiro amigo nem sempre precisa frequentar sua casa nem dividir a mesa do restaurante com gargalhadas e conversas sobre o time do coração.

Amigo mesmo é aquele que corrige, orienta, motiva, apoia, suporta, repreende e, acima de tudo, nunca desampara. Aprendi que amigo fala a verdade, mesmo que doa; amigo agrega, divide o pão e o levanta pela mão até mais do que um irmão.

Aprendi que o mentor, treinador e gestor, após a reunião, volta a ser o amigo-irmão. Afinal, os dois estão na mesma missão, de intenção e coração.

Descobri que, independentemente da condição social, esse amigo permanece igual, sem vaidade, com muita humildade e humanidade.

Amigo José Paulo, a palavra "obrigado" tem um grande significado, que é o de retribuir tudo o que foi feito e dedicado. Como sei que não vou conseguir retribuir isso a contento, deixo uma palavra que demonstra meu sentimento: gratidão!

Que Deus abençoe você e sua família!

Ewerton Quirino

PRÓLOGO

O que é ideal para você? Ao longo da nossa jornada, sempre buscamos nosso aperfeiçoamento, tornando-nos excelentes, cultivando e praticando nossos ideais. Inspiramo-nos em pessoas que ultrapassaram barreiras por meio da atitude e se tornaram extraordinárias. São essas pessoas que mostram que é possível realizar nosso IDEAL, que é possível concretizar nossos sonhos e objetivos, e assim realizamos nosso IDEAL. José Paulo é uma dessas figuras que, com sua história, acendem a chama do propósito em nosso coração. Este não é apenas mais um livro sobre negócios e empreendedorismo; é um livro que fala sobre determinação, obstinação e fé; é sobre o empreendedorismo voltado para o desenvolvimento de pessoas e lideranças. Este livro é fruto da sabedoria de um homem que coloca seu conhecimento em prática todos os dias em prol do crescimento de milhares de pessoas.

Desde a origem familiar humilde, passando pelo vendedor de sacolas plásticas, até sua consolidação como empreendedor em série e mentor de negócios, José Paulo, neste livro, conta todo seu percurso, suas dificuldades e os momentos em que a fé o conduziu para o melhor caminho. Ele também fala da importância da família e dos bons relacionamentos atrelados ao cultivo de uma vida virtuosa e próspera.

Neste livro, você encontrará uma breve biografia pautada na determinação e obstinação por resultados, duas palavras que fazem parte do dia a dia de um dos maiores nomes do ramo de tecnologia na América Latina, o empresário de 47 anos José Paulo, que é apaixonado pela família.

José Paulo é casado e pai de três filhos. Desde a juventude, sempre foi ávido por resultados e muito trabalho. Dedicou-se muito aos estudos, formou-se em Engenharia de Produção e tem em seu DNA a incessante busca por conhecimentos. Atualmente, tem títulos de Mestre e Doutor em Administração de Empresas e Pós-Doutor em Relações Internacionais pela Florida Christian University (FCU/USA). Todos os títulos são convalidados no Brasil, conforme Lei n. 9394/2016 e Resolução CNE/CES MEC n. 3 de 2016.

Em 1995, deu início a seu primeiro empreendimento e nas últimas duas décadas construiu um grupo multimilionário com 25 empresas e projetos, atuando nos mais diversos ramos de atividade. Presidente do Grupo Ideal Trends, um dos mais promissores conglomerados de empresas do Brasil e em franca expansão no exterior, José Paulo implantou princípios de gestão que são vividos na prática por cada colaborador com uma cultura sólida e eficaz em todos os sentidos.

Com uma visão aguçada para novos negócios, José Paulo não se limita ao próprio crescimento e se dedica também à formação e à mentoria de milhares de pessoas, dando a oportunidade de seus colaboradores se tornarem sócios de suas empresas de forma meritocrática e seguindo seu modelo de liderar pelo exemplo.

José Paulo já formou mais de uma centena de líderes, deu oportunidade a mais de 20 sócios e, por meio de seus direcionamentos, transformou pessoas simples e dedicadas em empresários de grandes resultados, incluindo jovens que já têm liberdade financeira.

Por acreditar que dividir é multiplicar, José Paulo tem prazer em transmitir todo seu conhecimento para o desenvolvimento de pessoas de diversas áreas do mercado.

Este é um livro prático, objetivo, de fácil entendimento e direcionamento. Inclusive, tais características são do próprio autor.

José Paulo ainda traz para você, leitor, um capítulo com sete pilares para o negócio ideal, um presente para aqueles que querem empreender e expandir o próprio negócio.

Se você está buscando uma vida de excelência, acredita que seu esforço e sua dedicação merecem ser recompensados e crê que sua missão de vida serve a um objetivo maior, então este livro é para você! Sem dúvida, você irá se emocionar, poderá se identificar com os princípios e *cases* de sucesso do José Paulo e fazer que isso se torne uma realidade em sua vida também.

Tenha uma ótima leitura!

CONHEÇA-ME!

ESCANEIE AQUI
E conheça mais sobre o autor.

OS PRINCÍPIOS
E OS VALORES QUE ME MOVEM

Quais são os valores fundamentais em sua vida? Quais princípios estão presentes em todas as suas ações e aspirações? Existem três valores principais em minha vida, e gostaria de compartilhá-los com você, caro leitor. "Integridade" vem do latim integritate e representa a qualidade do íntegro, fundamentada pela retidão e imparcialidade, portanto uma virtude fundamental e ao mesmo tempo ignorada hoje.

Aquilo que é íntegro também precisa ser constante. De nada adianta eu prezar por minha integridade em momentos isolados da vida. É preciso que a constância e a obstinação andem juntas!

Sobre a fé, para mim é o verdadeiro combustível da existência humana. É a maior aliada para materializar os desejos do coração. A fé vai além da esperança, é a garantia das coisas esperadas e a prova das que não se veem.

Este livro não poderia começar de outra forma a não ser tratando daquilo que me trouxe até aqui: os princípios e valores que moveram meus passos em busca de uma vida melhor para mim e para a sociedade em que vivo.

Antes de começar a falar sobre isso, quero fazer três perguntas a você, caro leitor:

1. Qual foi o momento mais importante de sua vida?

2. Qual é a pessoa mais importante de sua vida?

3. Qual é a tarefa mais importante de sua vida?

Tenho quase certeza que o que veio a sua mente na primeira pergunta foi algum momento grandioso da vida, talvez seu casamento, sua formatura ou o nascimento dos filhos. Na segunda pergunta, provavelmente você pensou em sua família, esposa ou filhos. Na terceira pergunta, talvez você tenha pensado em seu trabalho. Mas vou pedir que pense por mais alguns segundos.

Eu sugiro que você reflita sobre a primeira pergunta e considere a seguinte resposta: o presente! Sim, o presente é o momento mais importante de sua vida. É o único momento em que podemos fazer algo, o único instante em que de fato existimos e podemos fazer essa existência valer a pena. O passado já não existe e não pode ser modificado, e você não tem controle do futuro.

Para a segunda questão, acho que a resposta deveria ser: "a pessoa que está em minha frente no momento". A pessoa mais importante de sua vida deve ser aquela que está com você agora. Ela deve ser seu objetivo! Tratar bem essa pessoa, ser gentil e honesto com ela fará que você desenvolva seu melhor e o ajudará a ser melhor para os outros também.

Quanto à tarefa mais importante de sua vida, deve ser aquela que agregue à pessoa que está em sua frente no momento, ou seja, coisas que o ajudarão a desenvolver um caráter excelente, bons valores e que o permitirão se desenvolver continuamente. Dessa forma, você poderá usar suas habilidades, seus talentos e conhecimento para alcançar o próximo nível e impactar gerações.

Com base nessas respostas, quero agora contar a você quais são os princípios éticos e morais que fazem parte de minha vida e como eles me ajudaram a alcançar o sucesso: integridade, constância e fé.

O que significa integridade? Você se considera um ser íntegro? Você acredita que a integridade faz parte de seu conjunto de valores fundamentais? "Integridade" vem do latim *integritate*, representando a qualidade do íntegro e se baseando na retidão e imparcialidade. Assim, é uma virtude fundamental, porém ignorada hoje. Vivemos imersos em efemeridade. Os valores que deveriam ser perenes se fragmentam facilmente e isso impede muitas vezes que nos tornemos pessoas de caráter sólido e íntegro. Para mim, integridade é aquilo que é completo, inteiro, que não tem duas faces, que é o mesmo em qualquer lugar, hora e tempo, o que você faz quando está sozinho ou na companhia de outros.

Aquilo que é íntegro também precisa ser constante. De nada adianta eu prezar por minha integridade em momentos isolados da vida. Acredito que devemos mudar. A mudança é algo iminente em nossa sociedade. É dela que provém a inovação. Mas precisamos ter consciência de que nosso caráter, nossas atitudes e nossa constância ao longo do caminho direcionarão nossa missão ao sucesso e a sua plena realização. O treino constante produz um bom jogador; o ensaio constante faz um bom músico. É preciso que a constância e a obstinação andem juntas!

Sobre a fé, para mim, é o verdadeiro combustível da existência humana. É a maior aliada para materializar os desejos do coração. A fé vai além da esperança; é a garantia das coisas esperadas e a prova das que não se veem. Ao longo deste livro, você entenderá melhor minha relação com a fé e como ela conduziu minha vida e a de tantos outros.

Nos próximos capítulos, os princípios citados serão aprofundados. Vou contar como aplico cada um deles em minha vida e como eles também transformarão sua vida.

AS
ORIGENS

Acredito que nosso caráter e os resultados de nossas ações têm como base principal nossas raízes, a história que foi escrita antes de nascermos e que se fortaleceu ainda mais com nossa existência. Não há como separar um homem de suas raízes. As lembranças que tenho da infância e juventude ajudaram a solidificar meu caráter e a construir uma imagem daquilo que eu queria para o futuro, sabendo que com dedicação e esforço eu poderia chegar aonde quisesse, sem deixar para trás os valores que desde muito cedo me foram passados. Essa base familiar, esses valores e propósitos, esse incentivo ao ensino é que fazem que uma pessoa construa seu futuro de sucesso.

Eu costumo dizer que conheço as pessoas por seus frutos e sua história. Na realidade, estou falando em conhecer a essência da pessoa, onde ela foi forjada e se gosta de desafios. Acho que minha trajetória como empresário tem raízes em meu berço familiar. Minha base vem da história de luta de meus pais, de meus avós e de outros que vieram antes deles. Por isso, antes de falar sobre outros assuntos, gostaria de contar a você, leitor, um pouco da história de minha família.

Diante de uma situação difícil na Itália, mais especificamente na cidade de Fregona, em meados do século XIX, meus tataravós, Francesco e Maria Tafarelo, destemidos, decidiram tentar a vida no Brasil com seus cinco filhos. Em 10 de novembro de 1897, eles embarcaram cheios de esperança, enfrentando 19 longos dias de viagem.

Chegando ao Brasil, instalaram-se na cidade de Botucatu (SP). Movidos por desafios, não pensaram duas vezes quando foram convidados para trabalhar na cafeicultura que estava no auge no País. Então, mudaram-se para a cidade de Santa Cruz do Rio Pardo (SP) e iniciaram um trabalho duro de sol a sol.

O tempo passou, e o neto desse casal, meu avô, Augusto Zanetti, enamorou-se por Lázara, filha de brasileiros de família renomada de Santa Cruz do Rio Pardo. O pai da moça não admitia que a filha namorasse um imigrante italiano, pois havia um grande preconceito naquela época. Mas a determinação do italiano somada à fé e ao amor de Lázara não poderia ter outro resultado senão o casamento após um namoro de 5 anos.

Lázara Santos e Augusto Zanetti, jovens de 19 anos, não aceitavam fazer nada separados, tamanha era a cumplicidade e a amizade do casal, além do foco no trabalho para manterem o lar. Logo, a casa de meus avós começou a se encher de alegria, e a primeira filha a nascer foi minha querida mãe, Cleusa, que por muitos anos foi o braço direito da família. Ela dividia sua infância entre o trabalho na roça e o cuidado com os irmãos, e o tempo que restava era reservado aos estudos.

Minha mãe sempre me ensinou que o trabalho duro mantinha uma casa repleta de pessoas, a qual incluía meus avós e os 12 filhos, dois deles adotados. Todos os filhos, aos 6 anos de idade, começaram a trabalhar com meu avô na roça, ao passo que minha avó cuidava dos afazeres da casa. Eles não tinham sapatos, mas tinham garra, determinação e felicidade.

AS ORIGENS

Meu avô, um homem de bom coração, arrendou seu sítio para auxiliar um necessitado com o dinheiro. Infelizmente, essa pessoa não o pagou, e toda a família ficou sem lar e sem terra para trabalhar. No entanto, como já relatei, determinação e fé eram o que movia essa família, a qual foi acolhida por um casal da região. Eles não desistiram.

Mal sabiam que, em 17 de abril de 1971, uma fatalidade tiraria a vida de meu avô. Naquela ocasião, toda a cidade se comoveu. A família, porém, continuou unida. Mais uma vez, a fé e a determinação prevaleceram, e minha querida avó, Lázara, grávida da filha mais nova, tomou as rédeas da situação e manteve todos juntos e com o mesmo objetivo: ter uma vida de muito trabalho e integridade.

Minha grande inspiração empreendedora é minha avó, que ficou viúva aos 46 anos de uma forma muito trágica e com dez filhos decidiu mudar de cidade para iniciar uma nova jornada. Levou uma muda de roupas, carne salgada e lenha para manter os filhos alimentados e aquecidos, o que era uma de suas principais preocupações, ao passo que buscava e desenvolvia oportunidades para sua família crescer e empreender. E este é o mais puro exemplo de empreendedorismo familiar: o cuidado, a disposição de abraçar o desconhecido e a preocupação de longo prazo de minha avó revelam sua capacidade de ver além, de olhar para o futuro e garantir resultados positivos com suas atitudes no presente.

Dessa forma, ela se tornou pai e mãe de seus filhos e mais do que isso: um grande exemplo e inspiração para que todos pudessem se empenhar na construção de seu futuro. Essa história é só uma pequena parte daquilo que chamo de minha grande riqueza: os valores familiares que herdei e procuro honrar em tudo o que faço.

Os anos se passaram até que chegou o momento de minha mãe formar a própria família ao conhecer meu amado pai, José Pereira, policial militar, um homem íntegro, disciplinado e rigoroso, mas muito protetor. Eles se casaram e vieram para São Paulo. Então, meus tios tiveram a oportunidade de tentar a vida nessa terra de oportunidades.

As lembranças mais marcantes que tenho de minha infância remetem ao tempo de escola. Quando tinha entre 6 e 7 anos, eu frequentava uma escola localizada na Zona Sul de São Paulo, no bairro Rio Bonito, a Escola

Estadual Professor José Vieira de Morais. Quem me levava para a escola era minha mãe. O trajeto que percorríamos de casa até a escola não era asfaltado e tinha muita lama quando chovia. Isso fez que minha mãe tivesse a ideia de colocar um plástico ao redor de meus calçados e carregar um par de tênis extra na sacola, caso um deles ficasse molhado.

Outra lembrança que me toca muito é a de minha mãe se levantando de madrugada para pegar lugar em uma fila de tratamento dentário gratuito na Organização Santamarense de Educação e Cultura (Osec). Para mim e minha irmã, não havia outra alternativa, pois o tratamento dentário era extremamente caro, então ela se levantava e meu pai a levava até o local. Ela colocava um pedaço de jornal ou papelão para forrar o chão e enfrentar uma fila, sempre na companhia de sua amiga Portela, das 4 horas da manhã até o horário de atendimento, que era o momento em que meu pai, também muito cuidadoso, fazia a segunda viagem, levando eu e minha irmã. Tudo isso era feito para garantir que recebêssemos tratamento. Eu guardo essa dedicação e esse cuidado com muito carinho em meu coração.

Um fato curioso é que, após os 35 anos, eu resolvi investir no ramo de educação, quando contratei uma consultoria e, para minha surpresa, a pessoa responsável havia sido diretora dessa faculdade. Embora isso seja outra história, mostra como o mundo é pequeno.

A rica presença materna foi algo que me marcou muito e fez que eu desenvolvesse um caráter de extrema dedicação aos estudos. Eu percebia o esforço de minha mãe para que eu tivesse uma educação de qualidade. Em resultado disso, eu enxergava a escola como um ambiente que deveria frequentar com amor e alegria, visto que minha mãe prezava tanto por isso.

Meu pai era militar e taxista, muito trabalhador e um grande exemplo, mantendo as duas fontes de renda. Apesar de seu grande esforço e trabalho duro, nossa vida era bem simples. No turno que fazia no quartel, ele ganhava uma refeição com pão, queijo e presunto. Carinhosamente, levava para casa sua única refeição, para que eu e minha irmã pudéssemos dividi-la e comê-la com uma maçã.

Meu pai também foi um grande exemplo de homem estudioso. Ele lia muito e estudava por conta própria. Foi a primeira pessoa que me ensinou sobre Deus e sobre a história do mundo. Assim, minha casa era um lugar

AS ORIGENS

de amor, respeito, valores sólidos e incentivo para sempre buscar o conhecimento, além de valorizar de forma ética tudo aquilo que aprendi.

Minha infância foi maravilhosa. Devido a todo esse suporte familiar e como pude aproveitar a liberdade que tínhamos de brincar na rua, soltar pipa, jogar bola, apesar de não ter internet na época havia uma conexão genuína entre eu e meus amigos. Na época, pude entender como as relações funcionavam e valorizar cada uma delas.

Um marco em minha vida começou quando um de meus tios conseguiu emprego em uma grande empresa de tratores e passou a arrumar trabalho para os irmãos; praticamente toda a renda da família saía do trabalho naquela empresa, e eles eram gratos pela oportunidade.

Quando havia festa de fim de ano na empresa, lá estava nossa família reunida, afinal todos trabalhavam lá. Eu frequentava essas festas. Algumas delas eram realizadas na própria companhia (aliás, uma ideia genial de integrar a família à empresa), quando éramos convidados a fazer um tour por ela, uma espécie de *open house*. Nas ocasiões, pude ver os setores, as máquinas e os processos em que meus tios trabalhavam. Eu me encantava com as máquinas operatrizes, especialmente com as de controle numérico computadorizado (CNCs), ficava fascinado com as linhas de produção e com os enormes tratores que a empresa fabricava, tudo com um incrível aparato tecnológico que me deixava vidrado. Ademais, nessas festas, eram servidas guloseimas e realizadas brincadeiras. Aos 12 anos de idade, decidi que eu iria trabalhar lá também.

Gostaria de abrir parênteses aqui: eu sou da era pré-internet — não confunda com pré-histórico (brincadeira) —, sou apaixonado por tecnologia, e meus primeiros experimentos com eletrônica e programação foram com os famosos microprocessadores Z80 e 8085, ambos de 8 bits, ancestrais dos Chips de aparelhos como Iphone, iPad e similares. Eu sou da geração que viu a internet nascer, que viu o smartphone ser lançado, o Google transformar o mercado de buscas, as mídias sociais atravessarem barreiras e fronteiras e tantas outras incontáveis e maravilhosas inovações.

Uma frase que costumo citar é: "decisões decidem destinos". Ali estava um garoto decidido. Mesmo criança, para mim, nada poderia ser feito de qualquer forma. Se fosse para trabalhar naquela empresa, que isso fosse feito da melhor maneira possível. Então, com a ajuda de minha mãe e orientação de meus tios, consegui concorrer a uma vaga e estudar no Serviço Nacional de Aprendizagem Industrial (Senai), mantendo o foco em meu objetivo, que era trabalhar na empresa de tratores.

Aos 14 anos, lá estava eu, como o mascote da família, trabalhando na mesma empresa; eu não era mais convidado das festas, e sim fazia parte de tudo aquilo, tal como havia decidido e planejado. Tenho certeza de que a determinação e a fé de meus avós me acompanham até hoje.

Antes de terminar este capítulo, não posso deixar de falar de meu avô paterno, Júlio Pereira da Cruz, um homem íntegro, trabalhador e de bom coração, que foi militar no Nordeste e exercia a função de poceiro. Imagine o desafio que era cavar poços nas casas nos anos 1950, o que era comum na época. Nem todos sabiam como fazer, mas era a única forma de captação de água em algumas localidades.

Meu avô, com sua simplicidade, mesmo sem saber ler ou escrever, tinha grande sabedoria. Ele sabia bastante sobre a Bíblia, era adepto da literatura de cordel e viajou o Brasil inteiro trabalhando e tocando seu violão, que era sua paixão. Mesmo sendo tão simples, cobrou dos filhos muita seriedade, tanto que meu pai, como citei, tornou-se militar, assim como meu tio Elias.

Uma curiosidade que poucos sabem é que na cidade de Embu-Guaçu, em São Paulo, existe uma rua com o nome desse saudoso, querido e humilde senhor. Mesmo com sua simplicidade, seu nome ficou eternizado por seu legado familiar e por essa homenagem da cidade.

Todas essas pequenas histórias que contei fizeram que eu me tornasse quem sou hoje. O grupo que dirijo, as empresas que administro e as pessoas que ajudei a desenvolver são reflexos de tudo o que aprendi no seio familiar.

De meu pai, herdei a dedicação e disciplina; de minha mãe, o cuidado e o carinho. Como pai de três filhos (uma menina de 11 anos, um menino de 6 anos e o caçula com 1 aninho), hoje entendo ainda melhor a importância das presenças paterna e materna na vida e na constituição de caráter de uma pessoa com valores morais sólidos. Eu faço questão de levar e buscar minha filha na escola todos os dias e invisto esse tempo para conversar com ela sobre os valores de vida, sobre os princípios básicos que ela deve cultuar em sua existência e, assim, prepará-la para o mundo.

Um grande educador disse que os bons pais não são aqueles que estão sempre presentes, mas aqueles que fazem sua presença ser desnecessária. É isso que procuro fazer na educação de meus filhos e com todas as pessoas que surgem em meu caminho em busca de alguma orientação. Tento ser para elas aquilo que a minha família foi: um grande exemplo.

As lembranças que tenho da infância e juventude ajudaram a solidificar meu caráter e a construir uma imagem daquilo que eu queria para o futuro, sabendo que, com dedicação e esforço, poderia chegar aonde quisesse, sem deixar para trás os valores que, desde muito cedo, foram-me transmitidos. A base familiar, os valores e propósitos e o incentivo ao ensino e ao trabalho são o que fazem uma pessoa construir seu futuro de sucesso.

A SEDE DE
CONHECIMENTO

É confortável para o ser humano utilizar o que já sabe e se limitar àquilo; é natural, pois a maioria das pessoas acredita que buscar conhecimento é complicado e caro. Isso é um grande engano. Todos os dias aprendemos algo. O único receio que tenho é acreditar em uma mentira; por outro lado, quanto mais conhecimento tenho, mais as mentiras estão longe de mim e de minha carreira. Afinal, o conhecimento traz um bem muito valioso, chamado discernimento, mas falaremos sobre isso em outro momento.

Um dos capítulos de meu livro de cabeceira tem a seguinte frase: "Os insensatos desprezam a sabedoria e a disciplina." Não tem nada mais valioso para um homem do que o conhecimento; e, quando aliado à disciplina, o resultado não pode ser outro senão o sucesso.

Sempre tive sede de conhecimento, e quando me refiro a conhecimento não me limito às paredes das escolas e universidades. Eu me refiro a algo que transcende. Fiz do interesse pelo aprendizado um hábito — a todo momento estou atento para aprender algo novo.

Também acredito que essa vontade de ir atrás do conhecimento faz parte de um conceito muito importante que aprendi: pessoas sábias pedem conselhos e procuram ajuda. E sempre busquei essa ajuda nos estudos, tanto acadêmico como aquele que adquiri ao me relacionar com outras pessoas.

Pense na seguinte situação: se você sente dor em alguma parte do corpo, será que precisa estudar Medicina para saber o que ela significa? Obviamente, não! Você consulta um especialista no assunto: um médico que já tem uma trajetória de conhecimento. Aqueles que não têm humildade para reconhecer que pedir ajuda é fundamental para a evolução ficam estagnados na própria ignorância. Há uma resposta para tudo o que você precisa saber. Basta perguntar!

É confortável para o ser humano utilizar o que já sabe e se limitar isso. Isso é natural, pois a maioria das pessoas acredita que buscar conhecimento é complicado e caro. Isso é um grande engano. Todos os dias, aprendemos algo. O único receio que tenho é acreditar em uma mentira; por outro lado, quanto mais conhecimento adquiro, mais as mentiras ficam longe de mim e de minha carreira. Afinal, o conhecimento traz um bem muito valioso chamado discernimento, mas falaremos sobre isso em outro momento.

Uma grande lição de conhecimento e disciplina para mim foi quando decidi estudar para o vestibular e ingressar em uma universidade. Avisei toda minha família que, por um tempo, eu me concentraria nos estudos e ficaria trancado em meu quarto por um bom tempo. Até as refeições minha mãe deixava na porta, pelo lado de fora. Sim, isso mesmo. Pode parecer loucura, mas por uma paixão devemos renunciar a muitas coisas.

Na época, fiquei absorto nos livros por vários dias, e, à medida que o tempo passava e a barba crescia, o conhecimento se multiplicava. Eu estava focado e me preparando para um dia decisivo, no qual obtive sucesso. Entenda o seguinte: o sucesso não está naquilo que você quer fazer, mas no que precisa ser feito; da mesma forma, precisamos conhecer temas e coisas de que nem sempre gostamos, mas dos quais necessitamos para avançar.

Uma certeza que obtive por experiência e que quero passar para você, leitor, é que as pessoas comuns simplesmente olham para as coisas, mas pessoas que têm conhecimento olham através das coisas. E aí está o grande segredo, pois olhar através das coisas amplia a visão sobre o todo e dá a certeza de que você está no caminho correto.

A leitura se tornou um hábito para mim. Eu leio praticamente sobre tudo; mas não sou um autodidata que lê, aprende e coloca em prática determinado tema. O que eu busco com a leitura é um conhecimento amplificado de diversas áreas, o qual resulta em diversas ideias e *insights* para novos negócios.

Hoje, temos a grande satisfação de acessar livros e conteúdos na palma da mão. A tecnologia proporciona isso, e é preciso aproveitar. No entanto, durante minha vida, aprendi que também posso extrair conhecimento por meio de perguntas. Sempre que tenho oportunidade de conversar com alguém que tem experiência, talento ou dom, não perco a chance, em uma conversa amistosa ou profissional, de fazer perguntas sobre assuntos que me deixam curioso; procuro não ser enfadonho, mas, tudo o que eu puder, vou questionar para aprender.

Cercar-se e relacionar-se com pessoas inteligentes é vital para o crescimento intelectual, pois ajuda a ter novas ideias e resultados expressivos em todas as áreas da vida. Então, peça conselhos. Mas não peça um ou dois. Tenha diversas fontes. Você não precisa segui-los, mas use-os como base para sua análise; nos conselhos, adquirimos muito conhecimento.

Com base nessa forma de agir, cheguei a diversas conclusões, e; pode parecer contraditório, mas tenha certeza de que esse caminho me ajudou a ter sucesso. Afinal, a sede pelo conhecimento faz que eu não me conforme apenas com o que dizem. Eu preciso ir além, buscar sempre mais. E mesmo que a fonte seja autêntica, confrontar ideias e pensamentos é essencial para continuar a expandir minha mente. A pessoa que se contenta com o básico e o toma como verdade terá sempre o básico ou acreditará em uma inverdade. Faça que a busca pelo conhecimento se transforme em um hábito em sua vida e você irá muito além de que imaginou.

Até aqui, você deve ter percebido minha busca incessante por conhecimento. Eu comecei muito cedo; em 1992, estudei no Liceu de Artes e Ofícios, em São Paulo. Era um desafio ser aprovado nessa nobre instituição. Para estudar lá, era necessário superar as limitações da escola pública e complementar paralelamente os estudos; afinal, havia uma concorrência desleal do outro lado: os alunos das escolas particulares, que tinham mais ferramentas e materiais. Mesmo com a competição, consegui superar as dificuldades e me formei no curso de técnico em Eletrônica, que, na década de 1990, era uma formação que abria várias portas.

Eu comecei a empreender cedo. Meu primeiro negócio foi no ramo de embalagens, bem antes da universidade. Em 2010, graduei em Engenharia de Produção. Para quem nunca ouviu falar, um engenheiro de produção tem como missão garantir a eficiência do processo produtivo de uma empresa, mantendo um custo baixo, ou seja, produzir mais, com qualidade e gastando menos.

Como já era empreendedor, eu percebi que essa missão pode e deve ser aplicada em qualquer tipo de negócio e em qualquer segmento. Entenda o seguinte: eu estudei para ser engenheiro, e minha mente já estava preparada para usar esses princípios em diversas áreas.

Com meus empreendimentos tomando forma e crescendo em grande velocidade, eu precisava ser rápido em minha capacitação. Encarei um MBA em Vendas e, logo em seguida, concluí um MBA em Marketing. Entenda também que o tempo é implacável, e se você quer ter sucesso tem que ser implacável também e evoluir diariamente; caso contrário, será ultrapassado.

E vou além: se você tem uma empresa saudável hoje, não se acomode. Atualize-se e crie algo que supere sua própria empresa, senão a concorrência o fará por você. Para isso, você deve estar atento a tudo o que está ocorrendo ao redor. Caso ainda não tenha começado seu empreendimento, alguém pode estar fazendo isso em seu lugar.

Eu decidi não parar. Iniciei, em 2012, o mestrado em Administração de Empresas pela Instituição FCU estabelecida na Flórida, Estados Unidos da América, e o concluí em 2013. No mesmo ano, parti para o doutorado na mesma instituição, finalizado em 2014. Logo após, em 2016, concluí o pós-doutorado em Relações Internacionais. Todos os títulos são convalidados no Brasil, conforme Lei n. 9394/2016 e Resolução CNE/CES MEC n. 3 de 2016.

Reveja as datas. Cinco anos em um parágrafo! Parece que foi simples. Mas não é e não foi. Tive que conciliar empreendimentos, família e estudos para chegar até o pós-doutorado. Na verdade, não só conciliar, mas manter tudo em harmonia, sem perder o foco em cada uma dessas áreas.

Você, que está lendo este livro, saiba que o escrevi com o objetivo de ensinar algo por meio de minha trajetória; não simplesmente para contar minha história, mas trazer algo de bom para sua vida a cada capítulo.

A formação é algo que brilha aos olhos de muitas pessoas quando se diz "sou pós-doutor", por exemplo. Por trás do título, há muita entrega e renúncia. Durante anos, trabalhei de 10 a 12 horas por dia. E, ao chegar em casa, estendia os estudos até as 2 ou 3h. Pouco via meus familiares e tinha que chegar na empresa energizado para mais um dia.

Para muitos, é um preço alto a se pagar, e a maioria não está disposta a isso. Mas eu sei que a "dor" no curto prazo gera prazer e satisfação no longo prazo. Quando eu digo "dor no curto prazo", refiro-me às renúncias e privações no momento da dedicação. E quando digo "prazer e satisfação de longo prazo" me refiro aos bons frutos que estou colhendo e que ainda vou colher por tudo que plantei.

São poucos os que querem ir além. A maioria se apoia em três palavras: desculpa, justificativa e vitimismo. Se você realmente quer ter sucesso, esses termos não podem fazer parte de seu dia a dia. E o mesmo vale para todas as áreas da vida, não somente em sua capacitação.

Além da formação acadêmica, a participação intensa em palestras, seminários e congressos fazem parte da minha rotina. Vejo isso como um investimento em meus negócios e em minha vida.

Minha busca incessante por conhecimento se dá porque eu acredito que "só temos aquilo que sabemos; se não sabemos, não temos". Volto aqui

LIÇÕES PARA VOCÊ CONSTRUIR NEGÓCIOS EXPONENCIAIS

a citar um trecho de meu livro de cabeceira: "Porquanto, melhor é a sabedoria do que as mais finas joias, e de tudo o que se possa ambicionar, absolutamente nada se compara a ela!" (inclusive a prata e o ouro).

Podem levar tudo o que você tem, mas nenhum homem jamais poderá tirar o conhecimento adquirido. O conhecimento ajuda a manter e multiplicar o que você já tem, bem como a recomeçar, se necessário.

OS
INSUCESSOS

Os quatro cases de insucesso que escolhi para contar a seguir, apesar de o título deste capítulo ser esse, foram como grandes passos de aprendizado. Aprendi muito sobre mercado digital, embalagens, educação, beleza e bem-estar, então você verá como esses "insucessos" me ajudaram a chegar aonde cheguei.

Eu separei quatro casos de insucessos que tive em minha vida, e resolvi escrever este capítulo porque as adversidades e os insucessos me levaram à maturidade, na vida, nos negócios e em meu relacionamento com as pessoas. Primeiro, gostaria de falar um pouco sobre por que resolvi empreender.

Comecei a trabalhar muito cedo. Pelo Senai, ingressei na mesma fábrica de tratores em que trabalhavam alguns de meus familiares. Fiquei nessa empresa dos 14 até os 18 anos de idade. Entrei em outra companhia, na qual fui de líder de manutenção a gerente de fábrica com 21 anos de idade. Tinha dias em que eu trabalhava de 12 a 14 horas. Eu trabalhava no chão de fábrica, e do local em que realizava meu trabalho conseguia enxergar a sala do dono da empresa. Como sempre fui muito observador, notei que toda semana um senhor de terno aparecia, parava o carro em uma das vagas reservadas para a diretoria e o dono da empresa saía com ele para almoçar. Reforço aqui minha mensagem: quer aprender algo? Pergunte!

Fiquei pensando e perguntei para meus colegas: "quem era aquela pessoa? Qual é a função dela na empresa?" Ninguém pôde me dar essa resposta. Tudo o que sabiam era que ele andava sempre de paletó. Por fim, descobri que era representante comercial. Mais tarde, fiquei sabendo que isso significava que era vendedor e levava pedidos para a empresa, ou seja, era um dos responsáveis pelo faturamento da companhia. Curiosamente, esse simpático e carismático senhor não tinha completado nem o 4º ano do primário, e descobri que ele ganhava quatro vezes mais do que eu. Naquele momento, tive a primeira grande lição do mundo empresarial: paga-se mais para as pessoas que vendem do que para as que produzem! Essa foi a grande virada de minha vida. Eu decidi que teria que aprender a vender para conseguir obter o sucesso que desejava.

Na mesma hora, questionei e disse a mim mesmo: "Não posso mudar o mundo dos negócios, mas posso me adaptar a ele!" Eu pensava: "Trabalho tanto aqui na fábrica e não tenho o mesmo privilégio do vendedor. Sempre ganho a mesma coisa todo mês. Se o segredo é vender, vou largar este avental de fábrica e vou vender algo. Quero essa oportunidade."

Para vender, é necessário empreender, e meu primeiro negócio foi no ramo de embalagens: a empresa Softplastic, em 1993. Eu visitava todo tipo de comércio vendendo sacolas personalizadas, tirava pedidos, comprava as sacolas em atacados no Pari, em São Paulo, passava noites imprimindo as marcas nas sacolas com uma máquina específica e aplicava processos que eu mesmo desenvolvi para otimizar a produção e os custos.

O negócio se mantinha, mas não era escalável. Eu conseguia atender a demandas de até 2 mil ou 3 mil sacolas trabalhando a noite toda. Além disso, havia uma empresa que oferecia um preço bem mais acessível e com uma parte fabril robusta. Enquanto minha máquina gravava nas sacolas em apenas uma cor, a concorrente conseguia fazer em quatro cores — e, obviamente, os lojistas preferiam algo mais barato e moderno. Ainda assim, consegui me manter por 1 ano e meio operando.

Em 1995, percebi que havia espaço para prestar serviços de consultoria às empresas no que se referia à otimização da manutenção de máquinas. Então, comecei a vender meu serviço e conhecimento relacionados à manutenção de máquinas. Na época, não existia Google, e eu tive que enviar uma mala direta a todas as empresas do segmento de embalagens. Nesse sentido, eu já estava aplicando o conceito de segmentação de meu negócio: precisava entender para quem eu iria vender a consultoria e quem poderia ser o público que se interessaria e pagaria por isso. Como eu havia trabalhado em uma das maiores empresas do ramo de embalagens do Brasil, senti que este era o grande diferencial que poderia oferecer às empresas do mesmo ramo: minha experiência de já ter vivido na prática os principais desafios de uma empresa de embalagens.

Essa companhia, que cresceu rapidamente, chamava-se MAIS Gestão Consultoria e Treinamentos. Em pouco tempo, já havia alguns consultores trabalhando nela e atendendo a clientes grandes, como Volkswagen, General Motors e Serviço Brasileiro de Apoio às Micro e Pequenas Empresas (Sebrae). Mas, com o passar do tempo, um empresário precisa buscar negócios mais abrangentes e escaláveis, e foi exatamente o que eu fiz para alcançar empresas exponenciais. Também enfrentei diversos desafios, dificuldades, tive altos e baixos e insucessos que fazem parte da rota para chegar até lá. Aliás, costumo dizer que os insucessos são degraus para a sólida escalada até o sucesso. As pedras e obstáculos na jornada ensinam a importância de se atualizar constantemente, de se superar, de se reinventar e inovar.

Outro de meus empreendimentos durou um pouco mais — foram 3 anos de muita persistência. Tratava-se de um e-commerce chamado Superando Limites, que revendia cursos de desenvolvimento pessoal e profissional. Apesar da boa qualidade dos produtos faltava-me experiência de vendas pela internet. Sem ter como investir, eu não tinha muito tráfego e, consequentemente, minha conversão em vendas era baixa.

Para dificultar ainda mais, eu estava usando um modelo de franquia que ainda não estava bem formatado. Nem mesmo havia uma política justa de preços, e cada franqueado estabelecia por quanto queria vender os produtos, o que acabou fragilizando o negócio com uma concorrência desleal.

Lancei também um e-commerce chamado Cosméticos Beauty, uma plataforma de vendas de cosméticos profissionais com as principais marcas do mercado. As grandes dificuldades eram os fornecedores, pois muitos produtos vinham de fora do País e faltavam nos estoques; a oscilação do dólar também era um desafio, causando uma variação de preço muito grande.

Havia muita concorrência nesse mercado, principalmente no mundo digital. Aprendi muito nessa fase sobre tráfego e conversão pela internet, o mesmo problema de meu empreendimento anterior, um ponto que vinha aprimorando em minha carreira profissional. No entanto, mesmo com esse aprimoramento, as grandes marcas ainda não viam a venda de produtos profissionais para cabeleireiros pela internet com bons olhos. Assim, devido a tantos percalços e instabilidades, decidi encerrar a empresa.

Veja que, em meus empreendimentos, sempre procurei oferecer algo que ajudasse o cliente, principalmente na venda de cursos e no ramo de bem-estar, com os cosméticos. Algo sempre me levava a pensar na transformação do próximo. Inclusive, no capítulo seguinte, você entenderá melhor essa visão e missão.

Seguindo essa linha, em 2000, eu e um sócio criamos uma academia de ginástica dentro de um grande condomínio da Zona Sul de São Paulo, em um complexo habitacional com dezenas de torres. Na época, era raro encontrar um condomínio com aparelhos de ginástica, e nós oferecíamos uma estrutura completa aos moradores, que tinham condição e preço diferenciados para treinar no local.

Era um negócio lucrativo, e já estávamos pensando em replicá-lo em vários condomínios de São Paulo — e até do Brasil. No sétimo mês de operação, porém, fomos surpreendidos. Apesar de termos um contrato de 3 anos assinado com o condomínio, o conselho havia decidido em assembleia que a academia deveria dar lugar a um berçário, e simplesmente tivemos que desmontar a estrutura.

Com esse acontecimento, percebemos que, em qualquer condomínio, seríamos reféns das convenções e decisões de conselhos, o que tornaria o negócio, apesar de rentável, inseguro, pois do dia para a noite, como ocorreu, teríamos que entregar o ponto.

Esses foram os quatro *cases* de insucesso que escolhi contar. No entanto, embora esse seja o título deste capítulo, encaro tudo isso como grandes passos de aprendizado. Afinal, aprendi bastante sobre mercado digital, embalagens, educação, beleza e bem-estar. Mais adiante, você verá como esses "insucessos" me ajudaram a chegar aonde cheguei.

UMA DECISÃO IDEAL E UMA TRAJETÓRIA DE SUCESSO

ESCANEIE AQUI
E acesse o audiobook exclusivo *Uma trajetória de sucesso.*

INTRODUÇÃO À ERA
DO CRESCIMENTO EXPONENCIAL

A seguir, contarei histórias de pessoas que se tornaram extraordinárias, mas nem sempre foram conhecidas como grandes gênios; eram pessoas comuns e muitas vezes foram consideradas inferiores, mas ilustram perfeitamente o conceito de crescimento exponencial e como eu construí minha carreira ao longo dos anos. Assim como essas personalidades, iniciei minha vida de forma bastante complicada e desacreditada por muitos. Se eu tivesse desistido na primeira oportunidade em que as coisas não deram certo, não teria me tornado fundador de um grupo multimilionário.

O título deste livro inclui o termo "exponencial". Embora seja uma palavra bastante utilizada atualmente, nem todos compreendem o que de fato ela significa e como se aplica à gestão de empresas. Por isso, gostaria de iniciar esclarecendo o que é crescimento exponencial, qual é sua origem nas ciências, como física, biologia e economia, além de apresentar alguns exemplos de pessoas que tiveram grande sucesso e são a representação viva de tal conceito.

A diferença entre crescimento linear e exponencial é uma questão de teoria matemática; no entanto, também se tornou um fator decisivo de negócio. As funções exponenciais ocorrem quando a taxa de crescimento de um valor não depende de uma constante fixa, previamente dada em uma função, mas da interação entre uma constante de crescimento e uma variável. Por sua vez, o crescimento linear é aquele em que um número aumenta de forma estável, acrescido de uma constante fixa, ou seja, o próximo valor será a constante multiplicada pelo novo valor de X. Portanto, o crescimento exponencial é aquele que, por um período, tem crescimento inicial gradual, mas se acentua rapidamente, ou seja, a constante é elevada ao exponencial X.

Segue um gráfico para representar essa explicação:

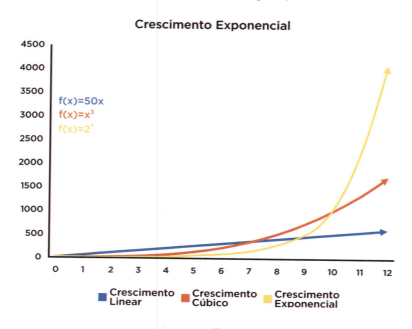

x	f(x)=50x	f(x)=x³	f(x)=2ˣ
0	0	0	1
1	50	1	2
2	100	8	4
3	150	27	8
4	200	64	16
5	250	125	32
6	300	216	64
7	350	343	128
8	400	512	256
9	450	729	512
10	500	1000	1024
11	550	1331	2048
12	600	1728	4096

Fonte: Gráfico publicado em Yolife (·26 Jul 2017), disponível em: https://medium.com/yolife/the-race-of-exponentials-9638ba1c24f4 (Adaptado pelo autor)

O gráfico mostra como o crescimento exponencial (em amarelo) supera tanto o crescimento linear (em azul) quanto o cúbico (em vermelho). Observando o gráfico, a linha que corresponde ao crescimento exponencial começa abaixo das demais e não tem um crescimento acelerado em pouco tempo, como muitos acreditam. O que acontece, na prática, é que, assim que cresce, essa curva já não segue mais uma constante fixa, podendo ser duplicada, triplicada e assim por diante.

Muitas vezes, pessoas ou empresas que não conseguem atingir um nível de crescimento desejável desde o princípio tendem a desistir porque acreditam que essa curva não poderá atingir níveis maiores e elevados. No entanto, as funções exponenciais provam o contrário. Você até pode começar embaixo, mas assim que consegue identificar um sistema de crescimento exponencial sua curva aumenta em níveis muito maiores do que o crescimento linear.

Quando falamos de crescimento exponencial na biologia, podemos usar como exemplo o número de micro-organismos que, em uma cultura em situação ideal de proliferação, aumenta de forma exponencial. O crescimento de determinados seres vivos microscópicos, como as bactérias, acontece

LIÇÕES PARA VOCÊ CONSTRUIR NEGÓCIOS EXPONENCIAIS

exponencialmente devido a sua capacidade de se duplicar a cada instante. Por isso, se a população dobrar, sua velocidade de crescimento também dobrará; se quadruplicar, a velocidade quadruplicará; e assim por diante.

Outro exemplo de crescimento exponencial acontece com um vírus. Pensemos no coronavírus, responsável pela pandemia de covid-19, que tem alta capacidade de transmissão. Segundo Ricardo Suzuki, professor e autor de Matemática no Sistema de Ensino pH, o crescimento exponencial do coronavírus é gigantesco: "Digamos que você tenha um crescimento no número de infectados em uma região em que, a cada 3 dias, a quantidade de pessoas doentes triplique. No primeiro dia, descobre-se 1 infectado, que logo serão 3 e depois 9, 27, 81 e assim sucessivamente."

Já na economia, podemos observar tal conceito nos juros compostos, que são calculados usando o crescimento exponencial, uma vez que a quantidade a ser cobrada a mais na próxima parcela depende não só da quantidade inicial, mas da parcela anterior à qual os juros já foram previamente aplicados. Outro exemplo de crescimento exponencial é o Produto Interno Bruto (PIB), que cresce certa porcentagem ao ano e a cada período tem mais uma percentagem do valor do ano anterior. Isso é crescimento exponencial. Obviamente, o valor do PIB não duplica de ano para ano, e taxa de crescimento é menor; ainda assim, trata-se de um crescimento exponencial.

Consequentemente, podemos dizer que todo crescimento exponencial tem o que é chamado de tempo de duplicação, um intervalo de tempo que depende da taxa de crescimento, em que o valor duplica a cada passagem desse período. Supondo que a economia cresça a uma taxa constante ao ano, existe um intervalo de tempo, medido em anos, em que o PIB duplica sempre que se passa esse intervalo de tempo.

Um exemplo mais ilustrativo e didático é a história da vitória-régia. Na história francesa para crianças, há um lago em cuja superfície, flutuavam vitórias-régias. A população das plantas dobrava a cada dia. Caso o lago não fosse vigiado, as plantas cobririam toda sua superfície dentro de 30 dias, matando todas as outras formas de vida existentes nele. Como a quantidade parecia pequena, o lago foi deixado sem cuidado até o dia em que metade da superfície foi coberta. No entanto, o dia em questão era 29, um

INTRODUÇÃO À ERA DO CRESCIMENTO EXPONENCIAL

dia antes de o lago ser completamente tomado pelas plantas, restando somente 24 horas para que pudesse ser salvo.

Vou dar outro exemplo, agora no mundo dos esportes e no meio artístico. Vários atletas e artistas permaneceram por um bom tempo no anonimato ou começaram suas carreiras de forma desacreditada. Em determinado momento, atingiram um nível de excelência que cresceu de forma exponencial, tornando-se grandes referências nas categorias que atuam. Lionel Messi, um dos jogadores de futebol mais conhecidos do mundo e considerado um dos gênios da bola na atualidade, antes de entrar em campo teve que enfrentar uma situação bastante complicada. Para se curar de uma deficiência hormonal e poder crescer normalmente, ele teve que levar aproximadamente 2 mil agulhadas na perna quando criança.

Além de ser renegado por diversos times de seu país natal, a Argentina, os quais se negaram a auxiliá-lo em seu tratamento, Messi sofria de síndrome de Asperger, conhecida como uma forma branda de autismo. Foi então que o atleta resolveu tentar a sorte no Barcelona, da Espanha. De início, houve certa hesitação para realizarem o pagamento de US$ 900 mensais. No entanto, ao perceber o talento e a qualidade técnica de Messi, o Barcelona investiu, pagando a moradia e o tratamento dele. O resultado disso se tornou evidente quando, por três vezes, Messi foi considerado o melhor jogador do mundo. Essa história começou com descrédito, mas com confiança e determinação ele se tornou um dos maiores atletas de seu tempo, atingindo um nível de crescimento exponencial extraordinário.

Michael Jordan, considerado o melhor jogador de basquete de todos os tempos, também teve uma carreira que cresceu de modo exponencial, começando de forma desacreditada até chegar ao topo. Jordan nem sempre teve seu talento reconhecido, chegando a ser dispensado da equipe que representava sua escola por ser considerado baixo (na época tinha 1,80 metro). Apesar dessa dispensa, ele nunca desistiu de seu sonho de seguir no esporte, até que, em 1981, conseguiu entrar para a equipe da Universidade da Carolina do Norte, na qual permaneceu até 1984. Então, ele entrou no Chicago Bulls, porém ficou 64 jogos consecutivos afastado devido a uma fratura no pé. Mesmo assim, em 1987, foi eleito pela primeira vez o melhor jogador da temporada.

Um exemplo no mundo empresarial e no ramo da comunicação é a história de superação e crescimento exponencial de Sílvio Santos, que aos 14 anos era camelô com o irmão. Eles começaram vendendo capas para título de eleitor, então um fiscal notou o potencial da voz de Silvio e o convidou para fazer um teste na Rádio Guanabara, no qual ele conquistou o primeiro lugar. Aos 20 anos, o jovem radialista decidiu tentar a vida em São Paulo, onde apresentava espetáculos e sorteios em caravanas de artistas. Como fonte de renda extra, criou uma revista chamada *Brincadeiras para Você* que tinha palavras cruzadas, passatempos e charadas e era vendida por ele nos comércios da cidade. Esse talento para os negócios abriu as portas para o empreendimento que o transformou em bilionário.

Essas histórias de pessoas que nem sempre foram conhecidas como grandes gênios, que eram pessoas comuns e por diversas vezes foram consideradas inferiores, mas se tornaram extraordinárias, ilustram perfeitamente o conceito de crescimento exponencial. Minha carreira foi construída da mesma forma ao longo dos anos. Assim como as personalidades citadas, iniciei minha vida de forma bastante complicada e desacreditada por muitos. Se tivesse desistido na primeira oportunidade em que as coisas não deram certo, eu não teria me tornado fundador de um grupo multimilionário.

Eu precisei estudar muito, priorizar cada leitura, minimizar cada dificuldade e saber olhar para elas como forma de conseguir escalar o sucesso. Nunca deixei de aprender e de compartilhar o conhecimento que adquiri. Entendo que cada momento que no passado parecia irreversível hoje se tornou a grande essência de minha história. Mesmo quando não tinha dinheiro para fazer uma simples refeição, quando fui passado para trás por um cliente não pagar por meu serviço, quando o resultado de alguns projetos e empreendimentos não foi exatamente o que eu esperava logo no início, nunca perdi a fé de que um dia alcançaria o sucesso e conseguiria criar um projeto muito maior do que todas as dificuldades que enfrentei. De vendedor de sacolas plásticas, hoje estou consolidado no mundo empresarial, sou pós-doutor, tenho uma linda família, fundei um grupo com mais de 25 empresas e projetos multimilionários com perspectivas de crescimento extraordinário. Cultivo bons valores em tudo o que faço e creio que essa é só uma pequena parte de tudo o que pode vir pela frente.

Nos tempos atuais, precisamos entender que crescimento exponencial não é algo que acontece da noite para o dia nos negócios. Precisamos compreender que todo sucesso demanda esforço, dedicação e persistência, e será isto que irei salientar nas próximas páginas deste livro: como o conceito de crescimento exponencial pode ser aplicado, de forma simples e desmistificada, pautada em minha experiência e prática de mais de 30 anos de carreira e muito além da teoria, colocando a mão na massa, errando e aprendendo, mas sempre focado em atingir a excelência e construir um projeto de futuro.

DE VENDEDOR DE
SACOLAS A FUNDADOR DE
UM GRUPO MULTIMILIONÁRIO

A vontade de vencer mesmo que as circunstâncias não sejam favoráveis não deve ser perdida, e eu guardo isso comigo até hoje. Mesmo que ninguém ao redor acredite nessa vontade, uma hora ela vai prevalecer, e as pessoas enxergarão que as adversidades serviram para mostrar o caminho do sucesso.

Neste capítulo, gostaria de contar qual foi o grande momento de minha vida que transformou minha mente e que me fez perceber minha verdadeira missão. Acredito que todos recebemos um talento único que será útil para a sociedade em que vivemos. Por vezes, a vida tenta nos comunicar isso por meio de pequenos e grandes desafios que aparecem em nossa jornada.

Peço que você pare uns minutos e pense em todas as vezes que sentiu que o mundo estava desabando ou em todas as vezes que achou que seus sonhos estavam longe de se concretizar e procure lembrar se logo após esses momentos ocorreu uma espécie de *insight* para iluminar seus pensamentos e seu desejo de seguir em frente.

Com minha história, desejo que você, caro leitor, encontre inspiração para nunca mais deixar de acreditar e fazer seu melhor. Em meio às adversidades, tentei sempre enxergar algo positivo, mas isso não é fácil; era como estar em cima de um telhado inclinado, úmido e liso tentando me equilibrar e buscando algo agradável no horizonte.

A vontade de vencer, mesmo que as circunstâncias não sejam favoráveis, não deve ser perdida, e eu guardo isso comigo até hoje. Mesmo que ninguém ao redor acredite nessa vontade, uma hora ela vai prevalecer, e as pessoas enxergarão que as adversidades serviram para mostrar o caminho do sucesso.

O momento-chave de minha vida aconteceu em 14 de junho de 2003, uma segunda-feira. Eu iria receber o pagamento de uma venda expressiva que havia feito e, a princípio, foi um excelente negócio. Na época, eu atuava em todas as pontas da empresa, saindo em busca de pedidos, comprando matéria-prima e virando a noite para produzir e entregar no prazo combinado. Essa venda não foi diferente: produzi e fiz a entrega no dia combinado.

Na noite anterior em que o cliente deveria me pagar (em pleno domingo), ele me enviou um *fac-símile* — popularmente chamado de fax, pelo qual era possível transmitir cartas e mensagens em tempo real por meio de uma linha telefônica. Eu me assustei quando peguei o papel com a mensagem de que ele não me pagaria e só poderia fazer isso em 24 vezes. Eu estava trabalhando de forma totalmente alavancada, ou seja, em termos populares, estava vendendo o almoço para comer a janta. Ademais, todo meu planejamento estava baseado nessa venda e todos os ativos haviam sido direcionados a essa produção.

Minha única alternativa era cobrá-lo, sendo que eu só tinha o valor suficiente para me deslocar até o cliente. Fui até a cidade de Guarulhos, na Grande São Paulo. Cheguei cedo para falar sobre o pagamento, e me pediram para aguardar. As horas passavam, e eu não era atendido; tinha a certeza de que algum colaborador daquela empresa havia avisado o proprietário de que eu estava lá e qual era meu objetivo.

Ele não apareceu. Sem solução, saí e me sentei na Praça Oito de Dezembro, ainda em Guarulhos, e comecei a pensar em como agir e o que fazer. Eu estava com fome e só tinha R$ 0,35 no bolso, o suficiente para comprar uma esfirra em uma rede de *fast-food* árabe que estava a alguns metros da praça. Foi o trajeto mais longo de minha vida, tamanha a frustração.

Se entrasse para comer, eu não teria como pagar o alimento e a taxa do serviço. Seria um absurdo entrar e pedir ao garçom que me servisse apenas uma esfirra. Naquele momento, observei o *drive-thru*, fui até a atendente e pedi para que me vendesse uma esfirra. Ela respondeu que só podiam comprar pessoas que estivessem de carro, e não a pé. Eu insisti e ela acabou me vendendo. Por mais simples que possa parecer, para mim foi constrangedor, não por orgulho, mas porque aquele dia estava se mostrando trágico.

Eu precisava de um lugar tranquilo para refletir. O *fast-food* ficava em frente ao Cemitério Primavera; eu entrei lá, sentei-me, pensei em minha situação e, antes de culpar as circunstâncias, algo em meu interior disse: "Olhe a sua volta e veja: quantos sonhos foram enterrados, quantas histórias não podem mais ser escritas ou continuadas. Este é o lugar mais rico que existe. No entanto, todas as pessoas daqui levaram suas riquezas com elas. E essa riqueza não se trata de fortunas e bens. Você está vivo, tem saúde e tem muita coisa para construir."

Lembrei do episódio já citado, de quando trabalhava na fábrica e notei que o vendedor era um dos profissionais mais valorizados pela diretoria da empresa. Isso entrou em meu coração e imediatamente decidi ajudar as pessoas a venderem mais e de forma inovadora.

Então, levantei-me. Estava com o ânimo renovado, com grande alegria no coração e uma missão definida: ajudar o maior número de pessoas e empresas a promoverem seus produtos e suas boas qualidades para o mundo.

Você que está lendo este livro, nunca diga: "Vou recomeçar do zero". Se estiver recomeçando, analise onde errou e corrija a rota. Você nunca está na estaca zero, pois tudo é um aprendizado.

Só que eu não estava sabendo vender a mim mesmo e meus negócios; não enxergava que, como disse, estar figurativamente em um telhado íngreme e úmido, procurando algo bom no horizonte, na realidade só me deixava mais próximo da queda. Então, em 14 de junho de 2003, decidi ajudar as pessoas a venderem suas ideias, seus projetos e produtos, a tirar as pessoas de um ecossistema de baixo valor.

Como contei no capítulo anterior, tive alguns desafios com vendas pela internet, os quais me levaram a estudar bastante o mercado digital. Assim, recomecei, promovendo comercialmente negócios pela internet; não só os meus, mas os de outras pessoas, inclusive as que se tornaram meus clientes. O tráfego e a conversão que no passado eram uma barreira se tornaram um trampolim para o sucesso mútuo.

Constituí a empresa DSW, de soluções digitais, que se tornou a maior empresa de suporte a empresários da América Latina e os ajuda a vender mais e alavancar empresas. Minha decisão de ajudar as pessoas mudou não só meu destino, mas o de milhares de parceiros e clientes.

Uma dica de ouro para você que está buscando o sucesso: decida mudar a vida de outras pessoas por meio da sua. Para isso, porém, tenha seus resultados e a certeza de que não fará o outro errar.

RESULTADOS
EXPONENCIAIS

Nunca esqueça que pessoas excelentes atraem pessoas excelentes – e o contrário também é válido. Quero lembrar também que os três combustíveis da inteligência são: leitura, escrita e conversas com pessoas excelentes; sendo a última a mais prática, pois você pode perguntar exatamente o que deseja.

Sou aficionado por resultados; e me refiro a bons resultados. Mas também tenho consciência de que, em uma guerra, muitas batalhas serão perdidas, e o objetivo deve ser vencer a maioria delas para ganhar a guerra.

O sucesso é composto de muito trabalho duro e muita dedicação – não há atalhos para chegar até ele. São necessárias horas de estudos, de trabalho, de prática entre erros e acertos, aprender a cada passo dado e observar com atenção todas as etapas desse processo. Se você acha que sucesso vem fácil, meu amigo, sinto dizer que você terá uma vida destinada a frustrações e que não chegará a lugar algum. Por isso, desconfie de quem oferece fórmulas prontas para o sucesso e resultados.

Faça uma reflexão dos resultados de sua vida. Se o balanço feito rapidamente, nesse pensamento, foi de que os resultados não foram bons, o próximo passo é melhorar a si mesmo, sua maneira de pensar e agir, e analisar as pessoas que caminham com você, pois elas influenciam sua vida de forma positiva ou negativa. Assim, você terá de reavaliar seus amigos e passar a se relacionar com pessoas excelentes.

Como disse no capítulo anterior, minha vida mudou quando decidi ajudar as pessoas a mudarem suas situações. Esse é um princípio bíblico de que quem ajuda será ajudado. Não existe nada que gere mais resultado para a vida de uma pessoa do que ajudar outras a realizar seus sonhos e objetivos.

A grande vantagem de conviver e trabalhar com pessoas excelentes é que o ambiente se torna leve, agradável, produtivo e divertido. E, naturalmente, um ajuda o outro a se aperfeiçoar e crescer, pois todos têm o mesmo objetivo. Por onde quer que passem, produzem bons frutos, e a semente desses bons frutos se multiplicam e promovem o bem a todos.

Nunca se esqueça de que pessoas excelentes atraem pessoas excelentes – e que o contrário também é válido. Gostaria de destacar, ainda, que os três combustíveis da inteligência são: leitura, escrita e conversas com pessoas excelentes, sendo esta a mais prática, pois você pode perguntar exatamente o que desejar.

Um conto muito interessante mostra que quem pensa no bem do próximo está sempre de mãos dadas com o sucesso. Nesse sentido, veja que reflexão profunda este texto de autor desconhecido apresenta:

RESULTADOS EXPONENCIAIS

Conta-se que um rei, que viveu em um país além-mar há muito tempo, era sábio e não poupava esforços para ensinar bons hábitos a seu povo.

Frequentemente fazia coisas que pareciam estranhas e inúteis, mas tudo era para ensinar o povo a ser trabalhador e cauteloso.

Nada de bom pode vir a uma nação — dizia ele — cujo povo reclama e espera que outros resolvam seus problemas. Deus dá as coisas boas da vida a quem lida com os problemas por conta própria.

Uma noite, enquanto todos dormiam, ele pôs uma enorme pedra na estrada que passava pelo palácio. Depois, foi se esconder atrás de uma cerca e esperou para ver o que acontecia.

Primeiro, veio um fazendeiro com uma carroça carregada de sementes que levava para a moagem na usina. "Quem já viu tamanho descuido?", disse ele, contrariado, enquanto desviava a carroça e contornava a pedra. "Por que esses preguiçosos não mandam retirar essa pedra da estrada?"

E continuou reclamando da inutilidade dos outros, sem ao menos tocar, ele próprio, na pedra.

Logo depois, um jovem soldado veio cantando pela estrada. A longa pluma de seu quepe ondulava na brisa, e uma espada reluzente pendia de sua cintura.

Ele pensava na maravilhosa coragem que mostraria na guerra, não viu a pedra, tropeçou nela e se estatelou no chão poeirento. Ergueu-se, sacudiu a poeira da roupa, pegou a espada e se enfureceu com os preguiçosos que insensatamente haviam largado aquela pedra imensa na estrada.

Então, ele também se afastou sem pensar uma única vez que ele próprio poderia retirar a pedra.

E assim correu o dia...

Todos que por ali passavam reclamavam e resmungavam por causa da pedra no meio da estrada, mas ninguém a tocava.

Finalmente, ao cair da noite, a filha do moleiro por lá passou. Ela era muito trabalhadora e estava cansada, pois desde cedo andava ocupada no moinho, mas disse a si mesma:

"Já está escurecendo. Alguém pode tropeçar nessa pedra e se ferir gravemente. Vou tirá-la do caminho." E tentou arrastá-la dali. Ela era muito pesada, mas a moça empurrou, empurrou, puxou e inclinou até que conseguiu retirá-la do lugar.

Para sua surpresa, ela encontrou uma caixa debaixo da pedra. Ergueu-a. Era pesada, pois estava cheia. Havia na tampa os seguintes dizeres: "Esta caixa pertence a quem retirar a pedra."

> Ela a abriu e descobriu que estava cheia de ouro. O rei então apareceu e disse com carinho:
>
> "Minha filha, com frequência encontramos obstáculos e fardos no caminho. Podemos reclamar alto e bom som enquanto nos desviamos deles, se assim preferirmos, ou podemos erguê-los e descobrir o que eles significam.
>
> A decepção, normalmente, é o preço da preguiça."
>
> Então, o sábio rei montou em seu cavalo e, com um delicado "boa noite", retirou-se.

A jovem do conto se preocupou com o próximo e agiu, pensando em quem poderia ser prejudicado pela pedra. Toda vez que agimos pensando no bem do outro, somos recompensados. Uma árvore que dá bons frutos alimenta muitas pessoas; automaticamente, as pessoas cuidam dela, nutrem-na e jamais a cortam. Mas uma árvore espinhosa geralmente é derrubada, pois para nada serve a não ser machucar. Com que tipo de "árvore" você está se relacionando?

Também posso dizer que existem inúmeras maneiras de ajudar alguém. Além de bens ou oportunidades materiais, podemos ajudar os outros com ideias e palavras de encorajamento. Quando aconselha alguém ou dá uma palavra de conforto ou motivação, você está gerando riqueza para essa pessoa. E os frutos dessa riqueza poderão ser desfrutados tanto por ela como por você. A vida, naturalmente, retribui àqueles que são generosos. Mesmo que o tempo da colheita demore a chegar, ele sempre chega. O abençoador é abençoado!

Ao longo do tempo, tive vários insucessos com algumas pessoas. Acreditei nelas, investi tempo, apoiei em vários sentidos, mas elas não correspondiam geralmente, as pessoas que não correspondem são aquelas que têm um desvio comportamental ou uma mente negativa.

Eu percebi, nessa caminhada, que as pessoas são ativos importantes para o sucesso; afinal, serão elas que estarão com você nas "batalhas". Então, é fundamental saber quem está acompanhando. Uma máxima que trago comigo é: gosto de fazer amigos no trabalho, mas não de trabalhar com amigos, pois quando estabeleço uma amizade no ambiente de trabalho e em prol do resultado em comum é sinal de que estou sendo um líder de bom relacionamento.

Na maioria das vezes, ao trazer um amigo de seu convívio social para o ecossistema de trabalho, automaticamente você traz a afinidade e a forma de tratar de fora para dentro da empresa, o que pode causar problemas devido a frustrações ou por não atender às expectativas, por exemplo.

Um excelente amigo pode não ser um bom companheiro de trabalho, o que pode prejudicar os resultados e principalmente a amizade.

Por diversas vezes, alterei as diretorias das empresas que presido e as altero até hoje, pois é necessário extrair o melhor de cada um e colocá-los na posição correta para desenvolver um bom trabalho. Com um bom relacionamento e amizade "profissional", um líder obtém isso com tranquilidade, pois todos entendem que o propósito é o resultado.

Se devo dar um bom conselho, é o seguinte: analise bem as pessoas em quem você investirá seu tempo; veja os frutos delas. Sabe por quê? Simplesmente porque você pode estar perdendo seu tempo, sua energia e até mesmo seu dinheiro investindo em quem não quer ter resultados. E tempo é vida!

Sem um bom time, você não tem resultado. O que move um empreendimento são os ciclos positivos de resultados, e sem pessoas de bons frutos, isso não ocorrerá.

Além das pessoas, é importante que você entenda que os resultados positivos não estão ligados ao que gostamos de fazer, e sim ao que precisa ser feito. Em meu ciclo de insucessos e adversidades, aprendi que alguns fatores são preponderantes para um resultado de sucesso.

Primeiramente, uma pesquisa minuciosa deve ser realizada sobre o mercado em que se pretende atuar — sobre os *cases* de sucesso, se há espaço no mercado e você está financeiramente preparado para enfrentar os desafios até que sua empresa atinja o ponto de equilíbrio. Isso significa manter a empresa até que ela se pague. Outro ponto importante é analisar depois de quanto tempo após atingir o ponto de equilíbrio financeiro sua empresa dará o retorno de tudo o que você investiu.

Você deve ter a certeza de que domina e entende o segmento em que escolheu atuar, e volto a ressaltar que o que você gosta, na maioria das vezes, não é o que trará sucesso. Por isso, o estudo do segmento é vital. Faça o que é preciso, e não o que você gosta. Estamos falando de empreendimento, e não de lazer.

Depois de analisados os pontos citados, você deve dar atenção redobrada a custos, margem de lucro, operação enxuta, demanda, se o que planeja é escalável e por quanto tempo. Qualquer desequilíbrio em um desses fatores poderá levar ao insucesso.

Para deixar bem claro: costumo dizer que vendas são o pulmão da empresa, e o sangue é o fluxo financeiro, considerando receitas e despesas. Comparo as despesas desnecessárias a uma hemorragia, mas sabe o que isso quer dizer? Que as vendas são o ar que o mantém vivo. Mas de nada adianta ter receita se as despesas vão crescendo desproporcionalmente com o tempo. Os custos são como unhas que nunca param de crescer e devem ser sempre aparadas. Custos desnecessários, como já dito, são como uma hemorragia que mata sua empresa lentamente, pois, na maioria, são imperceptíveis e silenciosos, e quando se percebe já não há mais volta.

De todos os fatores de uma empresa, é sobre os custos que você tem total controle, pois dependem só de você. Eles aumentam por uma série de fatores, como ineficiência, retrabalho e problemas de comunicação; portanto, é vital que sua empresa seja enxuta, produtiva, flexível e eficiente, pois conseguirá sobreviver a tempos difíceis e ter uma boa taxa de crescimento.

É necessário ter equilíbrio em tudo. Certamente, é impossível fazer tudo com excelência; assim, prefira fazer poucas coisas com alta qualidade a realizar muitas de forma precária. Em outras palavras: foco é poder!

Quando você perceber que está tendo bons resultados, inicia-se um ciclo de coisas boas, como: melhores pessoas se aproximam e muitas oportunidades aparecem, o que mantém tudo funcionando em harmonia.

E mais: já tenha um caminho certo a seguir; não invente, apenas aprimore e se supere.

LIDERANÇA
EFICAZ E EXPONENCIAL

Vale dizer que um empreendedor não pode focar apenas negócios; você deve empreender muito em pessoas, pois são elas que, quando são bem direcionadas e têm sonhos alinhados, fazem tudo acontecer. O maior prazer não está no resultado financeiro de tudo isso, e sim no desenvolvimento e na realização do sonho de cada uma dessas pessoas.

Conforme os resultados foram aparecendo, minhas responsabilidades foram crescendo, o número de pessoas que caminhavam comigo começou a aumentar, e eu precisava liderar com efetividade.

O grande defeito de muitos empreendedores é alcançar um patamar, trancafiar-se em uma sala com um título de presidente e achar que as coisas funcionarão sozinhas. Tire isso de sua mente. Um verdadeiro líder vai a campo, inspira e dá exemplo por meio de atitudes e bons resultados. Uma coisa é entender de liderança; outra é viver a liderança.

Não falo aqui de uma liderança imperativa. Muito pelo contrário, falo de estar justamente onde as coisas acontecem, com muita humildade, mas energizando as pessoas. Um liderado que vê atitude; se você realmente faz o que fala e tem resultados, ele vai querer ser igual e ter os mesmos resultados.

"Sinergia" é uma palavra muito importante para um líder eficaz e significa "agir um com o outro". Ter um bom relacionamento com as pessoas envolvidas no negócio é fundamental para o crescimento do todo. A sinergia é uma habilidade mestra de um líder. Quando você oferece ajuda, há mais pessoas dispostas a ajudá-lo também. Uma pessoa altiva tem muita dificuldade de estabelecer uma conexão verdadeira com os outros, por isso seja generoso, preocupe-se genuinamente com as pessoas a sua volta e preze pela sinergia da equipe.

Há uma filosofia japonesa chamada Gemba que, em sua essência, complementa o parágrafo acima. Significa "local onde as coisas acontecem". Um líder eficaz deve aplicar esse método, afinal ficar atrás de uma mesa não garante uma gestão efetiva.

Ao receber uma notícia da existência de algum problema em uma operação, seja ela qual for, tenha certeza de que ela pode ter ruídos que escondem a realidade e ocultam detalhes vitais para o bom andamento do trabalho.

Se há um problema para ser resolvido e você é o líder, esteja no local, levante os fatos e tenha sua visão do ocorrido; com base nisso, delegue, e sua equipe resolverá as coisas com senso de urgência. Esse método otimiza a resolução de problemas e evita prejuízos inesperados.

Entenda que nada substitui a presença de um líder, e sua função é transmitir conhecimento, segurança e principalmente mostrar para o liderado que ele está em um solo fértil, bem orientado e que seu futuro será excelente.

Lembro-me de uma noite de Ano-Novo em que, enquanto os fogos anunciavam o novo ano, eu estava com minha equipe instalando cabos de rede para uma nova estrutura de trabalho. Todos estavam com a mesma energia e disposição; era vital eu estar com eles.

Outro grande erro de muitos empreendedores é não treinar, não transferir conhecimento, não desenvolver o time. Se isso não ocorrer, você não criará sucessores e ficará preso a um ou dois empreendimentos. Não tenha medo ou vaidade de passar para frente tudo o que aprendeu. Prepare as pessoas para o próximo degrau. Se seus liderados crescerem, o resultado será seu crescimento.

Separar um tempo para atração, motivação e orientação de pessoas; além de uma grande responsabilidade, trata-se de um valioso investimento na perenidade de seu negócio. A liderança também envolve oferecer oportunidades que tirem as pessoas do comodismo, desafios que de fato as façam ir além do que elas imaginam.

Suas palavras falam, mas seus atos como líder gritam. O que você faz será multiplicado, e você jamais poderá ser reativo; seja sempre proativo, aja com rapidez, dinâmica e assertividade. Entenda que você determinará o ritmo de seu time. Mesmo que em algum momento você não esteja presente, eles devem saber o que você faria se estivesse ali.

Certa vez, logo no começo dos empreendimentos, meu escritório era dentro de minha casa. Trabalhávamos eu e um colaborador. Em um dia de muito calor, ele se queixou que o rendimento estava baixo em virtude da alta temperatura, e na sala só tinha um ventilador.

Na mesma hora, eu direcionei o ventilador para ele. O que isso tem a ver com liderança? Muito, pois, além de resultado, um líder deve entregar aos liderados ferramentas e um bom ambiente para atingi-lo. Hoje, esse colaborador é um dos vice-presidentes da companhia.

Então, se eu devo dar um conselho sobre liderança que considero de máxima importância, é: esteja presente, não deixe o ritmo cair e não tenha

LIÇÕES PARA VOCÊ CONSTRUIR NEGÓCIOS EXPONENCIAIS

pendência com seus liderados; seja incansável, atenda a todos (sem cometer ingerência), agite toda a equipe. Procure conhecer todos os perfis e trate cada um de acordo com seu sonho e objetivo.

Transparência e franqueza também devem fazer parte de seu dia a dia para uma liderança eficaz; seu liderado saberá exatamente aquilo que você quer dele e onde você quer que ele melhore. Eu digo que o feedback é o alimento diário dos campeões. Aqueles que assimilam esses direcionamentos estarão com você no topo.

Hoje, conto com uma equipe de mais de 800 colaboradores diretos e 350 indiretos. Com esse estilo de liderança, formei 20 sócios que saíram da operação para um cargo de alta diretoria. Além deles, conto com uma centena de líderes e possíveis sócios. Em outras palavras, foco o negócio, trabalho o empreendimento e formo pessoas para atividades-chave nas empresas, uns como gerentes, outros como diretores, e assim vou liderando e expandindo os empreendimentos.

Vale dizer que um empreendedor não pode focar apenas negócios. Você deve empreender muito nas pessoas, pois serão elas que, quando bem direcionadas e com sonhos alinhados, farão tudo acontecer. O maior prazer não está no resultado financeiro de tudo isso, e sim no desenvolvimento e na realização do sonho de cada uma dessas pessoas.

O RAIO X
DA ALMA

Lucas 6:43

*Não existe árvore boa produzindo mau fruto;
nem inversamente, uma árvore má produzindo
bom fruto. 44 Pois cada árvore é conhecida pelos
seus próprios frutos. Não é possível colherem-
se figos de espinheiros, nem tampouco uvas de
ervas daninhas. 45 Uma pessoa boa produz
do bom tesouro do seu coração o bem, assim
como a pessoa má produz toda a sorte de coisas
ruins a partir do mal que está em seu íntimo,
pois a boca fala do que está repleto o coração.*

Como mencionado, aprendi que pessoas excelentes atraem pessoas excelentes e que o contrário também é verdade. Isso é tão importante para mim que está presente nos princípios de gestão que você terá a oportunidade de ler.

Antes de escolher uma pessoa para estar em meu time, sempre faço o que chamo de raio X da alma, uma forma de conhecer as pessoas, seja no âmbito pessoal, seja no profissional. Inclusive, no Grupo Ideal Trends, estabeleci um processo de seleção muito rígido, com diversas fases, e a análise central está nos princípios e valores do candidato, no alinhamento com nossa cultura e os frutos que essa pessoa dá e já deu em sua jornada.

Nesse processo, buscamos referências com todos os ex-empregadores a partir de dados fornecidos pelo próprio candidato. Isso ajuda a acompanhar a trajetória profissional da pessoa e ter o mínimo de erro. Após isso, o candidato passa por três ou quatro entrevistadores; se a decisão não for unânime, por mais excelente que o profissional seja, não o contratamos.

Para um médico identificar uma lesão ou um problema interno, geralmente recorre ao raio X visto que a olho nu muitas vezes não é possível estabelecer um diagnóstico, pois seria superficial. É necessário olhar através dos tecidos e chegar até os ossos, detectando o interior.

Falo do raio X da alma pois tenho grande cautela para estabelecer um relacionamento com as pessoas. Ao mesmo tempo que elas podem construir coisas boas e nutrir o bem no dia a dia, e isso seja da essência delas, há aquelas que destroem coisas e contaminam o próximo. Por isso, antes de se relacionar ou fazer negócios, procure conhecer as pessoas por seus frutos e você não terá surpresas desagradáveis ou evitará a maioria delas. Ao citar frutos, estou falando da análise profunda, das realizações pessoais e profissionais, do comportamento familiar, de sua opinião sobre viver em sociedade, quais são seus valores e em que princípios baseia sua vida. O ponto principal é analisar se, ao longo da vida, essa pessoa deixou um bom legado — e não falo só do legado material, mas do que deixou de bom para o próximo.

Como diz o lendário investidor Warren Buffett: "...é impossível fazer coisas boas com gente ruim". Gostaria também de citar o saudoso cantor e compositor Raul Seixas, que disse em uma de suas canções: "O sonho que se sonha só é apenas um sonho, mas sonho que se sonha junto é uma realidade."

Para esclarecer essa minha visão de bons frutos, estou falando de bom filho, bom marido, bom pai, boa filha, boa esposa, boa mãe, bem como quem passa pelas empresas, cria raízes e permanece por um bom tempo desenvolvendo seu trabalho, que faz o bem à comunidade em que está inserida, preocupando-se com o bem-estar de todos, que deixa boas marcas e afeta o mundo de modo positivo.

Quando a pessoa é boa em sua essência, você não a encontra murmurando ou lamuriando, ela vai em busca de soluções e, consequentemente, encontra o sucesso. Muitas vezes, faz isso em silêncio, pensando no bem do todo e com muita felicidade.

O conto a seguir é muito interessante e mostra que são as pessoas que fazem o ambiente e as coisas acontecerem. O autor é desconhecido, mas a lição mostra quão importante é ter uma mente boa, positiva e entusiasta. Veja:

Um viajante, ao chegar à cidade, pergunta ao sábio:

— Senhor, como é esta cidade?

— Primeiro diga você, jovem viajante, como é a cidade de onde vem? — questiona o sábio.

— A cidade de onde venho é horrível. Não tem oportunidades, as pessoas são rudes e não fiz amigo algum durante minha estadia. Por esses motivos, estou atrás de uma cidade diferente, que me dê oportunidades, onde eu possa ser feliz e realizado.

— Nossa cidade é exatamente igual à cidade de onde você vem! — responde o sábio.

O viajante, bastante decepcionado com a resposta do sábio, pega sua mochila e vai embora, em busca de uma cidade diferente da de onde vem.

Cerca de 2 horas depois, chega outro viajante e, após ser recepcionado pelo velho sábio, questiona:

— Olá! O senhor que vive há tanto tempo nesta cidade pode me responder. Como é esta cidade?

O sábio então questiona ao segundo viajante:

— Primeiro me diga você, como é a cidade de onde vem?

— A cidade de onde venho é maravilhosa. Fiz muitos amigos, tive excelentes oportunidades de emprego e de aprendizado. Estou agora em busca de novos desafios, aprendizados diferentes, novas experiências e novos obstáculos a transpor.

O sábio então responde:

— Nossa cidade é exatamente igual à cidade de onde você vem!

Contente, o viajante se dirige à pousada mais próxima e se instala na cidade. Perplexo com as situações que acabou de presenciar, o neto do velho sábio, que estava junto a ele naquela tarde, questiona:

— Vovô, o senhor, que sempre foi um exemplo de honestidade e integridade, sempre me ensinou a não mentir. Mas para um dos dois viajantes o senhor mentiu! Deu a mesma resposta para duas cidades totalmente diferentes.

— Não, meu neto, eu não menti. Nossa cidade não é diferente de nenhuma outra cidade. As cidades são todas iguais, com pessoas rudes e pessoas amáveis, com oportunidades e desafios. O que determina se uma cidade é boa ou ruim é a forma como você a enxerga.

Você carrega sua cidade dentro de si!

Não importa o lugar; se a essência das pessoas for boa, ela tornará o lugar bom e os desafios agradáveis. Você é quem escolhe carregar o fracasso ou o sucesso consigo.

PRINCÍPIOS E CULTURA
DE UM GRUPO EXPONENCIAL

Não se implanta uma cultura em uma empresa, planta-se uma cultura e vai cultivando-a para que ela cresça com o empreendimento, até que seja a essência do negócio. Cada colaborador, não importa o cargo, deve viver os princípios de gestão estabelecidos. Os novos que chegam devem enxergar nos que já estão que viver os princípios é o caminho para o sucesso no Grupo Ideal Trends.

Diversas pessoas me perguntam como consigo gerenciar dezenas de empresas e centenas de pessoas, todas com resultados, colaboradores engajados e sempre em crescimento. Muitos questionam quais foram a missão, a visão e os valores que implantei e qual é o segredo para que toda a engrenagem funcione mesmo longe de meus olhos.

Para responder a essas perguntas, gostaria de falar um pouco sobre minha série de filmes predileta: *Star Trek — Jornada nas Estrelas*. Nos filmes, os tripulantes da nave Enterprise tinham princípios e não renunciavam a eles.

"Espaço — a fronteira final. Estas são as viagens da nave estelar Enterprise. Em sua missão de cinco anos... para explorar novos mundos... para pesquisar novas vidas... novas civilizações... audaciosamente indo aonde nenhum homem jamais esteve."

Meu personagem predileto era o capitão Kirk, cuja postura é estudada até hoje na renomada academia de West Point. Ele era o guardião dos princípios. Além disso, nunca deixava de aprender algo novo e ensinar; pedia conselhos sempre para o bem da missão, valorizando seus companheiros; mantinha a chama acesa; colocava-se à frente da equipe em qualquer situação, boa ou ruim, com avaliações rápidas e bons resultados.

Acima de tudo, Kirk carregava a missão no coração. Ele vestia a camisa. Sua família era a tripulação e a nave. Mas, acima de tudo, ele defendia seus princípios com unhas e dentes.

Para dar certo, uma cultura deve ser vivida primeiramente pelo líder. Assim, ele chegará com a equipe aonde ninguém jamais esteve.

Eu vivo minha cultura e meus princípios e não abro mão disso. Confio nas pessoas que estão comigo: elas são meus olhos. E vou além: a empresa não é minha, é delas também. O sustento de cada uma delas emana das empresas. Mais do que um quadro na parede com missão, valores ou princípios, é preciso ter pessoas que vivam isso no dia a dia. E repito: cobro-me diariamente para ser o primeiro a viver isso.

De vários princípios, sempre destaco a liderança pelo exemplo, o trabalho duro, a meritocracia e, acima de tudo, a integridade. Eles podem ser entendidos por todas as pessoas, mas se não forem vividos de nada adiantarão; serão apenas um quadro empoeirado na parede.

Não se implanta uma cultura em uma empresa. Planta-se uma cultura e vai cultivando-a para que cresça com o empreendimento até que seja a essência do negócio. Cada colaborador, não importa o cargo, deve viver os princípios de gestão estabelecidos. Os novos que chegam devem enxergar naqueles que já estão na empresa que viver os princípios é o caminho para o sucesso no Grupo Ideal Trends.

Algo implantado é muito raso — alguém veio e inseriu aquilo em um ecossistema; se ele for ruim, o que foi implantado será contaminado. Por outro lado, uma cultura plantada desde o início de tudo enraíza e cresce de forma saudável. A própria palavra "princípio" direciona a algo ligado à raiz, ao início. Se eu vivi e me cobrei viver esses princípios, tive sucesso e provei que eles são o segredo do sucesso, quem chegou depois e aderiu também foi bem-sucedido.

É claro que, durante minha jornada como empresário, alguns não se adequaram aos princípios e à cultura de trabalho e se foram. Por mais excelente que a pessoa seja, se ela não se enquadrar não fica. Trata-se de um processo natural, e você começa a atrair os iguais: pessoas boas, com integridade, que respeitam o sucesso do colega, que aplaudem quando alguém é promovido ou conquista algo e, principalmente, preocupam-se com o todo.

Enquanto você cultivar esses princípios, um novo colaborador jamais poderá, em seus primeiros dias, ficar longe deles; ele deve ser impactado de imediato com a essência e os resultados que isso traz. E quem já está na empresa deve exibir o brilho nos olhos e a veracidade de que tudo funciona.

Costumo dizer que o conceito de proatividade, que muitas vezes é confundido simplesmente com "disposição em agir", é bastante importante na cultura e prática dos princípios de uma empresa. Acho que ser proativo é ser alguém que, apesar do ambiente ou da situação, não deixa de agir de acordo com seus princípios. Por exemplo, em uma empresa, há diferentes ambientes, situações e comportamentos. Uma pessoa proativa, íntegra e consciente de seus princípios e dos da empresa não se deixa afetar por pessimismo, dificuldade ou erros de colegas, funcionários ou clientes. Pelo contrário, seu modo de agir será sempre em prol de buscar os melhores resultados e as alternativas alinhadas com suas crenças e seus valores conectados com a cultura da empresa ou do negócio em que atua.

É muito importante trabalhar as pessoas nessa cultura, com uma mentalidade de produtividade, de pensar como dono, dentro de uma meritocracia de que quanto mais se produz, mais se ganha, não só em valores monetários, mas também em desenvolvimento intelectual. Quando todos entendem esse mecanismo e isso é vivido e aplicado na cultura empresarial, sempre haverá pessoas motivadas querendo enfrentar novos desafios, e o crescimento dos negócios será exponencial.

Quer ter sucesso? Plante uma cultura baseada na integridade, no trabalho duro, na produtividade e na meritocracia e, com base nisso, transforme seus colaboradores em intraempreendedores[1] e agentes de transformação[2], mudança e desenvolvimento com base na cultura, cada um agindo como dono em sua área de atuação.

---

[1] Intraempreendedor: profissional que empreende internamente em uma organização, seja atuando em melhorias incrementais de processos internos, seja no desenvolvimento de novos produtos, seja em casos em que há mais abertura, criando novas unidades de negócio.

[2] Agentes de transformação: pessoas que veem padrões ao redor, identificam problemas em qualquer situação, descobrem jeitos de solucioná-los, organizam equipes com fluidez, lideram ações coletivas e, depois, continuam se adaptando às situações de mudança.

CONSTÂNCIA

A constância é a ponte que liga os objetivos às realizações, fazer o que tem que ser feito para atingir o resultado. Obter as coisas de forma imediata, com atalhos, sem seguir um processo, um caminho bem detalhado, uma construção diária, com certeza resultará em ruína.

O mundo mudou, e de fato as informações e transformações estão mais rápidas. O maior erro da maioria é o desejo de que as coisas aconteçam imediatamente; na realidade, o grande mal que assola o pensamento das pessoas neste século é o imediatismo.

Se você quer construir algo sólido e perene, jamais deixe de ser constante. Constância e paciência andam de mãos dadas quando se quer empreender. Em um negócio ou quando se trata de pessoas, a constância de suas ações é o que determina seu sucesso.

Constância é fundamental para obter resultados extraordinários. Imagine que uma pessoa quer aprender a tocar piano e se dedica aos estudos da música durante 30 minutos por dia durante 5 anos — com certeza, ela se tornará uma exímia pianista. O mesmo vale para quem quer aprender um idioma; se alguém dedicar 1 hora do dia durante 3 anos à aprendizagem, com certeza dominará a nova língua.

Não adianta acreditar que irá tocar piano ou dominar um idioma fazendo um curso intensivo de 30 dias e estudando 10 horas por dia. Essa pessoa vai ficar saturada, cansada e não terá resultado. Ações isoladas ou pontuais levam ao fracasso, mas o hábito caminha de mãos dadas com o sucesso.

A constância é irmã gêmea da disciplina. Outro exemplo: se quero ter uma boa condição física, de nada adianta treinar 8 horas por dia durante apenas 10 dias. Não vai funcionar. O que me dará resultado será 1 hora de treino, 3 vezes por semana e com disciplina durante vários meses.

A constância é a ponte que liga os objetivos às realizações. Fazer o que deve ser feito para se atingir o resultado. Obter as coisas de forma imediata, com atalhos — sem seguir um processo, um caminho bem detalhado, uma construção diária — com certeza resultará em ruína.

Afirmo com toda certeza que, se compararmos a inconstância com uma crise econômica, constataremos que ela gera muito mais empresários falidos. A constância gera aprendizado dia após dia, pois, se existe uma barreira agora, poderá haver outra maior na frente; se não enfrentar a atual, poderá haver problemas maiores no futuro, pois não saberá como lidar com eles.

Outro tema muito importante é a constância de propósitos. Você deve ser um gerador de inovações e melhorias o tempo todo. Entenda que os clientes sempre esperam serviços melhores, os investidores sempre esperam bons e novos resultados e seus colaboradores anseiam por novas oportunidades e crescimento.

A constância mostra que você tem uma visão clara do futuro, metas, objetivos, desafios, recursos e contribuição na vida das pessoas. Com isso, você estabelece uma base sólida de trabalho, ditando o ritmo, seja de uma microempresa, seja de um grupo multimilionário.

Não confunda constância com determinação. Durante a jornada, algumas coisas não darão certo e podem não sair conforme planejado. É nesse momento que entra a constância. Você não pode baixar a guarda — o boxeador que vence a luta nem sempre é o que mais bate, e sim o que fica em pé.

Eu quero que você se lembre de um ponto muito importante: existem pessoas geniais, inteligentes e criativas. Essas qualidades são fantásticas, mas não asseguram o sucesso. No entanto, quando observar pessoas de sucesso, você com certeza perceberá que há algo em comum entre elas: constância, disciplina e persistência.

INTEGRIDADE

*Do ponto de vista empresarial, a integridade
é visível nas pessoas que seguem normas,
procedimentos, métodos e estratégias. Alguém que
busca a verdade acima de tudo é transparente
e confiável e se comporta da mesma forma em
todos os locais da organização, o que infelizmente
está em falta hoje em muitas empresas.*

Eu quero, com você, leitor, refletir sobre o principal pilar do sucesso: a integridade, que em sua essência trata-se da qualidade de conduta reta e justa, algo por inteiro. O adjetivo "íntegro" descreve alguém de honra, que age com transparência e franqueza.

Acredito também no conceito da integridade que é o principal ativo de uma pessoa: sua palavra. Nada é mais íntegro do que a verdade, que não pode ser corrompida, muito menos existir pela metade. Portanto, alguém que não tem palavra e que não cumpre aquilo que diz acaba sendo "pela metade", não transmite segurança e, consequentemente, não consegue construir uma trajetória com parcerias de sucesso.

Uma das coisas que mais me chamam atenção é o significado da palavra "integridade" em hebraico: "aquilo que é sincero de coração e intenção, aquilo que é verdade, aquilo que é reto".

A integridade é a base para qualquer relação humana saudável e duradoura, profissional ou pessoal, porque, em qualquer lugar, todo mundo quer se relacionar com alguém que é verdadeiro.

É preocupante você se relacionar com alguém que, em sua presença, é de um jeito e em sua ausência é de outro. Na realidade, você não está se relacionando com uma pessoa íntegra, inteira, porque ela muda de personalidade de acordo com o ambiente e com as pessoas com as quais está interagindo no momento.

As ações de uma pessoa íntegra inspiram confiança, condizem com sua fala, com seus bons frutos, com as raízes que cria por onde passa e com as portas abertas que deixa. Entenda que não existe pessoa de sucesso sem integridade; se não é íntegra, é oportunista e não é bem-sucedida.

Em uma empresa, para que possamos compartilhar sonhos, projetos e realizações, são necessárias pessoas íntegras e integridade nas relações. Imagine que você esteja compartilhando projetos com alguém que não é íntegro. Essa pessoa faz um projeto com você, mas, ao mesmo tempo, passa informação para o mercado e transfere dados para o concorrente. Ela diz que está com você no projeto para o que der e vier, mas não está de coração e intenção. Trata-se apenas de interesse financeiro, de curto prazo, enquanto for conveniente a ela.

INTEGRIDADE

Então, integridade é a base para a construção de qualquer projeto e está presente quando se tem o mesmo objetivo, quando você traça uma meta e tem certeza de que as pessoas estão com você de coração e de intenção, independentemente do que aconteça, rumo à realização dos sonhos.

Do ponto de vista empresarial, a integridade é visível em quem segue normas, procedimentos, métodos e estratégias. Uma pessoa que busca a verdade é, acima de tudo, transparente, confiável e se comporta da mesma forma em todos os locais da organização, o que infelizmente está em falta hoje em muitas empresas.

Existem aqueles que podem estar a seu lado por conveniência, seja pelo fator financeiro, seja pela zona de conforto que às vezes o cargo ou ocupação oferece. Essa pessoa não está trabalhando pelo sonho, portanto é possível afirmar que não é íntegra aos princípios e valores da empresa, ainda que seja uma excelente profissional.

Veja, como exemplo, o conto a seguir:

Uma vez um viajante, percorrendo uma estrada, deparou-se com uma obra em início de construção. Três pedreiros, com suas ferramentas, trabalhavam na fundação do que parecia ser um importante projeto. O viajante se aproximou, curioso, e perguntou ao primeiro deles o que estava fazendo. "Estou quebrando pedras, não vê?", respondeu o pedreiro, expressando no semblante um misto de dor e sofrimento. "Eu estou morrendo de trabalhar. Isto aqui é um meio de morte. Minhas costas doem, minhas mãos estão esfoladas... Eu não suporto mais este trabalho!", concluiu.

Insatisfeito, o viajante se dirigiu ao segundo pedreiro e repetiu a pergunta.

"Estou ganhando a vida.", respondeu. "Não posso reclamar, pois foi o emprego que consegui. Estou conformado porque levo o pão de cada dia para minha família.".

O viajante queria saber o que seria aquela construção. Perguntou, então, ao terceiro pedreiro: "O que está você fazendo?".

Ele respondeu: "Estou construindo uma Catedral!".

Três pedreiros, três respostas diferentes para o mesmo trabalho. Cada um manifestou a própria visão.

Para o primeiro, o serviço significava dor e sofrimento. Um sacrifício que certamente tornava a ação muito mais penosa e lhe fazia mal.

O segundo pedreiro manifestou indiferença. Estava conformado, mas não realizado. O trabalho nada lhe significava, e ele só o fazia por obrigação. Já o terceiro pedreiro tinha consciência da importância do que fazia. Desempenhava a função com orgulho e satisfação. Tinha o sentimento elevado de participar de uma grande realização, o que lhe dava muito mais força, energia, ânimo e felicidade.

Autor desconhecido

O economista Francis Fukuyama escreveu um livro chamado *O custo da desconfiança*, no qual há uma excelente explanação que exemplifica que, em países onde existe muita desconfiança entre as pessoas, o custo é muito alto para todos os envolvidos, pois isso demanda muita auditoria e têm preços altos de verificação. O inverso, porém, também é verdade. Nos países onde as pessoas confiam umas nas outras, onde a lei funciona, o Estado e o próximo são respeitados, as coisas são realizadas com rapidez, o que resulta em grande desenvolvimento. Um dos maiores investidores do mundo, Warren Buffett, fechou em 2 horas um negócio que normalmente levaria vários meses para se concretizar porque confiava na pessoa que estava vendendo a empresa para ele. Como havia confiança, integridade e lealdade, houve velocidade na operação e dispensaram-se auditorias e verificações.

Com integridade, você consegue montar um projeto para alguém sem ficar se preocupando com tantas proteções e segurança porque sabe que está lidando com pessoas honestas, corretas e que realmente são as mesmas em todo lugar.

A integridade não deveria ser uma exigência, e sim algo natural. Infelizmente, porém, não é isso o que acontece no dia a dia, principalmente no mundo corporativo. É redundante, mas a integridade começa quando você é honesto consigo mesmo e depois com o próximo. E de nada adianta apenas entender esse adjetivo; somente ao vivê-lo você terá resultados "eternos".

FÉ

"Ora, a fé é o firme fundamento das coisas que se esperam, e a prova das coisas que se não veem." Hebreus 11:1

Eu respeito todas as crenças, mas não posso deixar de falar um pouco do que eu creio. Sou cristão, e minha fé está baseada nos princípios bíblicos, mas tenho muito claro que de nada adianta uma Bíblia aberta em uma mesa, pois meus atos falam mais do que minhas palavras.

Fé nos negócios

Um empreendedor ou vendedor precisa ter fé em cinco coisas: acreditar que tem um ótimo produto, que está em uma empresa distinta, que é um excelente profissional, que trabalha em um mercado notável e que tem as melhores propostas. É necessário acreditar para passar a verdade. A fé é conseguir passar a verdade aos fornecedores e clientes.

Uma das formas de aumentar sua fé é obter conhecimento do que você está desenvolvendo, o que pode ser feito por ouvir outras pessoas e por meio de experiências, livros e palestras. Dessa forma, sua crença em seu negócio com certeza vai aumentar.

Eu, por exemplo, exercito minha fé constantemente. Desde 2000, tenho um quadro de metas no qual vejo aquilo que construí e sua situação atual. Isso fortalece minha crença de que, se eu quero, eu posso, porque trago a meta do campo das ideias para o campo das realizações.

Grandes empresários fortalecem sua fé até por meio dos próprios exemplos, afinal foram bem-sucedidos e, em algum momento, acreditaram. O mundo é daqueles que têm fé e realizam, assim como John Davison Rockefeller, um investidor e empresário norte-americano que revolucionou o setor do petróleo; Andrew Carnegie, o rei do aço; Cornelius Vanderbilt II, um empreendedor americano que construiu sua fortuna na marinha mercante e na construção de ferrovias; Steve Jobs, um inventor, inovador e empresário norte-americano do setor da informática que dominou o mercado mundial.

Assim, faço-lhe uma pergunta, leitor: "Nós temos que ver para crer ou crer para ver?". É claro que temos que crer para ver, pois quem não crê não vê!

Minha fé

> *"Ora, a fé é o firme fundamento das coisas que se esperam, e a prova das coisas que se não veem." Hebreus 11:1*

Eu respeito todas as crenças, mas não posso deixar de falar um pouco do que eu creio. Sou cristão, e minha fé está baseada nos princípios bíblicos, mas sei muito bem que de nada adianta ter uma Bíblia aberta em uma mesa, pois meus atos falam mais do que minhas palavras.

Em minha fé, creio em Deus, o criador de todas as coisas, e que todas as coisas cooperam para aqueles que estão dentro de Seu propósito. Diante disso, desdobro essa fé em todas as áreas de minha vida. Tenho certeza de que Deus me deu a esposa ideal, fé de que tenho filhos maravilhosos, firmeza de que estou cercado de boas pessoas trabalhando comigo e fé de que trabalho em uma grande empresa. Acreditei em tudo isso antes de ver tudo acontecer.

Digo isso porque, na vida, sempre existem duas criações: a mental, quando você imagina, e a material, quando você realiza esse pensamento. É como construir um prédio: primeiro, você o imagina; quando começa a desenhar, inicia a materialização. Um grande teólogo chamado John Stott diz que "Crer também é pensar". Fomos criados com a capacidade de raciocínio e devemos usá-la de forma prudente, sensata e honrosa.

A essência de minha fé é de um Deus que fez tudo para ir bem, que quer o bem de todas as coisas. Pense no corpo humano, na perfeição do funcionamento de cada órgão e de cada função. Minha fé é de que somos filhos de um Criador; portanto, somos minicriadores, somos a única criação que raciocina, que é criativa e construtora. Acredito que, estando alinhados com as leis universais de Deus, usando bem aquilo que Ele nos deu — a fé e o pensamento —, temos tudo para ir bem e ser bem-sucedidos em qualquer área da vida.

CONSOLIDAÇÃO E CAMINHO EXPONENCIAL PARA O SUCESSO

ESCANEIE AQUI
E acesse a palestra exclusiva *Liderança Exponencial*.

UM GRUPO EMPRESARIAL
SÓLIDO E DE CRESCIMENTO
EXPONENCIAL

"Ideal" vem da excelência em todas as áreas, de estar no topo em tudo o que se propõe a fazer, de algo por inteiro, de intenção e coração, com base na integridade e na minha fé, entendendo que na perfeição apenas Deus é ideal. "Trends" são as tendências. As pessoas sempre querem ver e ouvir coisas novas, é uma necessidade do ser humano.

Tendo como princípios pessoais integridade, constância, fé e trabalho duro, comecei a colher resultados e ampliei minha visão para empreender sem deixar de lado meu objetivo de mudar a vida da maior quantidade de pessoas possível para que minha própria vida fosse transformada.

Com algumas empresas consolidadas, escolhi o nome Grupo Ideal Trends, que, para mim e para a cultura plantada, tem um grande significado em sua essência. Uma tradução simplista desse nome seria Tendência Ideal, mas para todos aqueles que estão envolvidos vai além disso.

Ideal vem da excelência em todas as áreas, de estar no topo em tudo que se propõe a fazer, de algo por inteiro, de intenção e coração, com base na integridade e em minha fé, entendendo que, na perfeição, apenas Deus é ideal.

Trends são as tendências. As pessoas sempre querem ver e ouvir coisas novas; é uma necessidade do ser humano. Alguém compra um carro hoje e amanhã já está buscando outro mais inovador. Isso se aplica não só a carros, mas a tudo que o permeia neste mundo deve se inovar para despertar seu desejo.

O Rei de Israel, Salomão, disse em um de seus escritos que o homem pode se cansar de muitas coisas, mas nunca se cansa de ver e ouvir (Eclesiastes 1:8). Ele está falando de inovação constantemente. E no Grupo Ideal Trends a palavra "inovação" faz parte do dia a dia. É assim que fidelizamos colaboradores, clientes e parceiros de negócios. Porém, por aqui, nós entendemos que a inovação só acontece quando gera resultados. Uma boa ideia que não gera resultados para a empresa não passa de um sonho e não pode ser qualificada como um aspecto inovador. Fala-se muito sobre inovação, mas são poucos os que realmente conseguem colocá-la em prática e gerar resultados para seus negócios.

No empreendedorismo, existe um fenômeno interessante: à medida que você vai conhecendo novos negócios que são mais lucrativos e escaláveis em relação aos seus, você toma a decisão de direcionar um tempo maior a esses novos negócios. Algum momento depois, esse empreendimento absorverá outro que já não traz grandes resultados. Mesmo assim, você não irá parar de crescer.

Outro conselho do Rei Salomão há cerca de 1.000 anos a.C.:

> *"Empregue o seu dinheiro em bons negócios e com o tempo você terá o seu lucro. Aplique-o em vários lugares e em negócios diferentes, porque você não sabe que crise poderá acontecer no mundo." (Eclesiastes 11.1)*

No Grupo Ideal Trends, hoje temos mais de 20 empresas e projetos, sendo 6 altamente lucrativas, ao passo que 4 estão alcançando o mesmo patamar de lucro. As outras empresas e projetos estão em fase de consolidação e implantação, sempre observando tendências e inovação.

Vale salientar que, como empreendedor serial, não construo empresas para vender. Você, leitor, já sabe que minha missão é ajudar pessoas a se desenvolverem, então divido a empresa com quem me ajudou a construí-la, pois essa é a melhor forma de fortalecer o negócio, as pessoas envolvidas e, consequentemente, a sociedade.

Isso é o que eu chamo de "dividir para multiplicar". Mas você pode estar se perguntando: "Como faço para dividir algo e, mesmo assim, multiplicar meus ganhos?". Matematicamente, parece que a conta não fecha, mas essa matemática não é dos homens, é a matemática perfeita de Deus, que reflete na vida de qualquer um, independentemente daquilo em que acredita.

As leis de Deus são diferentes das leis dos homens. Nestas, você pode atravessar um farol vermelho e não ser multado. Nas leis de Deus, se você prejudicar alguém será responsabilizado, pois os olhos de Deus percorrem todo o mundo e todos os lugares, todo o tempo, seja onde for. Esse olho é simbolizado, por exemplo, na nota de US$ 1 (o olho que tudo vê). Para explicar melhor, você pode não acreditar nas leis de Deus, mas está sujeito a elas. Para ilustrar de forma simples: alguém pode não acreditar na lei da gravidade, mas posso assegurar que se essa pessoa saltar de um prédio cairá a uma aceleração de 9,8 m/s^2, seja em São Paulo, seja em Nova York, seja em Bangkok, seja na Tailândia, seja em qualquer outra parte do mundo.

Deus é o dono de todas as coisas do mundo: da prata, do ouro e de toda sabedoria e entendimento. Portanto, aqueles que compreendem que nada neste mundo lhe pertence de forma absoluta, mas temporariamente, compartilham generosamente aquilo ao que têm acesso. Essas pessoas estão seguindo as diretrizes da bondade e entendem que suas habilidades, seus talentos e recursos devem ser usados para servir e impactar as gerações. Dessa forma, são abençoadas com mais ainda do que já tinham. Quero compartilhar um texto do Mestre Jesus que explica justamente esse pensamento:

> *Deem aos outros, e Deus dará a vocês. Ele será generoso, e as bênçãos que ele lhes dará serão tantas, que vocês não poderão segurá-las nas suas mãos. A mesma medida que vocês usarem para medir os outros, Deus usará para medir vocês. Lucas 6:38*

Uma máxima da qual não abro mão: é dividindo que se multiplica. Essa é a filosofia, mesmo recebendo dezenas de ofertas milionárias pelos negócios desenvolvidos.

Hoje, temos um laboratório de Inovação Digital Exponencial (IDE) localizado na cidade de Farroupilha (RS). Todas as estratégias de crescimento e expansão do grupo são discutidas dentro dele, por isso o nome escolhido para essa empresa foi IDE, fazendo referência a outra ordenança do Mestre Jesus, que, em Mateus 28:19, 20, disse:

> *19: "Portanto, IDE, ensinai todas as nações...; 20: ensinando-as a aplicar todas as coisas..." (trechos selecionados)*

Nossa estratégia de crescimento exponencial se baseia em, antes de tudo, estabelecer uma presença digital e, depois, uma presença física. Nosso objetivo é estar presente em 100 países em 10 anos, e o IDE será responsável por essa expansão digital.

Adotamos diversas estratégias e dentre as quais metodologias Startup Enxuta, desenvolvida pelo empreendedor serial americano e investidor Eric Ries, que se baseia em projetos inovadores com processos enxutos para dar prioridade às demandas do mercado, evitando perder tempo, recursos e dinheiro. Os empreendedores devem empregar a inovação contínua, criando empresas bem-sucedidas e altamente lucrativas.

Quase todas nossas startups são spin-off, criadas para atender às necessidades internas do grupo e, posteriormente, são oferecidas ao mercado. Por

UM GRUPO EMPRESARIAL SÓLIDO E DE CRESCIMENTO EXPONENCIAL

um período, essas empresa ficam incubadas em outra; à medida que seu faturamento e sua musculatura crescem, passam a ter vida independente.

Ter um laboratório de inovação faz parte da estrutura de grandes grupos e grandes empresas. Algumas dessas estruturas estão presentes até mesmo em grandes polos de tecnologia do Brasil e em grandes hubs mundiais, como nos Estados Unidos, em Israel e na Alemanha.

Diversas instituições bancárias adotaram esse método. No Brasil, uma grande rede de varejo, o Magazine Luiza, adotou a estratégia e buscou ideias em todos os níveis hierárquicos da corporação. Com essa iniciativa, depois de 32 meses, suas ações cresceram admiráveis 15.467%, para a felicidade e o sucesso dos acionistas.

Agora, apresentarei um breve resumo do que é o Grupo Ideal Trends para que você, leitor, tenha uma ideia de tudo o que oferecemos a nossos colaboradores, parceiros e clientes.

Quero começar pela Doutores da Web, que hoje é uma gigante do marketing digital, focada na estratégia de busca de palavras na internet. Temos também o Busca Cliente, que se concentra na estratégia de busca regionalizada e de imagens também na internet.

Outro grande sucesso é o Soluções Industriais, o maior portal industrial da América Latina. Reforço que todas essas empresas têm a missão de gerar negócios para nossos clientes. O Cliente Ideal é uma ferramenta para prospecção ativa de clientes. Na mesma linha de marketing digital, temos o recente sucesso Ideal Marketing, que oferece uma plataforma revolucionária de automação de marketing.

Diversificando os mercados, atuamos também na área da Saúde, começando pelo Ideal Odonto, uma operadora odontológica regulada pela Agência Nacional de Saúde Suplementar (ANS), com técnicas inovadoras de crescimento e experiência do cliente. Ainda nessa linha, temos o Cartão Ideal, focado na saúde popular, que possibilita consultas médicas, laboratórios e medicamentos com valores acessíveis, além de descontos em entretenimento e educação, proporcionando benefícios para toda a família.

A Vue Odonto é uma rede de clínicas odontológicas focada em estética bucal, com tratamentos inovadores, oferecendo o que há de mais moderno no mercado de tratamento dentário. O Clínica Ideal é um sistema composto por cinco pilares que elevam a gestão de uma clínica odontológica a outro patamar: marketing, gestão, sistema, fornecedores e networking.

Além disso, temos projetos como o Doutor Ideal, composto de clínicas de medicina popular de fácil acesso e sem burocracias, e o Ideal Pet Care, que oferece plano de saúde para animais domésticos.

Outro segmento em que atuamos no Brasil e nos Estados Unidos é o de cosméticos e bem-estar. Por meio da empresa Anne Caroline Global, oferecemos produtos inovadores desenvolvidos em laboratório próprio com o uso de nanotecnologia e distribuídos ao mercado por meio de vendas diretas pela estratégia de marketing multinível, mercado considerado por grandes investidores como o negócio do século XXI.

Atuamos também em projetos como o Férias em Orlando, que oferece casas de veraneio em Orlando (EUA), o maior centro de entretenimento do mundo, fornecendo conforto e segurança aos clientes em viagem.

Temos também o Ideal Trends Investments, que trabalha no mercado de ações em busca de grandes resultados. Na área financeira, ainda temos o Ideal Pay, uma plataforma completa de pagamento com muitas inovações que facilitam as transações entre clientes e fornecedores.

Na área educacional, temos a Ideal Educação, que contempla a editora Ideal Books, que produz materiais para instituições educacionais e lançará literaturas em diversos segmentos com seu selo. Nessa área, temos também o projeto Ideal Mentor, uma plataforma de mentorias em diversas áreas da vida pessoal ou profissional, bem como as escolas de idiomas Ideal English School, sediada na Flórida (EUA), e a Ideal English Now, que atua no Brasil.

A Ideal Educação também trouxe a Faculdade Ideal Trends ao mercado, com cursos livres e tecnológicos focados em gestão, graduações e pós-graduações. Seu maior objetivo é proporcionar ao aluno alta empregabilidade e capacidade empreendedora e de liderança. Por outro lado, oferecemos a pequenos e médios empresários a estrutura da Universidade Corporativa, igualando-os nesse ponto às grandes empresas.

Vários cursos e disciplinas da faculdade foram desenvolvidos por grandes profissionais do próprio Grupo Ideal Trends, conferindo alta praticidade e eficácia, pois tratam-se de especialistas de alto resultado, que não ensinam o que cai na prova, mas o que cai na vida. A Faculdade tem uma incubadora e aceleradora chamada Aceleradora Ideal, cujo objetivo é investir em projetos disruptivos e inovadores dos alunos, da comunidade acadêmica e da sociedade, apresentando uma sinergia completa com o Grupo Ideal Trends, que fornece estrutura, ferramentas e mentorias que agilizam os processos em prol do sucesso do empreendimento.

Esta foi uma breve explanação sobre o Grupo Ideal Trends. Deixo o convite para que você conheça nosso site: www.idealtrends.com.br.

ESCANEIE AQUI
Acesse nosso site

No capítulo a seguir, oferecerei um material rico sobre o negócio ideal que, com certeza, ajudará na construção de seu empreendimento, pois você é capaz de construir algo gigantesco e mudar vidas.

SETE PILARES
DO NEGÓCIO IDEAL

"O melhor negócio do mundo é uma companhia de petróleo bem administrada e o segundo melhor negócio é uma companhia de petróleo mal administrada." – John Davison Rockefeller (1839-1937)

Vou compartilhar com você que chegou até aqui na leitura deste livro um estudo sobre o negócio ideal. Antes, porém, quero mostrar um pensamento muito interessante de um grande empresário que viveu entre os séculos XIX e XX:

> "O melhor negócio do mundo é uma companhia de petróleo bem administrada e o segundo melhor negócio é uma companhia de petróleo mal administrada."
>
> John Davison Rockefeller (1839-1937).

Ele quis dizer que quando uma empresa é boa, o segmento é bom e tem boa margem, não importa se é bem ou mal administrada, porque mesmo com deficiência na gestão é possível ganhar dinheiro.

Então, antes de falar dos sete pilares do negócio ideal, é importante parar e refletir se seu ramo de atividade tem boa margem e espaço para crescimento. Essa análise é fundamental, pois os sete pilares partem do princípio de que você tem um bom negócio em mãos.

1º pilar: marketing

O conceito de marketing é a capacidade de entender o mercado, de se posicionar para atendê-lo com eficiência, de compreender sua dinâmica, como funciona e o que mais valoriza, além de criar soluções para atender a esse mercado com uma qualidade superior à dos concorrentes.

Fonte: O Grande Livro do Marketing – Francisco Alberto Madia de Souza

E você tem várias estratégias para chegar ao mercado. Como exemplo, apresento a matriz da MADIA, que é muito interessante, pois cita todos os Ps do marketing.

Na primeira coluna está o que chamamos de Armas, que são os Ps para trabalhar o mercado; na coluna do meio, Ambiente, é um norte para perceber em que ecossistema está inserido; e a última coluna, Mercado, abrange a concorrência.

Vamos iniciar pela coluna de Armas. O primeiro termo é Foco (*Phocus*), no qual você define seu objetivo. O próximo é Posicionamento (*Positioning*) de mercado, ou seja, seus diferenciais e a forma como vai se posicionar.

Em seguida temos quatro Ps mais conhecidos e de extrema importância: Produto, Promoção, Praça e Preço (*Product, Promotion, Place* e *Price*). Em poucas palavras, eles representam o produto com o qual você vai atuar, as estratégias de promoção (divulgação) que serão aplicadas, o local em que vai trabalhar e o preço que vai praticar.

Complementando, a primeira coluna inclui as pessoas (*People*) que você vai atingir com esse negócio, os fornecedores (*Providers*), o importantíssimo pós-venda (*Post-Place*) e, por fim, as proteções (*Protection*) legais e jurídicas que dão segurança e base legal para o desenvolvimento do empreendimento.

Desdobrando a coluna central do mapa, temos o acrônimo PEST, que representa o ambiente político, econômico, social e tecnológico com indicadores que podem ajudar a descobrir se o ambiente é realmente favorável para o desenvolvimento do negócio.

A terceira coluna representa o mercado com o termo *Percognitiom*, que nada mais é do que o feedback de todas as avaliações do produto no mercado. Com as informações do *Percognitiom*, você alimentará a primeira coluna dos Ps iniciais.

Na parte de baixo do mapa está a palavra "fidelização", pois sempre será necessário fazer a pesquisa de marketing, que funciona como bússolas, antenas, sensores e inteligência competitiva — são as ferramentas que permitem sentir o mercado e melhorar seu processo.

Essa matriz é prática, e existe um método para aplicá-la. No mercado, muitas pessoas conhecem apenas os quatro Ps (Produtos, Promoções, Preço e Praça), mas existem outros fatores envolvidos em uma análise de posicionamento de mercado.

Anteriormente, os veículos de comunicação se resumiam a canais de TV e rádio, o que chamo de veículos de direção única, visto que o público não pode interagir com os emissores da mensagem e só recebe a informação. O problema é que, nesses veículos, seu anúncio não necessariamente será veiculado no momento em que o consumidor deseja aquele produto, e o público pode não ser o correto.

Já na internet, como no Google, existe a sincronicidade, ou seja, quem procura o produto está gerando a demanda, e, no mesmo momento, encontra a oferta. Há uma sincronia entre a demanda e a oferta. A pessoa procura o que quer e encontra. A internet é a mãe das mídias e é possível encontrar de tudo nela, com a vantagem de a comunicação ser de mão dupla: você recebe e envia informação. Isso é sincronicidade.

Muitas vezes, quando você faz um anúncio nos meios de comunicação tradicionais, a pessoa já comprou aquele item ou seu desejo de compra ainda será despertado. A internet faz com essa interação seja muito positiva em termos de oferta, encontrando a demanda.

O marketing digital é efetivo, mais preciso, tem o incremento da satisfação e experiência do cliente, que pode ser mensurada; com esses dados, abre-se uma grande oportunidade de aumentar a retenção de clientes.

É possível personalizar o perfil do cliente, oferecendo um produto de maior qualidade, e apresentar a oportunidade de comprar produtos complementares àquele que deseja, possibilitando o aumento do ticket médio (consumo do cliente). Assim, seu marketing aumenta de maneira eficiente e gradativa por meio da precisão dos dados.

O marketing digital é uma ferramenta muito interessante e vital para tração e crescimento empresarial hoje. Por meio dele, você define ou redefine seu posicionamento com mais velocidade e assertividade.

Tráfego e conversão são as duas grandezas do marketing digital. Afinal, você trabalha para gerar tráfego para seu site e, posteriormente, tem a missão de converter esse tráfego em *leads* (clientes em potencial que gerarão vendas).

Existem algumas tendências no marketing digital, e vamos falar primeiro do marketing de conteúdo. Criar conteúdo de valor para sua audiência é importantíssimo, pois as pessoas consomem conteúdo. Especialistas em marketing digital consideram o conteúdo a moeda do século XXI, afinal, por meio de um conteúdo rico e bem elaborado, você atrai pessoas e gera um relacionamento que resultará em um funil de vendas. E, mesmo que o contato não resulte em venda no primeiro momento, deve-se manter e nutrir o relacionamento para uma possível conversão futura.

O conteúdo jamais pode ser aleatório, e sim personalizado e centrado no perfil do cliente, já que será o primeiro contato dele com a empresa. Em outras palavras, a captação de bons contatos vem por meio de bons conteúdos.

A otimização do marketing digital é fundamental, ainda mais em conjunto com o objetivo de estar presente em diversos tipos de dispositivos eletrônicos. Isso porque, hoje, em um restaurante, por exemplo, as pessoas prestam mais atenção no celular do que no próprio jantar. Então, visto que o usuário está procurando informações, sua empresa deve estar presente.

Os anúncios em vídeos estão em alta — as pessoas os consomem movidas pela interação com o conteúdo. Trata-se de um consumo passivo. As transmissões ao vivo chamam atenção, e o público da internet gosta de lives. Sem falar na onda dos influenciadores digitais, que influenciam o mercado em diversos segmentos por meio das mídias sociais.

Ao aplicar o marketing digital em seu empreendimento, é vital fazer uma análise completa de todos os dados com certa periodicidade para tomar ações e decisões. Lembre-se de que esses dados são gerados com muita precisão e o ajudam a nortear bem o rumo de seu negócio.

Por fim, com a automação de marketing, que é importantíssima, cada vez que um *lead* é captado um fluxo de nutrição deve obrigatoriamente levar esse contato até a etapa de conversão.

Também é fundamental ser zeloso com o design. Sempre ofereça uma estética agradável e bem desenvolvida — as pessoas são visuais. A usabilidade também deve ser priorizada; tudo deve ser fácil de utilizar, com eficiência percebida e convertida. É importante usar gatilhos mentais no texto e no site. Transmita autoridade, mostre que você é referência no segmento. Apresente provas sociais, com pessoas falando de você ou de seu negócio, profissionais falando e indicando seu serviço ou produto, testemunhos de clientes satisfeitos e, por último, mas não menos importante, *cases* de sucesso.

2º pilar: vendas

Você deve fazer sua empresa se tornar uma máquina de vendas, com ativos e receptivos de receitas recorrentes. A primeira estratégia deve ser se concentrar em converter contatos em negócios — toda pessoa que acessa sua página na internet e suas mídias sociais deve ser convertida em alguma ponta.

Defina os canais de vendas nos quais deseja atuar. Existem vários tipos de canais, como *call center*, e-commerce, representante comercial e franquia. Depois disso, é necessário definir o processo de venda, o ciclo passo a passo de cada canal, desde a prospecção até o fechamento do negócio. Tenha bem claro na mente quais são e quantas são as etapas do funil de vendas — existem até etapas como essa, que se relacionam bastante com o pilar 1, de marketing.

Além disso, é fundamental padronizar e validar a linguagem que o profissional de vendas vai usar para fazer a conversão do contato. Tenha cuidado com o marketing pessoal do vendedor: ele deve ter boa postura, atitude e comunicação para poder vender e deve acreditar em si mesmo, na empresa e no produto. Sua postura está atrelada à forma como se veste, como se apresenta ao cliente, se tem uma atitude positiva e uma comunicação agradável, com palavras que levam a uma boa negociação e ao fechamento.

Outro ponto importante é a seleção e o recrutamento de vendedores — ter uma boa equipe. Uma empresa nada mais é do que um grupo de pessoas, então a seleção de pessoas excepcionais gerará resultados excepcionais, assim como seu treinamento (para desenvolver novas habilidades) e reciclagem — pois, de tempos em tempos, as pessoas perdem habilidades. Ademais, isso ajuda a manter a equipe motivada e energizada para avançar.

Para que nada fique para trás, atente também a seu CRM uma ferramenta fundamental de gestão de contatos e possíveis clientes, nutrindo-os constantemente.

3º pilar: produção

Concilie o máximo da eficiência operacional com um elevado grau de entrega e uma estrutura enxuta, além de métodos e processos bem definidos para tudo. Para isso, estabeleça padrões, pois será o que definirá a régua de performance que as pessoas devem ter.

Ademais, tenha tudo sob controle. Afinal, você só poderá medir o que pode ser controlado, e um bom resultado só pode ser obtido através do que você pode medir e direcionar.

Dedique-se também ao planejamento, pois uma hora planejada é mais importante que dez dias trabalhados. Por exemplo: é muito mais fácil apagar a planta de uma casa no papel do que derrubar uma parede. Em outras palavras, o planejamento é fundamental para evitar retrabalho e custos desnecessários.

A qualidade deve vir antes da produtividade. Você deve ter certeza de que produzirá e oferecerá algo excelente. Imagine se fosse o contrário: produzir muito, mas com baixa qualidade — só geraria retrabalho e prejuízo.

Você ainda conta com um grande facilitador: a tecnologia. Use-a ao máximo a seu favor. Hoje, os robôs estão presentes nas indústrias, e as empresas utilizam boa tecnologia, otimizando os processos , além de a tecnologia aumentar a velocidade do negócio.

Procure sempre a melhoria contínua, foque melhorar métodos e processos e com certeza seu negócio ganhará mais escala e será cada vez mais rentável.

4º pilar: financeiro

Entender o que está por trás dos números e tomar a decisão certa é vital. Para isso, é necessário que todo empresário sempre foque o conceito I x R baseado em investimento e retorno. É preciso entender se o foco é investir e qual retorno ele terá, por isso é fundamental se certificar de que os custos fixos sejam os mais baixos possíveis e eliminar muitos custos variáveis.

Por exemplo, o vendedor deve ter um ganho fixo baixo, e o ganho maior deve ser direcionado aos custos variáveis. Sabe por quê? Para não ser um prejuízo para a empresa, e sim um ganho. Isso significa que ele ganha mais se produzir mais, levando retorno para o negócio.

Atente também a sua margem — ponto importantíssimo —, pois a margem de lucro deve ser a melhor possível para que o negócio realmente tenha condições de crescimento e desenvolvimento. Para isso, observe diariamente indicadores como lucro, que é o "motor" que faz a empresa crescer.

O acompanhamento diário dos números é fundamental, e, como já disse, as vendas de uma empresa são como ar para o pulmão, ao passo que o sistema circulatório é como a gestão financeira e as despesas desnecessárias são como uma hemorragia. Por quanto tempo uma pessoa pode aguentar ficar sem ar? Por quanto tempo alguém pode aguentar uma hemorragia? Por pouco tempo, certo? Dependendo do caso, não dá nem tempo de salvar a pessoa. O mesmo vale para as empresas.

O setor financeiro deve acompanhar os números constantemente, além de recebimentos, vendas, receitas, despesas e inadimplências. Ademais, é essencial ter uma boa controladoria, pois, no fim de cada mês, você deve fazer uma análise vertical e horizontal do negócio para saber exatamente como anda a evolução das despesas e das receitas, comparando os centros de custo mês a mês.

Faça sempre um acompanhamento de seu regime tributário, pois sempre é possível otimizar o negócio tributariamente de uma forma legal e íntegra. Analise se a empresa está enquadrada na Classificação Nacional de Atividades Econômicas (CNAE) adequada, que é um modo de padronizar os códigos de atividades econômicas em todo o País, facilitando o enquadramento adequado das empresas. Afinal, existem categorias e locais em que se paga mais ou menos impostos, e cada território oferece benefícios fiscais específicos.

O grande desafio é a guerra tributária do Brasil e dos outros países. Assim, a cada ano, revise a possibilidade de otimização de impostos, consultando sempre seu contador e estudando uma maneira de pagar menos taxas dentro da lei, o que o ajudará a conter custos.

5º pilar: pessoas

Nada dá mais resultados para uma empresa do que ter as pessoas certas nos lugares certos. E, em via de mão dupla, não há nada que dê mais prejuízo do que pessoas erradas nos lugares errados, assim como pessoas erradas no lugar certo.

O grande segredo do sucesso é colocar a pessoa certa no lugar certo para poder produzir bem e entregar resultados. Como empreendedor, você deve liberar o potencial das pessoas, pois é isto o que um grande líder faz: trazer para fora o que elas têm de melhor. Depois, basta administrá-las e alinhar os interesses do colaborador, da empresa, dos fornecedores e dos acionistas.

Outro ponto a se atentar é a zona de conforto. Um grande líder tira as pessoas das zonas de conforto e as coloca aonde elas imaginam não ter capacidade ou condição de ir.

A formação de talentos é fundamental. Com isso, você será capaz de fazer a empresa crescer com pessoas formadas internamente, afinal os melhores colaboradores estão dentro das empresas, não fora delas. Ademais, pessoas de dentro do negócio já têm a cultura da organização e estão prontas para passar o trabalho e o pensamento adiante.

Por fim: treinar, treinar e treinar! Isso significa desenvolver habilidades, assim como uma seleção treina antes da Copa do Mundo, por exemplo, para ficar mais rápida, ter mais entrosamento e melhores resultados. Treinar é desenvolver habilidades, ao contrário de educar, que é ensinar algo que a pessoa não sabe.

6º pilar: cultura

A cultura é muito importante, é a base de um negócio e deve ser plantada com base na meritocracia, promovendo o crescimento das pessoas. Na cultura, encontramos a resposta para as seguintes perguntas: Quem merece crescer na empresa? Quem deve deixar a empresa? Quem deve ser promovido? Qual é o melhor processo a ser implantado? Como a formação de líderes será realizada dentro da empresa? Como garantir que a liderança de todos os níveis esteja conectando as pessoas a propósitos, a um projeto maior, e gerando oportunidades e desafios para que elas possam crescer no próprio ritmo? Por isso, gostaria de compartilhar um pouco da cultura do Grupo Ideal Trends, do qual sou fundador e presidente.

1. Sonhar grande

Somos movidos por um sonho grandioso e desafiador: sermos os melhores e mais lucrativos nos setores em que atuamos.

- A empresa somos nós, seus colaboradores. Nosso desejo de construir uma grande empresa que seja a melhor no que faz é o que nos inspira e estimula a trabalhar juntos na mesma direção.
- Sonhar grande requer a mesma energia que sonhar pequeno. Sonhamos grande para sermos do tamanho de nosso sonho.
- Sonhos são, por natureza, ampliações de nós mesmos e, por isso, conseguimos nos dedicar a eles. Por serem ampliações, requerem esforço, trabalho duro, paixão e senso de propósito.
- Todo sonho tem consequências. Para sermos a melhor empresa, não podemos ser apenas uma boa empresa. Bom não é suficientemente bom.

2. Meritocracia

Pessoas excelentes, livres para crescer no ritmo de seu talento e recompensadas adequadamente, são nosso ativo mais valioso.

- Grandes empresas são formadas por pessoas excelentes, que são a única vantagem competitiva realmente sustentável.
- Pessoas excelentes atraem mais pessoas excelentes, embora o inverso também seja verdade.
- Líderes autênticos mantêm o caminho livre para os demais e criam, constantemente, o ambiente, as oportunidades e os desafios para que estes progridam conforme seus talentos e sua dedicação.
- Pessoas excelentes gostam de meritocracia, informalidade e sinceridade.

3. Formar líderes

Devemos selecionar indivíduos que possam ser melhores do que nós. Seremos avaliados pela qualidade de nossas equipes.

- Quem não tiver sucessores à altura não poderá ser promovido. É preciso identificar potenciais que, com o desenvolvimento, os desafios e os incentivos adequados, ajudem a atingir as metas da empresa e superem os próprios líderes.
- Todos os líderes da organização precisam ter tempo disponível para atrair, desenvolver e motivar pessoas. Essa é uma responsabilidade que eles não delegam.
- O desenvolvimento de cada pessoa deve ser incentivado com a oferta de oportunidades profissionais que possam tirá-las de sua zona de conforto e levá-las para além do que elas julgavam ser capazes de ir.

4. Ser exemplo

A liderança pelo exemplo pessoal é o melhor guia para nossa cultura. Fazemos o que dizemos.

- Atitudes e ações são mais poderosas do que palavras.
- Somos todos embaixadores e multiplicadores da nossa cultura. Isso significa que somos todos atenciosos, humildes, energéticos e com senso de urgência – a chave para construir nossa empresa.
- A liderança, com sua equipe, é a chave para a obtenção de resultados. Sem grandes líderes, não há grandes resultados.
- Nada substitui a presença do líder. Sempre que possível, vamos aonde as coisas acontecem para gerenciá-las.

5. Resultados

Resultados são a força motriz da empresa. O foco nos resultados nos permite concentrar tempo e energia no que é essencial.

- O que importa são os resultados, desde que obtidos de maneira que respeite a estrutura ética e as normas da empresa.
- Uma grande empresa precisa obter grandes resultados, que sejam ótimos e sustentáveis.
- O foco é crítico e decisivo para a empresa: como é impossível ser excelente em tudo, é melhor executar bem poucas coisas do que realizar mal muitas.

- Sempre haverá mais o que fazer do que o tempo nos permite, por isso prioridades são fundamentais. As metas nos alinharão em torno das prioridades.

- São os lucros que atraem as melhores pessoas, geram oportunidades profissionais, cativam investidores e mantêm o motor da empresa funcionando.

- Meios (o modo como realizamos as coisas) são importantes para obtermos os fins (resultados) de modo mais rápido, econômico e confiável. Meios sem fins não significam nada.

- Não perdemos tempo tentando reinventar o que já existe; aprimoramos o que há de melhor.

6. Agir como dono

Somos todos donos da empresa. E um dono assume a responsabilidade pelos resultados pessoalmente.

- Sermos donos da empresa é o que nos permite tomar decisões melhores. Um dono convive com as consequências de suas decisões.

- Tudo que a empresa faz tem um dono, com responsabilidades claras e metas mensuráveis, incluindo prazo definido. Um dono sempre assume essas responsabilidades, além de exercer sua autoridade. Embora as discussões sejam importantes e comitês se mostrem úteis, é o dono que sempre toma a decisão final.

- Em uma verdadeira cultura de proprietários, donos não julgam ter direito natural no negócio, pelo contrário, buscam fazer jus a ele todos os dias.

- Donos puxam para si a responsabilidade por resultados e desafios, sofrem com desenlaces negativos e chamam a atenção para os erros que veem, mesmo que ocorram fora do seu departamento ou território.

7. Simplicidade e franqueza

Acreditamos que bom senso e simplicidade são melhores que complexidade e sofisticação.

- Nada substitui o discernimento e o bom senso.

- Ser simples é melhor. Coisas simples são fáceis de explicar e pôr em prática e têm maior probabilidade de dar certo.

- Todas as ações seguem nossas diretrizes, o que evita complexidade e sofisticação desnecessárias.

- Tomamos decisões com base em fatos, não no sistema de tentativa e erro. Mas, embora a análise seja fundamental, a paralisia analítica deve ser evitada a todo custo.

- Transparência e disponibilidade de informações contribuem para a tomada de decisões e minimizam os conflitos. Gostamos de visibilidade e franqueza sem receio.

- Disciplina é fundamental em tudo o que fazemos. Sistemas para avaliar o desempenho, o indicador-chave de desempenho (KPI, na sigla em inglês) e o método Planejar/Executar/Verificar/Reagir (PDCA, na sigla em inglês) são muito importantes.

- A execução faz a diferença em nosso negócio. Grandes ideias mal executadas não têm valor algum.

8. Empresa enxuta

Gerenciamos nossos custos rigorosamente, a fim de liberar recursos que ajudarão a aumentar o faturamento.

- Custos são, entre os fatores totalmente sob nosso controle, os mais importantes.

- Não há mal algum em ser uma empresa enxuta; assim nos sobram mais recursos para investir e incrementar as vendas. Empresas enxutas e eficientes sobrevivem mais facilmente a tempos difíceis.

- Somos uma empresa voltada para vendas, e é essencial que estas nunca parem de crescer. Para tanto, o consumidor deve ser visto como rei. Transformamos dinheiro que não gera valor em dinheiro que gera valor.

- Em outras palavras, investimos no que os clientes podem ver, tocar, usar e pelo que estejam dispostos a pagar mais; todo o resto é investimento que não gera valor.

- Devemos agir rapidamente para conter custos e nos manter sempre em um ciclo de negócios positivos. Ciclos negativos nos impedem de ampliar o negócio e, eventualmente, nos obrigam a encolher.

9. Trabalho duro

Nunca estamos plenamente satisfeitos com nossos resultados. É essa recusa em se acomodar à situação atual que nos garante uma vantagem competitiva duradoura.

- Buscamos sempre o próximo nível, para nos mantermos à frente dos concorrentes. Uma salutar e constante "insatisfação" com os resultados obtidos motiva o progresso.
- Celebraremos nossas vitórias e reconheceremos todos os que ajudaram a alcançá-las – mas sempre com os olhos voltados para o próximo desafio.
- Nossa cultura existe e prevalece em todo o lugar em que operamos, em qualquer parte do mundo. Foi ela que nos trouxe até aqui e atraiu nosso pessoal. É ela que nos levará ainda mais longe. Pessoas excelentes que não conseguem se adaptar à nossa cultura devem deixar a empresa.
- Mercados mudam, mas a cultura permanece no que diz respeito a quem somos como grupo e ao que representamos. Consistência e continuidade são fundamentais nesse aspecto, ainda que, nas áreas de marketing e vendas, a abordagem tenha de evoluir constantemente.
- Trabalho duro é crucial para superar a concorrência. Nenhuma empresa consegue ser grande se as pessoas excelentes não forem esforçadas e trabalhadoras.

10. Integridade

Não tomamos atalhos. Integridade, trabalho duro e consistência são o cimento que pavimenta nossa empresa.

- Só podemos ter a melhor empresa se contarmos com a confiança e o envolvimento de todos os nossos stakeholders. Se for preciso, perdemos vendas para proteger marcas e reputações, isso é mais importante a longo prazo.
- Criar uma grande empresa leva tempo, é difícil e exige consistência. Ela é erguida tijolo por tijolo, dia após dia.
- Atalhos e má-fé corroem uma empresa por dentro e a destroem.
- Jamais podem ser comprometidas a segurança de nosso pessoal, a qualidade de nossos produtos e a singularidade da experiência oferecida a nossos consumidores.

Acesse: https://www.idealtrends.com.br/principios

7º pilar: gestão

Os seis pilares que foram analisados até agora devem ser somados a uma gestão muito atuante para que você possa orquestrar tudo e todos. E o que é gestão? É ter um bom organograma que define a estrutura hierárquica da empresa, deixando as responsabilidades bem claras para todos os colaboradores, uma meta para cada pessoa e um planejamento para cadastrar.

Inclusive, a gestão deve se atentar a planos de ação para atingir o planejamento, pois é importante levar como norte de negócio o indicador de desempenho. Assim, você pode acompanhar as pessoas e aplicar o método Orientar, Motivar e Cobrar (OMC). Se o colaborador gera resultado, promova-o; caso contrário, mesmo depois de um processo de orientação e mentoria, descontinue a parceria.

É necessário avaliar e agir rapidamente. Não se pode errar por muito tempo, visto que isso pode gerar um grande problema. Sua liderança deve liberar o potencial máximo das pessoas.

E, tratando de pessoas, seja lento (minucioso) para contratar e rápido (decidido) para demitir em caso de inaptidão à empresa ou ao desafio.

E lembre-se de que decisões determinam destinos. Sempre decida quem são as pessoas que precisam ser promovidas e as que não devem estar na empresa, mesmo que, muitas vezes, isso envolva a reconfiguração de setores e posições.

Quero citar aqui o grande administrador Jack Welch, conhecido como um dos maiores gestores empresariais do século XX. Ele chegou à empresa G&E em uma situação delicada e multiplicou o resultado em 40 vezes, tornando-a uma potência do mercado. Ele aplicava o seguinte método: promova 20% das pessoas de grande potencial todo ano, treine 70% das que estão na média e troque 10% das que estão abaixo da média. Assim, você estabelecerá uma boa dinâmica na empresa. Essas decisões são fundamentais.

Três ferramentas clássicas de gestão exponencial

Para gerir todos estes pilares e ter sucesso nos negócios, é fundamental aplicar o Planejar, Executar, Checar e Agir (PDCA) em suas equipes, unido ao método Kaizen.

Um dos tópicos do Princípio Sete do Grupo Ideal Trends dispõe que: **"Disciplina é fundamental em tudo o que fazemos. Sistemas para avaliar o desempenho, o indicador-chave de desempenho (KPI, na sigla em inglês) e o método Planejar/Executar/Verificar/Reagir (PDCA, na sigla em inglês) são muito importantes."**

Você deve estar se perguntando por que colocar na cultura da empresa essas ferramentas. Para responder, é necessário trazer o contexto histórico.

Esses métodos foram implantados por volta de 1950, no Japão, depois da Segunda Guerra Mundial; esse país, devastado, com sua população reduzida em aproximadamente 40% e sua demografia formada por ilhas/arquipélagos, dificultando o acesso logístico, tornou-se uma potência mundial em menos de 50 anos com apoio dessas ferramentas.

Estas ferramentas são fundamentais para avaliar se todas as atividades estão seguindo a cultura e o andamento correto, atreladas ao objetivo do negócio.

É importante citar a estratégia de Edward D. Hess, um especialista em crescimento. Ele diz que para uma empresa crescer é fundamental fazer um planejamento; em seguida, vem a priorização do que é mais importante; o terceiro passo é colocar os processos em uma sequência bem desenvolvida para permitir o crescimento; e, por último, determinar o ritmo para poder obter um crescimento sem atropelos, garantindo que as coisas caminharão bem. Tudo isso faz parte do crescimento orgânico.

Também há o crescimento por fusão e aquisição, outra forma de crescer muito adotada.

Depois desse contexto, meu objetivo é instigar a utilização diária do PDCA.

Método PDCA

Agir — A
Planejar — P
MELHORA CONTÍNUA
C — Checar
D — Fazer

O uso constante do PDCA irá alavancar seu ganho em escala ao longo do tempo; então, a cada novo PDCA, ajustado com os resultados anteriores, você aplicará o método Kaizen (Kai = significa mudança ou reforma, e ZEN = é sabedoria ou bondade).

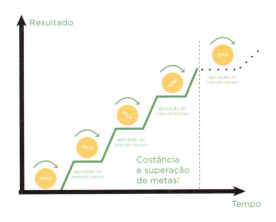

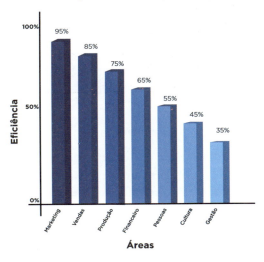

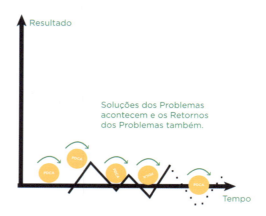

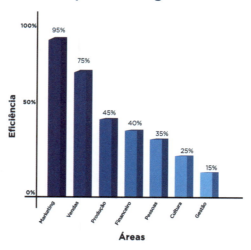

A filosofia do método Kaizen é, portanto, ter melhoria contínua, que fica perceptível no tópico do Princípio 9: "**Buscamos sempre o próximo nível, para nos mantermos à frente dos concorrentes. Uma salutar e constante 'insatisfação' com os resultados obtidos motiva o progresso.**". Como pode-se perceber na representação gráfica anterior, ao longo do tempo haverá um crescimento exponencial; caso o método não seja aplicado, os resultados poderão até acontecer, mas os problemas e falhas poderão voltar a ocorrer.

O Kaizen pode ser resumido em uma sequência de ciclos PDCA. Um exemplo clássico é o Sistema Toyota de Produção que, ao localizar uma anormalidade, já sugere uma melhoria e pode-se iniciar um Kaizen.

Grandes organizações aplicam estes métodos com excelência e resultados surpreendentes. E como usamos o PDCA?

P	Planejamento	Definir claramente as metas, ações e/ou problemas e reconhecer sua importância.
D	Treinamento/execução	Fazer e executar as metas e ações planejadas.
C	Check	Checar a eficácia das ações implementadas.
A	Agir	Com finalidade de melhoria/correção ou manutenção nas ações planejadas.

A seguir, apresento diversos indicadores e técnicas que irão lhe ajudar em seu negócio e na formulação e acompanhamento do PDCA e do método Kaizen:

✓ Canvas

✓ KPI/Dashboard

✓ 5W2H

✓ Demonstrativos financeiros

✓ Pesquisa de clima organizacional

✓ *Turnover*

✓ Produtividade

✓ BSC

✓ Mapa de riscos

✓ *Brainstorming*

✓ Processos e procedimentos

✓ KPI

✓ *Business Intelligence*

Acompanhe diariamente os indicadores. Resgatando um tópico do Princípio 4, **"Nada substitui a presença do líder. Sempre que possível, vamos aonde as coisas acontecem para gerenciá-las."**. Portanto, esteja presente principalmente no local onde os resultados não estão ocorrendo e efetue o direcionamento da equipe, por meio de mentoria e conscientização sobre os resultados.

Agora, darei alguns exemplos de aplicação dessas ferramentas no dia a dia.

Para iniciar, trago o exemplo do café, que tomamos diariamente pela manhã, para mostrar a aplicação do 5W2H.

5W					2H	
What	Why	Who	Where	When	How	How much
O quê	Por quê	Quem	Onde	Quando	Como	Quanto
Ação, problema, desafio	Justificativa, explicação, motivo	Responsável	Local	Prazo, cronograma	Procedimentos, etapas	Custo, desembolso
Fazer café	Acordar e iniciar o dia	Eu	Cozinha	Diariamente às 6h30min	Aquecer a água, buscar a xícara, utilizar coador, filtro de papel, colocar pó de café e água quente	R$ 2,00

Quando compramos qualquer produto, na embalagem há todos os dados para que o fabricante tenha o perfeito rastreamento. Mantendo o exemplo do café, temos: selo ABIC, tabela nutricional, lote, validade, indústria, marca, responsável técnico, ingredientes e código de barras.

Com todos estes dados, nós temos a garantia do produto que estamos adquirindo, e a empresa tem a garantia do rastreamento de suas entregas e o controle de qualidade.

A Bandeira do Brasil, meu querido País, ensina algo muito importante: **"Ordem e Progresso"**, ou seja, colocar em ordem primeiro para depois usufruir do progresso, do bom resultado e do sucesso.

Encerro este assunto com os pilares equilibrados e com bons resultados:

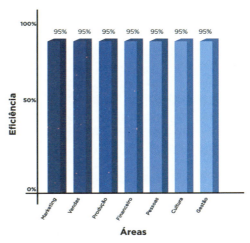

Business Intelligence

O Business Intelligence (BI) é uma estratégia utilizada pelas companhias para mineração de dados brutos, gerando análises lógicas qualitativas e quantitativas, palavras-chave, análise de perfil e métodos. Além disso, possibilita gerir o desempenho dos negócios, das equipes e ter previsibilidade de acontecimentos e resultados, facilitando a reação antecipada a possíveis falhas.

Sem essas ferramentas, posso afirmar que seu negócio está na mesma situação que um avião sem painel de controle. Imagine um piloto sem nenhum instrumento em sua aeronave – certamente jamais chegará ao seu destino. Ele precisa analisar a altitude, a rota, a pressão, o combustível, dentre outros fatores. Como empreendedor e gestor, você deve ter a visão em tempo real dos números da sua operação; caso contrário, não terá a melhor estratégia.

O objetivo é facilitar ao gestor a tomada de decisões sobre as métricas utilizadas *versus* o resultado, como um piloto que muda a rota quando há algo errado ou acelera quando está no caminho certo – reagindo, portanto, para uma recuperação ou para a alavancagem na estratégia aplicada instantaneamente, garantindo o melhor desempenho.

O BI poderá ser implementado juntamente ao *dashboard*, criando de forma visual e prática os dados já validados e aferidos.

A seguir, temos exemplos de alguns *dashboards* que utilizaram o BI para gerar dados, para trazer uma visão mais ampla desse trabalho:

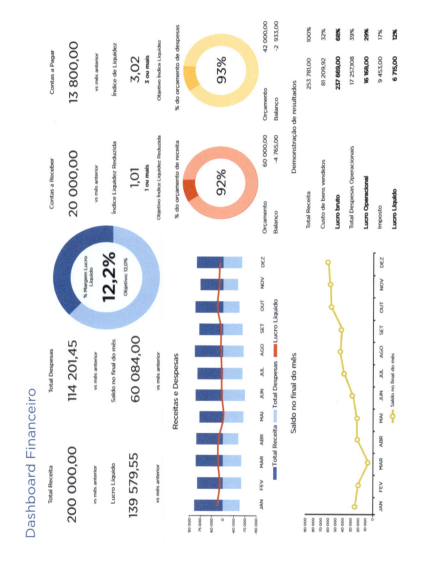

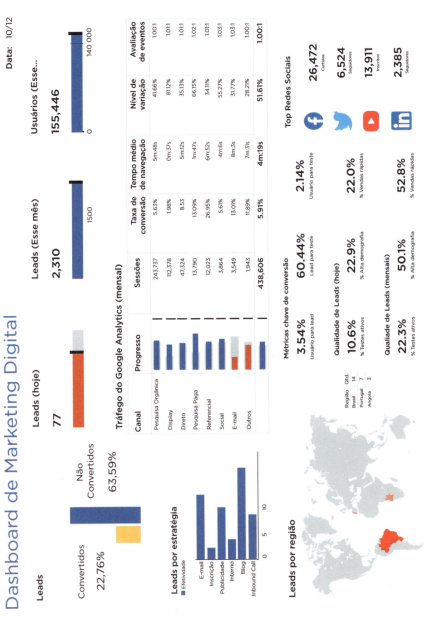

LIÇÕES PARA VOCÊ CONSTRUIR NEGÓCIOS EXPONENCIAIS

EMPREENDEDORES – OS 7 ERROS MAIS COMUNS E OS 10 COMPORTAMENTOS DE SUCESSO EXPONENCIAL

Empreendedorismo é aquilo que permite levar um projeto adiante e transformá-lo em solução para outras pessoas. Ser um empreendedor da própria vida é viver uma vida bem equilibrada nos 7 pilares que descreverei no decorrer deste livro: familiar, espiritual, profissional, financeiro, cultural, social e pessoal. Então, antes de pensar em um projeto simplesmente profissional, você precisa olhar para dentro de si mesmo e analisar se seu projeto pessoal está, como um todo, indo bem, porque se você não estiver desenvolvendo de forma adequada todas as áreas de sua vida é muito mais provável que cometa os 7 erros que descreverei nas páginas seguintes.

Como falar de empreendedorismo sem falar no maior projeto empreendedor do mundo: você? Todos nós temos um lindo projeto. Eu diria que, na estadia aqui neste mundo, precisamos trabalhar para que nosso projeto de empreendedorismo pessoal possa fazer a diferença na vida de quem caminha conosco. Então, precisamos ter em mente nossa responsabilidade como nossos próprios gestores, sermos os impulsionadores de nosso próprio sucesso.

Gostaria de falar agora sobre um projeto incrível de empreendedorismo que foi criado pela Organização das Nações Unidas (ONU) e se chama Empretec. No Brasil, é aplicado pelo Serviço Brasileiro de Apoio às Micro e Pequenas Empresas (Sebrae) e aborda as dez características do comportamento empreendedor e como cada uma se desdobra em três pontos muito importantes. Quem participa desse programa é chamado de empreteco. Eu sou um empreteco da turma de 1999, e isso foi muito importante para que eu pudesse desenvolver algumas habilidades essenciais para minha vida de empreendedor. Ele está presente em 40 países, já existe há 25 anos e tem carga horária de 60 horas. Se você está querendo entrar no mundo dos empreendedores e acredita que precisa aprender mais sobre o assunto, vale a pena fazer o Empretec.

ESCANEIE AQUI
E saiba mais sobre o Empretec

Listarei aqui os sete erros principais que os empreendedores iniciantes cometem. Por meio dessas atitudes, você poderá perceber seu potencial de se preparar e de melhorar para que isso não aconteça com você também. E o que é o empreendedorismo? É o que nos permite levar um projeto adiante e transformá-lo em solução para outras pessoas. Ser um empreendedor da própria vida é viver de maneira equilibrada nos sete pilares que descreverei no decorrer deste livro: familiar, espiritual, profissional, financeiro, cultural, social e pessoal. Então, antes de pensar em um projeto meramente profissional, olhe para dentro de si mesmo e analise se seu projeto pessoal está indo bem como um todo; afinal, se você não estiver desenvolvendo todas as áreas de sua vida de forma adequada, a probabilidade de que cometa os sete erros a seguir será muito maior.

1. **Não ter um plano de negócio**

   Por mais promissor que um negócio seja, a falta de planejamento pode ser um tiro no escuro. Muitos empreendedores acreditam em um novo projeto, reservam o capital para investir, mas não planejam todas as etapas. Muitas vezes, eles não percebem a importância de um plano de negócio e pensam que essa parte é apenas teórica e não merece atenção. Mas o planejamento é a chave de qualquer empreendimento, pois será por meio dele que você conseguirá identificar todos os aspectos de seu negócio: os pontos fortes, os pontos fracos, qual é seu público-alvo, quais são as estratégias para se comunicar com ele, qual será o investimento necessário, por que investir em um segmento e não em outro... Colocar no papel todo o plano de negócio (a teoria) ajudará a evitar cometer muitos deslizes na prática. Você deve incluir: análise do mercado (concorrência e fornecedores), planejamento financeiro (investimento, previsão de receitas e despesas), plano de marketing (divulgação, promoção, embalagem, qualidade) e plano operacional (vendas, estoque, entrega, distribuição). Também é importante que o plano de negócio seja constantemente revisado. Assim como um automóvel, ele exige manutenção constante. Os cenários mudam. O comportamento de consumo muda. As metas mudam. Então o plano precisa ser realinhado de acordo com essas mudanças.

2. **Não se capacitar e atualizar constantemente**

   Ser empreendedor é uma profissão e exige dedicação e estudo. O empreendedor precisa se capacitar e estudar diversos temas, deve aprender finanças, contabilidade, gestão, pessoas, comportamentos, liderança e muito mais. O empreendedor perpetuará todas as áreas de negócio. Não precisa ter um conhecimento extremamente aprofundado em cada uma delas, mas deve conhecer suas bases para poder entender e absorver todas as etapas do negócio. O problema, porém, é que hoje não temos uma educação para empreendedores, não existe um curso superior que forme pessoas em empreendedorismo.

3. **Ser desorganizado nas finanças**

Todo negócio começa com um orçamento. E, por incrível que pareça, muitas pessoas ainda não definiram quais seriam o orçamento, a receita e as despesas ideais. Muitas vezes, esse orçamento não é revisado. Conforme o negócio vai crescendo, as despesas evoluem também, então se você não dedicar um tempo para organizar essas questões financeiras seu negócio não poderá se sustentar. A boa gestão financeira preza pela elaboração de um fluxo de caixa e pelo registro de cada valor movimentado dentro da empresa. Quando esse processo não acontece, fica difícil saber o que se originou das vendas e quando e quais contas devem ser pagas, comprometendo a saúde financeira. Reforço: um bom gestor tem a cultura de Orientar, Motivar e Cobrar (OMC). Isso significa que deve ter uma visão de cobrança de resultados com base nas orientações e nos aspectos motivacionais que oferece aos funcionários. Grande parte dos problemas financeiros de uma empresa é ignorada devido à falta de acompanhamento e cobrança dos gestores, tendo como base os resultados necessários para a companhia.

4. **Não estabelecer metas**

Para entender melhor o que seriam essas metas, precisamos ter em mente dois conceitos: metas operacionais e meta final. Sua meta final certamente será receita, ou seja, relacionada com a venda. Mas antes de chegar até esse ponto existem outros fatores que precisam ser identificados com o estabelecimento de metas operacionais. Por exemplo, você precisa ter ideia de quanto é sua taxa de conversão para poder estabelecer uma meta de reuniões ou visitas para o fechamento de uma venda. Você precisa estabelecer suas metas de marketing. Quantos *leads* são necessários atrair para que um número específico deles se torne um cliente em potencial? Quais são os próximos territórios que seu negócio pretende explorar? Qual é seu número ideal de funcionários para que todas essas engrenagens funcionem? Sem metas, o empreendimento corre o risco de perder o ritmo e você ficará sem saber o que fazer para driblar as dificuldades.

5. **Desconsiderar os concorrentes**

Entre a cautela imobilizadora e o ímpeto inconsequente existe o equilíbrio, então você não deve ser excessivamente conservador a ponto de não considerar abrir seu negócio só porque existem muitos concorrentes ou se tornar excessivamente impetuoso, desconsiderando todas as coisas que já foram realizadas em seu nicho de mercado. Por isso, a análise da concorrência, de forma objetiva e sem arrogância, é bastante importante. Analise o posicionamento, quais estratégias já foram usadas, como os consumidores se comportam, quais são as políticas de preços e relacionamento com fornecedores etc. Estude bem a concorrência e não ignore o fato de que, se está no mercado é porque entende a área.

6. **Misturar as contas pessoais com as do negócio**

No início do negócio, o empreendedor tem a tendência de confundir suas contas pessoais com as da empresa. É possível que a visão de dono acabe dando a falsa impressão que você pode usar o dinheiro da empresa naquilo que bem entender, mas isso é bastante imprudente e comprometedor. Você precisa ter consciência de que a maior parte do dinheiro gerado pelo negócio deve voltar para o próprio funcionamento. Você precisa destinar uma conta exclusiva para o negócio e outra para suas despesas pessoais, para não confundi-las. Como empreendedor, entenda que há uma retirada mensal atribuída ao sócio e que você deve cobrir as despesas pessoais. A utilização do dinheiro da empresa para pagar contas não relacionadas a ela é um erro que deve ser evitado a todo custo.

7. **Não divulgar o negócio corretamente**

Para que haja venda e resultados, seu negócio precisa ser divulgado. É necessário pensar nas estratégias de marketing, em uma equipe comercial que tenha a expertise necessária e elencar todos os canais adequados para colocar seu negócio no mundo. Nunca pense que você tem um excelente negócio e que ele se vende sozinho. Embora alguns produtos ou serviços sejam de extrema utilidade, a divulgação é uma forma de apresentar e fortalecer a marca.

O Empretec também realiza um estudo minucioso das características dos empreendedores de sucesso organizadas em um documento chamado *10 Características do Comportamento Empreendedor (CCE)*:

1. **Busca de oportunidades e iniciativa**

   A principal característica do empreendedor é sua inquietude para construir coisas melhores a partir do que já existe, e isso exige três tipos de comportamentos básicos: agir com proatividade, buscar expandir seus negócios e aproveitar oportunidades. O empreendedor é aquele que vê além, que analisa o presente tendo o que acontecerá no futuro como perspectiva, por isso suas atitudes são mais importantes que suas palavras. A iniciativa de fazer diferente é o que define a capacidade de empreender.

2. **Persistência**

   Você já reparou que, em uma luta, não ganha quem bate mais, mas quem permanece mais tempo em pé? Na vida empreendedora também é assim. Não importa quantos erros cometa ou quantas dificuldades enfrente no caminho, você deve persistir, ajustar ou mudar seus planos para superar as adversidades. Não desista diante dos obstáculos e se esforce além da média. O verdadeiro significado da persistência é perceber que, quando comete um erro, você não volta à estaca zero; você estará um passo adiante, pois saberá reconhecer as coisas que não deram certo.

3. **Correr riscos calculados**

   Todo empreendedor corre riscos; isso faz parte do dia a dia. Imprevistos são frequentes na atividade empreendedora, mas podemos lidar com eles de forma prudente e organizada. Pense na seguinte situação: você está em um quarto mais ou menos escuro e, sem receber qualquer tipo de treinamento, precisa acertar um alvo com um arco e flecha. Será muito difícil cumprir essa meta. Em contrapartida, se você estivesse em um ambiente iluminado e tivesse recebido várias horas de treinamento, acertar o alvo não só se tornaria mais fácil como também mais provável. Essa analogia pode ajudar a entender melhor como correr riscos calculados. Quando você está em um ambiente em que conhece todas as variáveis, no qual se preparou, estudou cada uma das possibilidades de as coisas darem certo ou errado, conseguirá tirar mais proveito das situações de risco. Dessa forma, poderá procurar e avaliar alternativas para tomar decisões, buscará reduzir as chances de erro e aceitará desafios com moderação. "Problema", em hebraico, significa falta de alternativa. Você só tem um problema quando faltam alternativas, então trabalhe para ter e criar alternativas. Assim, mesmo diante de uma situação difícil e não planejada, terá os melhores instrumentos para saber como contorná-la e sair vitorioso.

4. Exigência de qualidade e eficiência

Ser empreendedor significa se comprometer para entregar algo de qualidade para a sociedade por meio de seu negócio. Dependendo da qualidade do que você oferece, as pessoas poderão gostar do produto ou serviço e se tornar fãs da marca. A eficiência também é importante nesse processo, porque garante o melhor aproveitamento dos processos e a otimização dos recursos. O empreendedor precisa entender que é preciso melhorar seu negócio e seus produtos continuamente para satisfazer e exceder as expectativas dos clientes, criando procedimentos para cumprir prazos e padrões de qualidade.

5. Comprometimento

Se analisarmos a estrutura da palavra "compromisso", perceberemos que ela significa comprar isso. Quando nos comprometemos com algo, assumimos essa forma e a introduzimos em nosso interior por meio de nossas atitudes e pensamentos. Um empreendedor deve ter consciência de que o compromisso com seu negócio é 24 horas por dia, 7 dias por semana, em tempo integral. Costumo dizer que um empreendimento é como um filho. Eu tenho três filhos biológicos e um filho corporativo, o grupo de empresas do qual sou fundador e que é o fruto da união de meus sonhos com os sonhos de meus sócios. Por isso, meu comprometimento com a companhia é algo que pratico em todos os momentos da vida. O empreendedor precisa assumir as responsabilidades do sucesso e do fracasso e não colocar a culpa nos outros. Ele deve assumir esse compromisso consigo e com os demais e precisa atuar em conjunto com a equipe para atingir os resultados, servir de exemplo de comprometimento para todos e colocar o relacionamento com os clientes acima das necessidades de curto prazo.

6. **Busca de informações**

Nós estamos vivendo a era da informação. Isso significa que há muito conhecimento disponível e que não é difícil acessá-lo. Sempre esteja de olho nas formas de aprender e atualizar aquilo que já sabe. Entenda que o grande sábio é aquele que reconhece que não tem conhecimento suficiente e que se esforça para adquiri-lo de forma contínua. Outras dicas bastante importantes são se envolver em pesquisas e avaliações de seu mercado de atuação, sempre investigar como oferecer novos produtos e serviços e buscar a orientação de especialistas e mentores para tomar a melhor decisão.

7. **Estabelecimento de metas**

Todo negócio de sucesso precisa ter o estabelecimento de metas em seus processos, mas é preciso entender a diferença entre criar metas e estabelecer metas. Quando criamos metas, além de talvez não serem analisadas com muito cuidado, pois podem ser simplesmente criadas sem levar em conta o planejamento estratégico da empresa e se podem ser alcançadas, existe a tendência de deixá-las apenas no campo teórico, sem transferi-las para a prática. Outra diferença está em implantar e implementar metas: implantar significa simplesmente iniciar o desenvolvimento de algo; por outro lado, implementar significa pôr em execução, colocar em prática. Então, para ser bem-sucedido, é preciso correr atrás de objetivos desafiadores e importantes, ter uma visão clara, de longo prazo, e criar objetivos mensuráveis e com indicadores adequados que facilitem o monitoramento do negócio a qualquer momento.

8. **Planejamento e monitoramento sistemáticos**

Planejar, executar e agir são mandamentos fundamentais para empreendedores que desejam ter sucesso em seus negócios. É vital ter um planejamento estratégico para sua empresa. Isso faz parte de uma visão holística do negócio e de suas reais potencialidades. Mas não basta planejar; é preciso executar e acompanhar aquilo que está sendo feito. O papel aceita tudo, mas é na execução que veremos se o que está no planejamento realmente funciona e que resultados serão obtidos. O papel do líder nesse processo é de acompanhamento de todas as etapas, enfrentando os grandes desafios que aparecerão pelo caminho, agindo por etapas, adequando rapidamente seus planos às mudanças de mercado e acompanhando os indicadores financeiros e operacionais.

9. **Persuasão e rede de contatos**

Para que o empreendedor possa vender seu sonho a outras pessoas e transformar seu negócio em uma solução, é preciso ter persuasão, capacidade de convencimento, e mostrar que aquilo que está sendo vendido é importante para a sociedade e representa uma resposta para os problemas existentes. Por isso, é preciso criar estratégias para obter apoio para seus projetos, vindo de pessoas-chave, e desenvolver redes de contatos e relacionamentos.

10. **Independência e autoconfiança**

Um líder empreendedor precisa confiar em seu instinto e na própria opinião, porém também deve ouvir a opinião e o conselho dos outros. Precisa ser otimista e determinado, mesmo diante de oposição e dificuldades. O grande líder nunca passa uma imagem pessimista ou de falta de coragem, devendo transmitir confiança com suas palavras e ações. Todas as pessoas envolvidas no negócio precisam se sentir acolhidas por ele. Cuidar das pessoas é cuidar de seu empreendimento.

Essas foram as dez características fundamentais do comportamento empreendedor e os sete erros que empreendedores iniciantes cometem para que, em sua próxima vivência e experiências, você possa entender o que faz sentido para você. O que apresentei até aqui não foram regras nem fórmulas mágicas, foram situações reais que analisei ao longo de minha carreira como empresário e que gosto de compartilhar com o máximo de pessoas para que não cometam os mesmos erros e possam acertar ao máximo ao longo de sua jornada de sucesso.

HABILIDADES MAIS
PROCURADAS PELAS EMPRESAS
E COMO DESENVOLVÊ-LAS

Tenho 47 anos de vida e mais de 30 anos de mercado de trabalho e nunca vi uma mudança tão grande como a que está acontecendo agora. No meio de 2020 para 2021, houve uma aceleração imensa dos processos digitais, e as empresas e os trabalhos tiveram que se adaptar à transformação digital. Com isso, houve mudança na forma de fazer medicina, educar, trabalhar, comprar, fazer entretenimento, hábitos de consumo e tantas outras coisas. E essa mudança exige aprendizado e transformação constantes, no tão comentado lifelong learning. E é sobre isso que quero falar com você nas próximas páginas: quais são as habilidades mais procuradas pelas empresas hoje e como desenvolvê-las?

Quais são as habilidades mais procuradas hoje pelas empresas? Eu separei para você, caro leitor, 12 habilidades que considero extremamente importantes e que são procuradas pelas empresas no mundo atual. Se quer ter um alto nível de empregabilidade, é fundamental que você reflita sobre essas habilidades. Já que estamos passando por um momento muito especial no mundo, no qual estamos equacionando o problema de uma pandemia global, em que mudanças muito grandes estão ocorrendo na forma de trabalho, é preciso ficar atento a quais características e habilidades o mercado de trabalho mais necessita na atualidade, com vistas também no que o futuro demandará.

Muitos tiveram que aderir ao home office, então os escritórios estão vazios, mas mesmo em casa as pessoas precisam permanecer conectadas às empresas, o que exigiu uma mudança imensa em todos os segmentos: na indústria, na educação, nos serviços e no mercado econômico como um todo. Em função dessa dinâmica no mundo, é importante que você esteja ligado em tudo o que está acontecendo para poder se posicionar nesse mercado extremamente volátil.

Tenho 47 anos de vida e mais de 30 anos de mercado de trabalho e nunca vi uma mudança tão grande como a que está acontecendo agora. Em meados de 2020 para 2021, houve uma aceleração imensa dos processos digitais, e as empresas e os trabalhos tiveram que se adaptar à transformação digital. Com isso, houve uma mudança na forma de exercer a medicina, educar, trabalhar, comprar, gerar entretenimento, nos hábitos de consumo e tantas outras coisas. E isso exige aprendizado e transformação constantes — o tão comentado *lifelong learning*[3]. E é sobre isto que quero falar com você nas próximas páginas: quais são as habilidades mais procuradas pelas empresas hoje e como desenvolvê-las?

Muitas pessoas me perguntam: "José Paulo, com tantas pessoas sendo demitidas, com as empresas inseguras e tanta coisa acontecendo, que tipo de profissional tem alta empregabilidade? O que é necessário para ter alta empregabilidade e manter nossos empregos?". Vou tentar trazer um pouco de luz a esse assunto com as 12 habilidades que considero fundamentais para que você possa garantir seu emprego mesmo em tempos de crise e poderão ajudá-lo a produzir bastante resultado.

---

3   A expressão *lifelong learning* significa "aprendizagem ao longo da vida" (em tradução livre), e também pode ser chamada de aprendizado continuado ou educação continuada. ... "As pessoas passam a repensar a vida profissional".

Comprometimento

Embora não seja algo novo, visto que a importância de se ter comprometimento já foi percebida há muito tempo, em tempos de crise, as pessoas mais comprometidas são ainda mais requisitadas e indispensáveis. Afinal, as empresas precisam de certo nível de estabilidade. Quando vivemos períodos atípicos ou de crise, muitas mudanças ocorrem, e a estabilidade do negócio é ameaçada, porém, quando se tem uma equipe comprometida, garante-se uma base sólida e um suporte adequado para enfrentar as dificuldades.

Posso ilustrar isso com um barco que está navegando, pois, quando a maré baixa, ele pode ficar preso na praia ou nos objetos que estão no fundo do mar. Da mesma forma, quando uma empresa está passando por um período de adversidade, não pode simplesmente ficar presa ao cenário externo, precisa de pessoas comprometidas que a ajudem a sair dessa situação com empenho e compromisso. Quando surge uma crise, quem mais sofre são as pessoas dessintonizadas, que não estão devidamente qualificadas.

"Comprometimento" vem da palavra "compromisso", que significa "eu compro isso". Em outras palavras, assume-se a responsabilidade e os resultados de algo. Esse tipo de profissional é bastante requisitado pelas empresas, pois se compromete com as metas, os objetivos e a cultura da companhia.

Essas são pessoas a quem podemos confiar uma tarefa, um projeto ou uma missão, já que não medem esforços para atingir os resultados e objetivos que foram estabelecidos.

A Williams Group, uma grande empresa de consultoria, realizou uma pesquisa que revelou que 90% dos projetos que são iniciados não são concluídos porque existem muitas iniciativas e poucas acabativas, em grande parte, pela falta de comprometimento das equipes.

Com tantas iniciativas, não é difícil as pessoas se perderem no meio do caminho e deixarem de concluir o que se propuseram a fazer. Quem tem compromisso assume uma meta, um objetivo ou projeto e segue com ele até o fim, entregando os resultados combinados.

O compromisso exige muito sacrifício — outra palavra interessante cuja etimologia podemos analisar: a junção de "sacro" (sagrado) e "ofício" (trabalho). A pessoa que tem comprometimento, deve fazer sacrifícios, esforçar-se muito em algo além da própria satisfação pessoal para atingir resultados, pois nem tudo é fácil.

O livro *Modernidade Líquida*, de Zygmunt Bauman, fala sobre o mundo em que vivemos, que se tornou extremamente competitivo, incerto, complexo e veloz.

Eu sempre digo que, nesse mundo altamente volátil, se não houver muito comprometimento e determinação, você terá dificuldades de obter resultados, porque o mundo hoje exige uma postura dinâmica não só na vida profissional, mas em todas as áreas da vida.

Por exemplo, uma pessoa que não se compromete consigo mesma não liga muito para o que come, se faz atividade física ou não, nem se importa com a qualidade de seus pensamentos.

Para construir uma família unida e feliz, você precisa ser comprometido com seus familiares e consigo mesmo.

Foco e visão do todo

É muito fácil perder o foco com tantos canais de informação, principalmente quando falamos de internet, na qual navegamos e podemos acessar uma infinidade de sites. Assim, manter o foco com a produtividade é uma habilidade extremamente importante.

As empresas estão se tornando altamente tecnológicas, e as pessoas estão cada vez mais conectadas a múltiplas plataformas. É preciso ter foco e saber exatamente, todos os dias, qual é a missão de entrega, quais são os projetos, qual é o prazo de entrega etc. Henry Ford já dizia que nenhuma vida pode ser bem vivida se não for focada e disciplinada.

O foco garante que você persistirá nas coisas que contribuem para alcançar seus objetivos alinhados com seu propósito de vida e deixará de lado aquilo que só o distrai e o afasta da conquista de seus ideais.

Aliás, uma das palavras mais importantes de vida é "não". Existem duas palavras que podem mudar os rumos de nossa existência: "sim" e "não".

HABILIDADES MAIS PROCURADAS PELAS EMPRESAS E COMO DESENVOLVÊ-LAS

A vida não nos permite ficar em cima do muro ou optar pelo "mais ou menos". Precisamos nos posicionar diante de uma situação, pois só assim conseguiremos tomar decisões assertivas.

O foco com visão do todo é a perspectiva pela qual a pessoa entende como o trabalho dela contribui para o todo da organização. Isso é fundamental porque precisamos entender que uma empresa é um conjunto de engrenagens em que uma se conecta à outra.

Então, é necessário que todos os envolvidos compreendam seu trabalho e seu impacto no trabalho do colega nesta cadeia global: a empresa.

Disciplina

A disciplina é a ponte que liga os objetivos e as realizações. Imagine uma ponte: de um lado estão os objetivos; do outro, as realizações. Quando falamos de disciplina, pensamos na ponte que liga esses dois lados, então só quem tem disciplina consegue transformar objetivos em realizações.

Quantas pessoas têm disciplina de ir para academia todos os dias e treinar, ter uma alimentação saudável, ler pelo menos 1 hora por dia, planejar sua área financeira, planejar seu dia, administrar o tempo e organizar as atividades? Disciplina significa organização, cadência. Se não tiver disciplina, você desperdiçará energia e não conseguirá realizar.

Isso me lembra o trecho da música "Há Tempos", cantada pela banda Legião Urbana: "Disciplina é liberdade".

Trabalho em equipe

O verdadeiro trabalho em equipe significa entender que você faz parte de um todo e que o todo é muito mais importante que a soma das partes. Trabalho em equipe significa sinergia, alinhamento com os clientes internos e externos, habilidade de transitar entre o fornecedor e o cliente de forma excelente.

Muitas pessoas não conseguem atingir o máximo de performance porque não trabalham bem em equipe, não conseguem ser boas ouvintes e contribuir para agregar o trabalho dos demais. Saber trabalhar em equipe o transforma em um facilitador, em alguém que derruba barreiras e constrói pontes de comunicação e de alinhamento com outras áreas.

Hoje, com a explosão do mundo virtual, trabalhar em equipe significa ir além das fronteiras físicas. É preciso ter uma sinergia muito forte entre as pessoas envolvidas na empresa para sustentar uma boa relação quando existem colegas em outras cidades, estados e países.

A internet facilitou essa comunicação. Porém, se você não souber trabalhar em equipe, as informações se perderão, e nem todos os canais disponíveis serão capazes de amenizar possíveis erros. Por isso, invista um tempo de seu dia para entender as pessoas que trabalham com você e saber como ajudá-las com seu trabalho.

Todos nós, dos mais variados níveis intelectuais e das mais variadas religiões, precisamos desenvolver essa fluência de trabalhar em equipe. Nós, humanos, temos uma pré-disposição de trabalhar em união porque, ao longo da história, fomos percebendo que é a junção de diversos talentos que nos permite ter resultados sólidos e perenes.

Flexibilidade

Flexibilidade não significa "dar um jeitinho". Esse é um modo muito errado de interpretar esse conceito. Ter flexibilidade significa ter disposição de fazer ajustes importantes para poder atender às necessidades, às demandas que surgem de fluxos imprevistos, ter a mente aberta para fazer ajustes e correções de rotas no decorrer do trabalho. Para estar conectado com as mudanças e tendências de mercado e fazer as devidas adaptações, seja flexível e esteja disposto a mudar.

Em um exemplo de como a flexibilidade é importante, vejamos o caso da pandemia do coronavírus. Em 2019, todas as empresas fizeram um planejamento estratégico para 2020, no entanto, devido ao que aconteceu em fevereiro e março de 2020, com as empresas tendo que fechar seus locais de trabalho e as pessoas diminuindo seu fluxo de compras, todos tiveram que replanejar, pois o coronavírus exerceu um impacto enorme na economia mundial e nas atividades do dia a dia.

No início da pandemia, ninguém sabia ao certo qual seria a melhor forma de lidar com aquele momento de crise. Muitos postos de trabalho fecharam, fornecedores e clientes estavam inseguros, e foi necessário muita resiliência e flexibilidade para poder se adaptar aos novos cenários, que mudam a cada dia. A economia teve que ser flexibilizada, assim como o comportamento de todos os profissionais. Foi necessário mudar o *modus operandi* para poder garantir resultados. Isso é o que se espera de um profissional, que deve estar preparado para responder de forma rápida a situações inesperadas. Só quem é flexível se sai bem diante disso.

Um provérbio oriental diz mais ou menos o seguinte: o bambu japonês cresce aproximadamente 25 metros de altura. Sabe por que ele não quebra? Porque, quando o vento bate de um lado, ele se inclina a favor do vento; se o vento bate do outro lado, ele acompanha. Assim, o bambu se mantém firme, seguindo o fluxo do vento. Por ser flexível, ele continua inteiro. Esse provérbio diz que quanto mais flexível uma pessoa for, mais ela crescerá na vida. A capacidade de ser flexível também é importante para ter inteligência emocional, visto que muitas situações são desafiadoras e precisamos administrar emoções e sentimentos envolvidos para não explodir ou deixar que as coisas tomem um rumo desagradável. Então, se você deseja extrair o melhor das pessoas em suas relações, seja flexível.

Em uma visão estratégica empresarial, percebemos que, quando uma pessoa se mostra rígida e o cenário muda, ela adoece. Não há essa mentalidade de estar disponível e se tornar adaptável, de se adequar às necessidades.

Comunicação eficaz

Comunicação é algo fundamental, e gostaria de falar de dois aspectos importantes da comunicação eficaz. Na década de 1950, Peter Drucker, "pai da administração", escreveu um livro sobre gerenciamento de empresas que, para mim, é dos melhores que já foram publicados: *The Practice of Management*. Segundo ele, 60% dos problemas de uma empresa são dificuldades de comunicação. É comum alguém falar uma coisa e a outra pessoa entender outra coisa. Assim, se deseja comunicar algo, é muito importante que você seja entendido pelo receptor.

Quando passo alguma instrução ou informação a alguém de minha equipe, assim que acabo de falar peço que, por gentileza, a pessoa repita, em suas palavras, o que entendeu, fixando a mensagem de forma adequada e evitando ruídos de comunicação.

A comunicação cria um fluxo entre os diversos departamentos da empresa, onde as peças se conectam e podem exercer seu papel de acordo com o todo.

A comunicação é vital, especialmente na área de vendas, pois para poder vender as qualidades de uma empresa ou de um produto para o cliente é necessário saber se comunicar e transmitir a mensagem de maneira positiva e correta.

Outro exemplo de como a comunicação é importante são os líderes. O que o líder faz para transmitir sua visão, suas ideias e o que ele tem em mente àqueles que ele lidera? Comunicando-se adequadamente!

Para obter os resultados esperados, o líder precisa dominar a arte da comunicação verbal, sendo objetivo, claro e assertivo, usando entonação de voz, expressão corporal e facial adequada ao contexto. Além disso, deve dominar a arte da comunicação por escrito, sendo impecável no português e transmitindo o recado claramente, sem deixar espaço para dúvidas ou dupla interpretação.

Habilidades para resolver problemas

Hoje, para ter muito resultado, outra habilidade fundamental que você precisa desenvolver é a de resolver problemas. O que isso significa? Que, nas empresas, existem dois lados: o dos problemas e o das soluções.

Você precisa estar do lado das soluções, ser aquela pessoa que, quando identifica um problema, já consegue definir também pelo menos três possíveis soluções.

Sabemos que existem dificuldades em todas as empresas. O mercado serve para solucionar os problemas das pessoas por meio de produtos e serviços; portanto, é preciso estar atento, sabendo que, para cada empecilho, existe um jeito de resolvê-lo.

Quem tem um visão analítica e holística, consegue ver além dos problemas. Uma das coisas de que as empresas menos precisam hoje é de pessoas que só reclamam, de uma forma negativa, trazem e acumulam problemas sem sequer tentarem encontrar uma solução antes.

Eu costumo usar uma técnica que tem ajudado muito nos últimos anos: sempre que alguém me apresenta um problema, eu digo que deve deve trazer três soluções e me dizer qual delas colocaria em prática.

No mundo você faz parte do problema ou da solução. Com a técnica acima, conduzo as pessoas a fazerem parte da solução, gerando aprendizado a todos os envolvidos.

Dessa forma, as pessoas se esforçam para pensar mais sobre os problemas, o que faz que muitas delas deixem de me procurar para resolver problemas, pois podem encontrar sozinhas as soluções — muitas vezes até melhores do que as minhas. O mais interessante é que, por fazer que isso se torne um hábito, as pessoas aprimoram a habilidade de solucionar problemas e passam a ser mais proativas e criativas. Esse processo se retroalimenta e todos ganham, acelerando o crescimento não só do negócio, mas de todos.

Existem inúmeras ferramentas que ajudam a obter soluções e dão autonomia. A internet oferece isso, possibilitando aprender tudo o que precisamos saber para resolver nossos problemas. Evidentemente, nem todas as fontes são confiáveis, mas muitas são, e cabe a você encontrar a melhor forma de procurá-las.

Aceitar e receber feedback

Nem todos têm predisposição para receber *feedback* de forma positiva. Geralmente, pessoas mais velhas têm mais dificuldade de receber uma avaliação franca de seus líderes.

Costumo dizer que isso talvez aconteça porque seu HD (disco rígido, fazendo uma analogia entre nossa mente e o HD das máquinas) está cheio. Por causa disso, as pessoas mais vividas tendem a se prender em seus paradigmas e conceitos e não se sentem confortáveis quando alguém lhes dá um *feedback* ou novas instruções a respeito de seu trabalho.

Tenho uma grande amiga e contadora que carinhosamente chamo de "Dona Cida" e que sempre disse: "É muito mais fácil escrever em um papel em branco do que pegar um papel rabiscado e ter que apagar para escrever em cima.", indicando que é mais difícil ensinar do que reensinar, algo que tenho visto ao longo dos anos.

Acredito que o *feedback* seja o café da manhã dos campeões. Uma pessoa que busca resultados e que deseja ter sucesso na vida não sobrevive sem *feedback*, por isso defendo que todas as pessoas deveriam estar abertas a receber elogios ou críticas sobre seu trabalho.

Temos diversos conhecimentos, cada um de nós tem uma habilidade especial, mas não temos como saber tudo, e quando um colega ou um líder deseja nos dar um *feedback* é porque tem uma visão externa, consegue observar as coisas com mais cautela e está disposta a ajudar a obter melhores resultados. Eu acho que reaprender é muito mais importante do que aprender.

Você aprendeu coisas no passado e elas funcionavam no passado. Hoje, porém, elas podem não funcionar mais. É preciso reaprender aquilo que aprendeu antes e que não funciona mais, então é fundamental que as pessoas aceitem instruções e novas perspectivas sobre os resultados que estão entregando ou deixando de entregar.

Feedforward

Feedforward é uma palavra de origem inglesa, que significa "olhar para frente", portanto, trata de um comportamento futuro, e não se baseia em atitudes passadas. De forma simples, no *feedforward*, você irá apontar a direção e as expectativas com o desenvolvimento do profissional.

Autoconfiança

Se você não confia em si mesmo, como outra pessoa irá confiar? Quando falamos da vida profissional, as empresas precisam confiar em sua capacidade, e essa confiança só poderá ser conquistada se você demonstrar que é capaz, se você confiar em seu potencial e que pode chegar aonde deseja. Essa confiança será refletida nas pessoas ao redor, e você passará a ser uma referência.

Como desenvolver essa autoconfiança?

Estudando, aprendendo e praticando. Os grandes campeões desenvolveram confiança para praticar suas atividades com muito treino e dedicação. Conseguimos confiar em nós mesmos quando identificamos nossos pontos fortes e nossas oportunidades de melhoria. Esse processo de autoconhecimento só é possível com reflexão e aprimoramento diários, quando nos dedicamos ao máximo para explorar nossas habilidades principais. Um bom mentor pode ajudar a acelerar bastante esse processo, dando ritmo às mudanças e melhorias.

Eu sempre digo qual é a diferença entre educação e treinamento. Educar é aprender o que você não sabe; treinar é desenvolver habilidades. Você treina para ficar mais rápido, mais dinâmico e mais entrosado.

O mesmo acontece com a autoconfiança. Primeiro, você precisa se autoconhecer, procurando entender tudo o que ainda não sabe sobre si mesmo. Com base nisso, deve passar a praticar todas as suas habilidades. Dessa forma, você desenvolverá confiança em sua capacidade de crescer e fazer que os resultados surjam a partir de seu trabalho.

Gostaria de dizer outra coisa importante: não importa quem seja, você foi criado para o sucesso. Eu acredito no Grande Criador do Universo e creio que Deus o criou para a excelência. Todos nós fomos criados para realizar projetos incríveis de vida, portanto você é um minicriador. Busque, com toda sua força, desenvolver e elevar sua autoconfiança.

Pensamento criativo

Você precisa ser uma pessoa criativa, que busca maneiras melhores e mais eficazes de realizar seu trabalho.

Por exemplo, quando trabalha em uma empresa, deve pensar em todas as maneiras de melhorar seu trabalho e seus resultados. A partir disso, conseguirá sugerir um processo melhor, uma estratégia melhor, uma metodologia melhor ou como criar um produto melhor ou um departamento melhor, uma empresa melhor. Pensar criativamente não significa apenas ter ideias diferentes e inovadoras, significa refletir sobre quais aspectos precisam ser otimizados para melhorar o uso do tempo, quais prioridades devem estar no topo da lista e como conciliar todas as tarefas para que nada se perca no caminho.

Para desenvolver um pensamento criativo, coloque coisas boas na mente. Eu sempre digo que o combustível da inteligência é composto de três coisas: leitura, escrita e conversas com pessoas inteligentes.

No caso da leitura, o autor levou anos para escrever o livro, realizou pesquisas etc. Quando lê, você pode absorver todo esse conhecimento bem rapidamente.

Quanto à escrita, a própria capacidade de produzir conhecimento é desenvolvida com suas palavras e a partir do que foi absorvido por sua mente.

Quanto a conversar com pessoas inteligentes, você desenvolve uma comunicação mais próxima com alguém que tem um conhecimento que você ainda não tem, o que amplia muito sua visão de mundo. No entanto, é preciso fazer as perguntas certas nesse diálogo.

Treinamento e Desenvolvimento

Na Gestão de Pessoas deve-se ter um planejamento de treinamento das equipes, relembrando as metas e objetivos da Empresa, além da Cultura e da busca individual por novos conhecimentos.

Intraempreendedorismo

As empresas querem pessoas intraempreendedoras, que pensam como empreendedores, como o líder da empresa, como o dono do projeto. Quando isso acontece, todos os colaboradores automaticamente passam a pensar em resultado e lucro por meio de produtividade, eficiência, harmonia e sinergia.

Um intraempreendedor está sempre pensando em estratégias para melhorar o negócio, para dinamizá-lo, potencializá-lo, fazer o negócio crescer, tornar o ambiente mais leve, mais agradável e, com um ambiente empresarial mais competitivo, pensar na expansão local para instalar uma expansão nacional e internacional.

As empresas querem pessoas que tenham essa visão expansiva de crescimento. Acredito que o intraempreendedorismo esteja condicionado a quatro aspectos muito importantes: o perfil dos colaboradores, o ambiente, a cultura organizacional e, finalmente, o papel da liderança.

Mentoria

Uma grande ferramenta para desenvolver potenciais talentos no seu crescimento exponencial é a mentoria, ou seja, instruir, aconselhar e promover crescimento. A mentoria, além de aproximar da Cultura da Empresa os mentoreados, é uma ferramenta eficaz no engajamento com o propósito da empresa e resultados, pois a mentoria motiva e retém talentos.

Alguns comportamentos são essenciais para o mentor, pois como já tenho dito durante o livro, pessoas se relacionam com pessoas. Aqui, citarei alguns: demonstrar empatia, compartilhar experiências, compartilhar sua rede de contatos, ser bom ouvinte.

Estar alinhado com a cultura da empresa

Estar alinhado com a cultura da companhia é entender que não é a empresa que precisa se adaptar às pessoas, e sim as pessoas que precisam se adaptar à empresa. Por exemplo, quando vamos morar em outro país, não é o país que precisa se adaptar a nosso jeito; nós é que precisamos nos moldar à cultura do país. Uma pessoa alinhada com a cultura da empresa entende essa cultura e vive de acordo com ela.

Como já mencionei, no Grupo Ideal Trends, as pessoas que começam a trabalhar recebem nossos dez princípios logo no início e começam a viver de acordo com eles imediatamente. Quem está alinhado com os princípios do Grupo sonha com a empresa e não pensa só em crescer na companhia, mas em dividir esse sonho com todos que trabalham nela e em crescer com a empresa. Essas pessoas têm uma visão de meritocracia também e sabem que devem ganhar segundo o que entregam em resultados.

Os princípios que estabeleci para serem vividos em meu grupo empresarial são códigos éticos internos que automaticamente selecionam as melhores pessoas e que estão mais alinhadas, garantindo, assim, um cenário de sucesso e expansão para todos que permanecem nessa comunidade viva.

Como empresário, acredito que a constituição de uma cultura interna revela a importância da valorização do capital humano. É essencial investir nas pessoas, na formação delas e dar o suporte necessário para seu desenvolvimento como seres sociais, políticos e econômicos.

As pessoas adotarão e aperfeiçoarão atitudes, decisões e ações, os propósitos organizacionais que estão vinculados às estruturas responsáveis pelo sucesso do negócio. O que buscamos em todos aqueles que vêm trabalhar conosco é que tenham este mesmo estilo de vida: uma mentalidade de sonhar grande, de querer fazer parte de uma comunidade forte e sólida, que não tenham medo de assumir compromissos e desafios e que transformem o dia a dia em uma poderosa engrenagem como passaporte para o sucesso.

CRESCIMENTO
EXPONENCIAL

"Não é possível usar ferramentas lineares do passado para prever o futuro em aceleração"

Ismail, Geest e Malone

Mundo em mudança acelerada

Ao longo de minha carreira, fui percebendo que, nas muitas discussões sobre liderança, sempre surgia uma constatação em particular: é necessário um tipo diferente de organização, mais dinâmico e colaborativo, diferente do modelo tradicional hierarquizado.

Adotando o trabalho colaborativo, tudo fica mais leve e fluido, facilitando a adaptação às mudanças. Como seres humanos, pensamos e agimos de forma linear, e o mesmo vale para as organizações que criamos. O mundo e a tecnologia, entretanto, desenvolvem-se de modo exponencial. Então como as pessoas e organizações passam do pensamento linear para o pensamento exponencial?

Se dermos 30 passos de forma linear, conseguiremos chegar ao outro lado de uma sala. No entanto, se dermos 30 passos exponencialmente, poderemos chegar ao outro lado do mundo. Essa é uma boa maneira de entender o crescimento exponencial – e não linear – tanto da tecnologia quanto da economia.

O mundo empresarial já mudou muitas vezes ao longo dos anos, respeitando as transformações tecnológicas e os comportamentos da sociedade. Já tivemos a Indústria 1.0, que, a partir de 1780, correspondia às fábricas a vapor, sob os conceitos-chave de força e mecanização. A partir de 1870, veio a Indústria 2.0, que corresponde à produção em escala, à linha de montagem, à energia elétrica e à combustão. Em 1969 surgiu a Indústria 3.0, que representa a linha de automação, computadores, dispositivos eletrônicos e a internet. Atualmente, vivemos a era da Indústria 4.0, dos sistemas cibernéticos, da Internet das Coisas (IoT), das redes e da inteligência artificial.

Essa transformação toda é a característica básica dos mercados e do ambiente de negócios. Mesmo antes da pandemia, Alvin E. Roth (Prêmio Nobel de Economia em 2012) já dizia que: "O ambiente de mercado se transforma de várias formas: novas tecnologias, novos produtos e novos serviços disponíveis. E regras antigas se tornaram obsoletas e novas regras são necessárias para o design de mercado".

Quando tentamos consertar o mercado em crise, precisamos pensar nas regras que fizeram isso acontecer e encontrar soluções que se adequem

CRESCIMENTO EXPONENCIAL

ao que realmente é necessário para sua recuperação, para, assim, definir novas regras.

Ao longo dos anos, estabeleceu-se um sistema nas organizações com base apenas na eficiência e eficácia. No entanto, esses fatores isolados não servem mais como termômetro para analisar a sustentabilidade e o sucesso de um negócio.

Nossa produção também estava atrelada a bens físicos. Hoje, o grande diferencial das companhias é composto de informações, por isso gostaria de apresentar algumas características de empresas que crescem pouco ou que ainda conquistam um crescimento de forma linear.

✓ Vendas desvinculadas do marketing e pós-venda.

✓ Profissionais que utilizam a tecnologia de forma individual para aumentar o volume de trabalho, e não para otimizar seu tempo e o do restante da equipe.

✓ Cada indivíduo está preocupado em desenvolver apenas suas habilidades, de forma independente e pouco direcionada. Dessa forma, a empresa passa a depender apenas daqueles que têm um conhecimento específico, sem a possibilidade de diversificar seu conhecimento de acordo com as demandas do mercado.

✓ Treinamentos anuais ministrados por pessoas que utilizam técnicas e habilidades que deixaram de ser ensinadas há mais de 1 década.

✓ A equipe é recrutada, treinada e incentivada por meio de planos de remuneração para competir entre si. As pessoas não sentem que pertencem ao negócio, estão apenas interessadas na recompensa monetária. Isso resulta em rivalidade entre as equipes, o que inibe o trabalho conjunto e faz que cada um se concentre apenas em seus interesses individuais.

Atualmente, é preciso pensar em planejamento e culturas que favoreçam a velocidade, a agilidade e a inovação para se obter um crescimento acelerado nesse ambiente de negócios. É notável que não podemos simplesmente nos adaptar a algo que está degradado e doente. Nossa era digital pede novas regras e um novo posicionamento, exige a ruptura com o velho e impõe uma nova organização.

O *Relatório Deloitte 2017 – Tendências Globais do Capital Humano* evidencia as mudanças intensas do mundo dos negócios em uma era já denominada de Quarta Revolução Industrial.

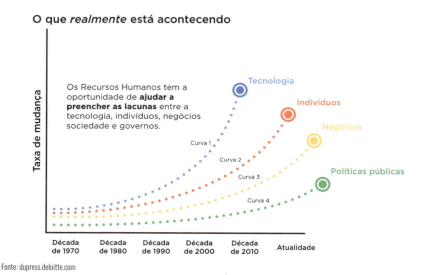

Fonte: dupress.deloitte.com

De acordo com esse gráfico, podemos perceber que nenhuma curva de crescimento supera a curva da tecnologia. As políticas públicas cresceram muito pouco. Isoladamente, os negócios e as pessoas avançaram, mas não tanto quanto a tecnologia.

Essa curva de crescimento avançado é natural, visto que é possível desenvolver novas tecnologias de forma bastante intensa e abrangente sem depender de qualquer outro fator.

As pessoas, porém, demoram um tempo para se adequar às novas tecnologias, e os colaboradores dos negócios precisam desse aprendizado para poder avançar nesse quesito digital.

Por isso, a evolução dos sistemas de negócio precisa ir além da curva natural de crescimento e adotar a curva de crescimento que corresponde à das tecnologias, pois são elas que afetam diretamente a sociedade e nossa forma de consumir produtos e serviços.

Dispositivos móveis, sensores, inteligência artificial e robótica são exemplos de como a tecnologia vem ocupando o espaço e aumentando de importância em nossa vida de forma exponencial, ao passo que nossa capacidade (como indivíduos, organizações e sociedade) de responder ainda é linear. Existe um desencontro e descompasso nesse crescimento. O futuro é agora e exige uma ação imediata.

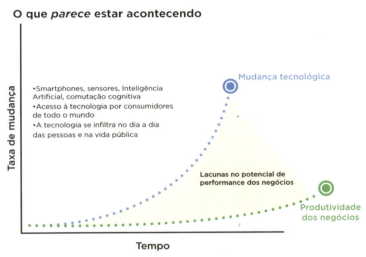

Fonte: dupress.deloitte.com

Então, implementarmos o sistema exponencial em nossas organizações é mais do que urgente. Esse conceito de crescimento exponencial não é novidade nem exclusivo do mundo da tecnologia. Veja alguns exemplos:

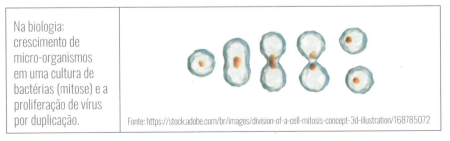

Na biologia: crescimento de micro-organismos em uma cultura de bactérias (mitose) e a proliferação de vírus por duplicação.

Fonte: https://stock.adobe.com/br/images/division-of-a-cell-mitosis-concept-3d-illustration/168785072

Na economia: juros compostos, ou seja, juros sobre juros.	**Fórmula Juros Compostos:** $$M = C (1 + i)^t$$ C = Capital i = taxa de juros t = tempo M = montante
Na física: fissão nuclear, que é a reação em cadeia capaz de emitir grandes quantidades de energia.	 Fonte: https://stock.adobe.com/br/images/nuclear-energy-diagram-of-nuclear-fission-reaction-free-neutron-target-nucleus-fission-product-chain-releasing-energy/394285159
Na informática: processamento de computadores (lei de Moore), cuja capacidade aumenta de acordo com o número de processadores.	iPhone (2007–2008) - Câmera: 2 megapixels e Armazenamento Interno Máximo 16GB; iPhone 12 Pro (2020-2021) - Câmera: Sistema de câmera Pro de 12 MP HDR e Armazenamento Interno Máximo: 512 GB
Nas organizações: marketing de rede e religiões, que cresce de acordo com a divulgação entre seus membros.	 Fonte: https://stock.adobe.com/br/images/connecting-people-social-network-concept-bright-background/420483347

ORGANIZAÇÕES
EXPONENCIAIS

Enquanto uma empresa tradicional de sistema linear é restrita e tem recursos escassos, organizações exponenciais conseguem ampliar seu potencial por meio da abundância de possibilidades de crescimento. Para facilitar o entendimento, pegamos o exemplo de uma rede de hotéis que precisa construir novas unidades e aumentar significativamente o número de leitos para poder vislumbrar um crescimento.

O termo "organizações exponenciais" surgiu para diferenciar empresas que tinham crescimento muito superior à média de mercado em um curto espaço de tempo.

Esse conceito foi introduzido em 2014 por Michael Ismail, Michael Malone e Yuri Van Geest no bestseller *Organizações Exponenciais*. No geral, a capacidade de crescimento de uma organização disruptiva chega a ser dez vezes mais rápida do que a de suas concorrentes devido ao uso da inovação a favor do negócio.

Ismail explica que, ao passo que uma empresa tradicional de sistema linear é restrita e tem recursos escassos, organizações exponenciais conseguem ampliar seu potencial por meio da abundância de possibilidades de crescimento.

Para facilitar o entendimento, pegamos o exemplo de uma rede de hotéis que precisa construir novas unidades e aumentar significativamente o número de leitos para poder vislumbrar um crescimento.

Por outro lado, a startup Airbnb utiliza acomodações vagas de imóveis de pessoas comuns e assim consegue operar com a possibilidade de unidades infinitas sem precisar se preocupar com os custos de construir acomodações ou contratar funcionários. Além disso, utiliza dados e tecnologia para crescer, ou seja, não tem um prédio nem quartos de hotel. Mesmo assim, seu crescimento é exponencial e permitiu que fosse avaliada em dezenas de bilhões de dólares.

O foco das organizações exponenciais não pode ser apenas tecnologia. Se elas se prenderem a um sistema tecnológico, esse também pode se tornar obsoleto em breve. Por isso, é preciso ver além e ter objetivos audaciosos que se baseiem nas necessidades que se observam para o futuro e sirvam para capturar a imaginação e os desejos das pessoas de dentro e fora da organização, no chamado Propósito Transformador Massivo (PTM).

O PTM indica o que a empresa pretende fazer, e não aquilo que já fez; precisa ser uma transformação, e não uma simples melhoria, e deve atingir um bom número de pessoas para ser massivo.

O PTM do Google, por exemplo, é "Organizar a informação do mundo". É um propósito que vai além dos objetivos do mercado e está diretamente ligado a uma necessidade de transformação da sociedade. Um PTM bem estabelecido tem o poder de influenciar e impactar pessoas dentro e fora da organização, atraindo talentos e clientes apaixonados.

O livro *Organizações Exponenciais* também descreve dez atributos que refletem os mecanismos que as organizações exponenciais (ExOs) alavancam para atingir o crescimento exponencial usando dois acrônimos: "escala", para refletir cinco atributos externos, e "ideias", para cinco atributos internos. Os autores utilizaram os dois hemisférios do cérebro como uma metáfora para enquadrar os atributos ExO.

Do lado esquerdo, temos os atributos relacionados a ordem, controle e estabilidade (interfaces, dashboards, experimentação, autonomia, tecnologias sociais). Do lado direito, temos os atributos relacionados a criatividade, crescimento e incertezas (equipe por demanda, comunidade e grupos, algoritmos, alavancagem de ativos). Veja o infográfico a seguir:

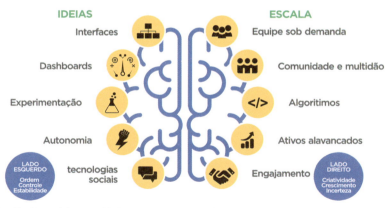

Fonte: https://eproducao.eng.br/um-novo-modelo-de-negocio-organizacao-exponencial

Escala: da porta para fora – Equipe sob demanda ou enxuta

Sabemos que, hoje, as habilidades saturam muito rápido e é preciso estar em constante formação e aprendizado. As pessoas precisam se atualizar e estar dispostas a quebrar velhos paradigmas. Além disso, devem estar preparadas para obter um conhecimento diversificado e atuar em áreas diferentes, porém concomitantes.

Com isso, a necessidade de se ter uma equipe bem grande, em que cada um atua apenas na própria área, não existe mais. É preferível investir no treinamento e na preparação de poucos profissionais e, se eles não corresponderem à demanda necessária no momento, que sejam contratados outros que satisfaçam a necessidade. Essa estratégia também procura aproveitar a equipe ao máximo, mas não deixa de usar pessoas que prestam serviços específicos, que recebem por eles e nem sempre estão ligadas ao dia a dia da operação.

Comunidade

Hoje, as redes sociais são comunidades de alto potencial para promover novas ideias. É por meio dessa grande rede de pessoas que as organizações exponenciais estudam seu público, descobrem quais são as tendências do mercado e promovem seus produtos e serviços inovadores. Podemos entender também que essa comunidade une membros da equipe, fornecedores, parceiros, clientes e o público em geral, transformando-se em uma extensão da própria empresa.

Algoritmos

O mundo é dominado pelos dados e algoritmos que direcionam os conteúdos de acordo com o perfil de interesse de cada usuário da internet. Com isso, as empresas podem se tornar mais ágeis e assertivas, o que as habilita a tomar melhores decisões e economiza tempo e investimento de marketing, autonomiza processos e faz que aprendam como a comunidade pensa. Como os anúncios de hoje nas redes sociais têm como base a segmentação que utiliza poderosos algoritmos, essa comunicação se torna mais barata e eficaz em comparação com canais de mídias pagas tradicionais.

Alavancagem de ativos

Assim como não é necessário ter uma grande equipe atualmente, ter alta quantidade de ativos, como caminhões, escritórios e demais serviços terceirizados, tornou-se obsoleto. A agilidade é algo essencial para as empresas exponenciais, por isso é preferível contratar a ter. Quando falamos em ativos baseados em informações, o conceito de posse se torna ultrapassado. Estamos na era do acesso, e não da posse. Só vale a pena ter ativos que realmente são escassos, então os demais podem perfeitamente ser alugados, emprestados ou compartilhados.

Engajamento

Quando decidimos colocar nossos serviços e produtos na internet, precisamos ter como foco um engajamento que crie uma rede e comunidade que, por meio de seu feedback, ajudem a comunicação da marca a chegar até outras pessoas. Estratégias de conteúdo que levam em conta a lógica de jogos (concursos, sorteios, cupons de desconto) dão poder às pessoas para que possam fazer progresso em escala e participar ativamente das decisões da companhia, o que faz que se tornem mais felizes e sejam fiéis à marca.

Interfaces

As interfaces conectam sistemas e possibilitam os fluxos de trabalho automatizados mais eficientes possíveis. Processos, padronizações ou metodologias permitem que as companhias conectem processos complexos tanto para seus agentes internos quanto para agentes externos da instituição. O Google Adwords é um exemplo que liga anunciantes e usuários por meio de anúncios contextuais na busca do Google.

Dashboard

Para facilitar o rastreamento e monitorar o desempenho da companhia, todos os membros de uma organização podem acessar métricas em tempo real em um dashboard, um painel que organiza todas as métricas e informações para facilitar a visualização e tomada de decisões. As organizações exponenciais têm a expertise de coletar todos os dados de performance, o que permite que sejam capazes de aprimorar seu desempenho em tempo real e se tornar menos suscetíveis a erros humanos. Uma empresa que não aproveita as variadas informações do processo e do mercado está perdendo uma grande oportunidade de entender seu negócio e saber o que as pessoas estão demandando no momento.

Experimentação

Essa é uma metodologia usada para validar hipóteses e experimentar riscos controlados para saber o que os clientes querem antes de produzir. As ExOs usam métodos que facilitam a experimentação rápida e a melhoria do processo por meio de ciclos de *feedback* rápidos. Por exemplo, a metodologia Lean Startup, criada por Eric Ries, consiste no pensamento de que quanto mais rápidas são a criação e a execução de uma ideia, menor será o custo do projeto. Quando utiliza o processo de experimentação, você pode falhar rápido, mas corrigir mais rápido ainda, e não precisa investir muito tempo e dinheiro em algo que as pessoas não vão querer adquirir.

Autonomia

Equipes multidisciplinares atuando de forma descentralizada. As ExOs têm hierarquias planas para promover agilidade e acelerar o aprendizado e os tempos de reação. O foco deve ser atrair os melhores talentos e dar autonomia para que se desenvolvam em vez de criar mecanismos para controlá-los.

Tecnologias sociais

Interações horizontais em empresas organizadas verticalmente. As tecnologias sociais geram conversas em tempo real e latência zero em toda a organização.

A partir desses princípios que compõem o crescimento exponencial, podemos elencar algumas dinâmicas que são adotadas pelas empresas exponenciais, como o poder da informação e sua capacidade de aceleração. A média de uploads que os usuários fazem na internet é de 1 bilhão de fotos por dia. Quanto mais conteúdos e dispositivos de acesso são disponibilizados, mais esse número de consumo de informação aumenta.

A necessidade de analisar esses dados leva as companhias a desenvolverem um sistema de Big Data, que, consequentemente, resulta em crescimento exponencial. Isso também gera efeitos de rede, nos quais as empresas capturam um imenso volume de dados e os transformam em inteligência de negócios. Com isso, conseguem obter informações para to-

ORGANIZAÇÕES EXPONENCIAIS

mar decisões assertivas, baseadas em fatos, e se estabelecer como líderes e autoridades de seu segmento, como o Google e a Amazon.

Foco na desmonetização

Atualmente, a internet permite que as empresas façam investimentos mais assertivos e direcionados em marketing e vendas. Na Uber, por exemplo, adicionar um novo motorista à plataforma não custa quase nada. Assim, qualquer empresa hoje consegue anunciar produtos e serviços nas mídias sociais por um valor extremamente acessível, fazendo seu negócio chegar a mais pessoas, atraindo novos clientes e profissionais para atuar em seu time de forma prática e sem precisar de alto investimento. As organizações exponenciais buscam escalar suas empresas com custos variáveis, e não fixos.

A disrupção se torna o padrão: vem em uma série de etapas

1. Um mercado se torna dependente de dados quando as companhias percebem que o grande diferencial está nas informações que vêm dos usuários da web. Os dados se tornam a força motriz de qualquer estratégia de uma empresa que almeja o crescimento exponencial.

2. Os custos caem e o acesso é democratizado. Com a possibilidade de interatividade e envolvimento com a comunidade de forma mais rápida e assertiva, surge uma grande rede interessada em se relacionar com seu negócio, por isso ele deve ser democrático e estar aberto para receber essas pessoas que posteriormente serão fiéis à marca.

3. Profissionais e entusiastas se unem para criar um movimento. A disrupção e o crescimento exponencial exigem que haja uma união em nome de propósitos. A noção de concorrência ou de adversários de mercados não funciona mais e atrapalha aqueles que querem crescer exponencialmente. A união de diversos conhecimentos em nome de um propósito em comum cria um poderoso movimento e estabelece uma comunidade sólida que compartilha os mesmos valores.

4. Novas combinações de tecnologias surgem, e a partir desse movimento entre profissionais e entusiastas são criadas novas ideias e tecnologias inovadoras, desenvolvidas segundo as necessidades identificadas por esse grupo com a aprovação coletiva, por meio das informações coletadas de possíveis usuários. Essa combinação entre o que o mercado pretende lançar e o que a comunidade espera receber resulta em novas plataformas tecnológicas que já nascem como sucessos.

5. Surgem novos produtos, serviços melhores e mais baratos, e as novas tecnologias, que já se harmonizam com as necessidades diretas da comunidade, representam resultados melhores tanto de vendas quanto de usabilidade. Elas também são mais baratas porque são o produto de tecnologias acessíveis, o que torna o processo mais rápido e eficiente.

6. Uma nova disrupção ocorre quando todas essas etapas são concluídas, e percebemos que um novo ciclo de inovação acaba de se estabelecer, que não surgiu apenas como uma solução para velhos problemas causados por regras antigas e que não funcionam mais, mas como algo que realmente inova e traz soluções que a humanidade sequer havia pensado que algum dia pudessem existir.

Cuidado com experts

Existem muitos empreendedores de palco e muitos especialistas que são peritos em diversos assuntos simultâneos, mas que não tiveram uma experiência prática e resultados concretos nessas áreas. E a história mostra que as inovações disruptivas raramente vêm dos ditos experts; geralmente, elas surgem de pessoas que têm novas perspectivas sobre um campo estabelecido e um envolvimento prático com todas as questões do negócio.

Não existem mais planejamentos de 5 anos

Planos de longo prazo se tornaram contraproducentes, pouco efetivos e obsoletos. As mudanças ocorrem de forma mais rápida e em uma perspectiva muito maior do que há alguns anos. Para planejar, é preciso se basear em alguma visão da companhia, saber aonde se quer chegar com o negócio e quais são as tendências que emergem nos diferentes mercados. Com base em seu propósito, que deve ser percebido no longo prazo, analise seus dados e planos anuais.

Os pequenos poderão superar os grandes

Hoje, a agilidade vale mais do que o tamanho. O importante é obter o crescimento exponencial e, a partir disso, os limites do crescimento desaparecerão, por isso o tamanho não importa. Quando você consegue otimizar todos os ativos, funcionários, fornecedores, plataformas de gerenciamento, canais de marketing e venda, todos em um mesmo sistema de crescimento, os resultados surgem, mesmo que poucas pessoas trabalhem com você ou haja pouco capital.

Alugar em vez de comprar/acesso ao invés de ter

Em um mundo exponencial, tudo existe de acordo com a demanda, e os custos iniciais tendem e precisam ser menores, o que faz que o acesso ao capital tenha menos importância. Nas organizações exponenciais, existe também uma cultura de compartilhamento de recursos, uma forma de otimizar os ativos para que não precisem ser utilizados o tempo todo e possam ser disponibilizados a outras companhias. O "possuir" sai de moda e entra o "ter acesso". O mundo exponencial não está preocupado com as posses de uma empresa, e sim como elas utilizam as ferramentas às quais têm acesso.

Abertura se torna um atributo importante

Companhias que têm uma cultura mais aberta e transparente, que se colocam à disposição da comunidade e recebem *feedback* de bom grado, inspiram mais confiança do que as que têm um sistema mais fechado. Ter abertura também significa que os sistemas de uma organização exponencial, utilizados por colaboradores internos, fornecedores ou clientes, têm linguagem e acesso facilitados. Empresas com sistemas de compra e venda muito complexos, por exemplo, não atraem novos clientes e criam problemas de agilidade no processo como um todo.

Tudo se torna mensurável

Organizações exponenciais mensuram tudo e criam ecossistemas nos quais as pessoas podem monitorar seus dados com maior facilidade. Todas as informações podem e devem ser mensuradas. Hoje, a base de dados de uma empresa é seu grande diferencial.

É necessário que haja sistemas de centralização para essas informações para que todos os que participam da companhia tenham acesso de forma rápida e assertiva. É preciso que todos entendam que, assim que tiverem acesso a alguma informação, essa deverá ser catalogada e colocada no sistema. Informação jogada fora, desmerecida ou não utilizada da melhor forma pode se tornar um grande problema. Já existem inúmeros sistemas que permitem que as organizações tenham um controle maior de mensuração de dados e informações em tempo real.

No Grupo Ideal Trends, trabalhamos com empresas para que elas sigam a lógica do crescimento exponencial. Cada companhia ou projeto do grupo é pensado de acordo com esses atributos, sempre buscando produtos e serviços que sejam disruptivos, inovadores e que, por meio da tecnologia, possam chegar ao maior número de pessoas possível.

Trabalhamos com uma cultura baseada na meritocracia, com mais de 800 colaboradores diretos e 350 parceiros; dentre eles, 95% de nossos líderes foram formados dentro do grupo, em um notável exemplo de que a meritocracia é vital.

Seguimos o modelo *partnership*, no qual alguns colaboradores têm a oportunidade de se tornarem sócios da empresa com base em alguns critérios que devem ser seguidos e que, basicamente, são alinhamento com a cultura e tempo mínimo de empresa.

Em sua maioria, nossas empresas nascem como *spin-off*, em operações criadas dentro de estruturas internas que, após atingir o ponto de equilíbrio, passam a ter uma estrutura própria. Ademais, todos os envolvidos nos projetos apresentam alto nível de comprometimento e engajamento. Dessa forma, procuramos alinhar interesses e expectativas dos *stakeholders*, compartilhando desafios, sonhos e realizações.

Com o conceito de sermos um grupo de empresas versalistas, atuamos em diversas áreas, como tecnologia, marketing digital, odontologia, saúde, beleza, bem-estar, educação e meios de pagamento, tudo isso envolvendo um plano de crescimento exponencial e que corresponde às demandas da sociedade, sempre com olhos no futuro.

Já mencionei a Faculdade Ideal Trends em um dos capítulos anteriores, e ela tem um papel vital no desenvolvimento de profissionais e empresas exponenciais.

A aprendizagem é 100% online, seguindo a tendência dos modelos mais modernos do mundo, com cursos acessíveis, dinâmicos e inovadores (livres, tecnológicos, graduação e pós-graduação). Nossa meta é termos 300 mil alunos em 5 anos, 1 milhão de alunos em 10 anos e 250 polos próprios em 5 anos, transformando a vida de muitas pessoas.

Muito me inspira a citação do famoso educador brasileiro Paulo Freire: "Educação não transforma o mundo. Educação muda pessoas. Pessoas transformam o mundo.".

Como idealistas de um Brasil melhor, acreditamos que isso vai ocorrer pela educação e pelo trabalho.

Acredito que a educação potencializa e o trabalho se concretiza.

LIDERANÇA
EXPONENCIAL

"Tragicamente, as empresas hoje em dia ainda são conduzidas exclusivamente com base nas suposições intuitivas de seus líderes."

Ismail, Geest e Malone

O que é liderança?

Antes de falarmos de liderança exponencial, precisamos tratar do conceito e como ele se aplica no atual momento de mercado. Para ilustrar aquilo que penso sobre liderança e como ela se relaciona diretamente com ensinar e transmitir conhecimento, trago algumas frases de grandes líderes e pensadores:

1. Liderança e propósito: "Educação não transforma o mundo. Educação muda pessoas. Pessoas transformam o mundo." – Paulo Freire. Essa citação evidencia que a educação por si só não têm o poder de transformar e inovar o mundo; é necessário que haja indivíduos dispostos a aprender e transmitir isso a mais pessoas. Um líder de verdade, que tem o propósito de liderança em sua essência, sempre estará em busca de conhecimento para compartilhar com aqueles que o cercam, mentorando e orientando a todos para encontrarem o melhor caminho.

2. Liderança e coerência: "É fundamental diminuir a distância entre o que se diz e o que se faz de tal maneira que, em dado momento, a tua fala seja a tua prática." – Paulo Freire. Liderança é ação, não apenas discurso. Um líder precisa liderar pelo exemplo, e sua principal maneira de ensinar é por meio de suas atitudes. A credibilidade de um líder é obtida com o que ele faz todos os dias, com integridade e humildade, independentemente da pessoa com quem está se relacionando.

3. Liderança e consistência: renomado consultor Simon Sinek disse: "Se você tiver a oportunidade de fazer coisas incríveis em sua vida, eu recomendo fortemente que você convide alguém para acompanhá-lo". A liderança não é um cargo, e sim um estilo de lidar com coisas e pessoas, dedicando-se ao extremo para o sucesso das missões que lhe são confiadas. Isso exige visão, disciplina, dedicação, competência, humildade, entre outros atributos. A liderança é exercida no dia a dia, com muita consistência e propósito.

A necessidade de termos líderes não significa que precisamos ter pessoas que sejam submissas. Acredito que, quando há muitos com capacidade de liderança, podem influenciar uns aos outros para melhor. Cada um pode melhorar para ajudar outros a melhorar.

A capacidade de ser líder é uma capacidade de sobrevivência, de pessoas que não dependem do ambiente externo para terem sucesso. Elas criam essas oportunidades e correm atrás para sempre conseguir mais, independentemente do cenário em que estejam envolvidas.

Em última análise, todos devemos ser líderes da própria vida, pois precisamos tomar decisões a todo tempo nos âmbitos profissional e pessoal, tais como escolha de relacionamentos, pensamentos, estilo de vida, entre outras coisas que só dependem de nós.

O que é liderança exponencial?

Peter Diamandis, da Singularity University, diz que as organizações exponenciais são empresas cujo resultado, impacto e capacidade de escalar são, no mínimo, dez vezes maiores do que as outras. Imagine se pudéssemos ter líderes com a capacidade de gerar o mesmo tipo de impacto com seus times? Imagine o impacto disso em uma grande equipe, em uma área e nos resultados de uma empresa?

Mas atenção: **não pense em liderança em sua forma mais tradicional**. Não pense em títulos. Não pense em cargos como supervisores, gerentes, diretores e presidentes. Pense na liderança natural que emerge em um grupo. Uma liderança que pode ser exercida, inclusive, por outros integrantes de um mesmo grupo, dependendo do momento e dos desafios de cada organização.

Quando falamos em liderança, falamos de ações e atitudes constantes que inspiram e influenciam pessoas, que se destacam no meio da multidão, tendo como foco o melhor desenvolvimento de uma companhia, de um grupo ou de uma comunidade. Por exemplo, Jesus Cristo, o Grande Líder do Cristianismo, não tinha um cargo de influência, porém, com suas atitudes e propósitos, atraiu multidões de seguidores que viam nele alguém que inspirava confiança e as incentivava a buscar seu melhor de acordo com sua palavra.

11 habilidades de líderes exponenciais

Um líder exponencial precisa ter algumas características e habilidades fundamentais, as quais analisei profundamente, em estudos como o de André Souza.

1. **Cultura**: um líder precisa saber qual é a cultura da empresa; mais do que isso, precisa acreditar e seguir essa cultura, compartilhar seus propósitos e fazer que ela se torne um guia para todas as suas ações. No Grupo Ideal Trends, temos uma cultura baseada em meritocracia.

   Você já pensou em como implantar uma cultura meritocrática (baseada em desempenho) que promove o crescimento das pessoas e da empresa?

   É importante relembrar que existem dez princípios que vivemos à risca no Grupo Ideal Trends, os quais foram detalhados no capítulo *Sete Pilares do Negócio Ideal*:

   ✓ Princípio 1 – Sonhar grande.

   ✓ Princípio 2 – Meritocracia.

   ✓ Princípio 3 – Formar líderes.

   ✓ Princípio 4 – Ser exemplo.

   ✓ Princípio 5 – Resultados.

   ✓ Princípio 6 – Agir como dono.

   ✓ Princípio 7 – Simplicidade e franqueza.

   ✓ Princípio 8 – Empresa enxuta.

   ✓ Princípio 9 – Trabalho duro.

   ✓ Princípio 10 – Integridade.

2. **Visão**: nosso maior inimigo para uma visão adequada são os próprios olhos, que limitam nossa percepção apenas ao que se pode

enxergar; já a visão é desenvolvida em nossas mentes. O líder deve conseguir trazer clareza a seus liderados, com a construção de um caminho concreto; antecipar oportunidades em sua área de atuação, com base no cenário atual e em tendências; e enxergar o futuro de sua organização. Um cego não guia o outro; os dois caem no buraco.

3. **Impacto**: as ações de um líder geram transformação massiva e duradoura, impactando o time e outras áreas e líderes, e têm poder suficiente para levar um segmento a outros caminhos.

4. **Influência**: o líder consegue influenciar ativamente a todos para que trabalhem com espírito de colaboração, com ideias disruptivas, superando objeções e resistências, a fim de realizar as transformações de que a organização precisa. Sua influência ocorre em 360 graus – para cima, para os lados, para baixo, para dentro e para fora da organização.

5. **Conexão com novas tecnologias e tendências**: o líder exponencial tem consciência de que a tecnologia transformará todas as empresas e negócios, a conhece e acompanha futuristas, sempre em busca de tendências para os anos vindouros. Essa característica o faz antecipar possibilidades e estar sempre à frente da concorrência.

6. **Agilidade**: o mundo se modifica cada vez mais rápido, o novo surge de forma abrupta. Por isso, além de o líder exponencial antecipar tendências, deve agir rapidamente, levando consigo seu time de forma que compreenda e incorpore o novo processo. Esse líder deve ser hábil para aprender muito rápido e traduzir a aprendizagem para ações práticas.

7. **Desafia o *status quo***: para o CEO do Cirque de Soleil, o *status quo* não é mais uma opção. O líder exponencial desafia o *status quo*, sempre em busca de oportunidades de melhoria; pensa grande, experimenta, arrisca, amplia sua perspectiva, vai além de sua área de atuação e percebe os desafios fora de sua indústria; ele coloca como cultura da empresa a inovação e o desafio contínuos.

8. **Catalisador/potencializador**: o líder exponencial cria condições para que cada integrante de seu time desenvolva o potencial de forma integral. Para isso, é necessário reconhecer os pontos fortes de cada um, seus talentos e propósitos. Esse líder deve funcionar como catalisador e acelerador do potencial de todos – equipes, ele mesmo, seus líderes e seus semelhantes. Há organizações que conseguiram resultados nunca vistos por investirem no talento e no potencial pleno das pessoas.

9. **Inspiração**: esse é o diferencial do líder exponencial, que pode inspirar pessoas a serem curiosas, interessadas, a fazerem as perguntas certas que nunca haviam sido pensadas. Um líder deve apresentar planos futuros que levem à reflexão. A inspiração leva não só a aprender, mas a colocar em prática. Assim, o líder exponencial consegue tornar uma organização inspiradora, o que por sua vez atrai mais talentos inspiradores.

10. **Paixão**: para Steve Jobs, a única forma de fazer um trabalho espetacular é amar o que se faz. Ele atribuiu a isso seu sucesso como empreendedor e líder da Apple. O líder exponencial ama tanto o que faz que não se sabe onde começa a pessoa e termina o profissional. Essa paixão traz significado imediato para o trabalho, e faz que seu time mantenha a energia elevada em todas as situações.

11. **Compartilhador de vitórias e conquistas**: tem prazer enorme em verificar o crescimento e a realização de pessoas a sua volta. Para isso, é preciso saber reconhecer até as pequenas vitórias, e permitir a falha que é construtiva, que gera aprendizado para melhorar. Todos os que estão ao redor desse líder devem crescer e se desenvolver de forma exponencial – clientes, fornecedores, talentos e seus próprios líderes.

Growth hacking

Quando falamos em liderança exponencial, precisamos falar sobre o conceito de *growth hacking*, um termo criado por Sean Ellis, especialista em crescimento acelerado de empresas pelo marketing digital e coordenação da alavancagem de unicórnios[4] como Dropbox, Lockout e Eventbrite.

Segundo ele, a definição mais correta é "marketing orientado a experimentos". O objetivo é encontrar oportunidades para obter resultados rápidos para o crescimento (*growth*) da empresa. Essa é uma maneira nova de pensar o marketing digital, agilizando o direcionamento das empresas no caminho para seus objetivos, com o menor uso possível de recursos.

Fonte: https://brideldigitalmarketing.com/growth-hacking/ (adaptado pelo autor)

O sistema *growth hacking* é a intercessão de três fatores fundamentais: marketing criativo/conteúdo, análise de dados/testes, engenharia de software/automação. O sucesso desses três pilares resulta em uma metodologia de crescimento acelerado.

Fonte: Livro Growth Hacking de Sean Ellis

---

4   Empresas com Valuation de mais de US$ 1 bilhão.

Na imagem anterior, Ellis fez uma analogia com a história bíblica de Davi e Golias. Seguindo o método de *growth hacking* de ter um bom marketing de conteúdo, realizar testes e automação e conhecer bem seus clientes, metrificando (quase) tudo, é possível criar estratégias e vencer o adversário (concorrente), por mais forte que ele pareça ser.

A grande diferença das instituições que atuam com *growth hacking* é a obsessão em fazer tudo isso da maneira mais rápida e menos onerosa possível e por meio do método experimental, que valida as hipóteses.

O *growth hacking* procura encontrar portas para crescer com menos custo e com mais rapidez. Para isso, é inútil pensar que *hacks* são mágicos. É preciso investir em ferramentas que permitam a realização de experimentos e automações e que as equipes encontrem as melhores soluções. Então, do que você precisa para fazer o *growth hacking*? Podemos resumir as partes fundamentais desse processo da seguinte forma:

- ✓ Objetivo: definir claramente qual é o objetivo do *growth hacking*.

- ✓ Hipótese: desenvolver hipóteses com base no conhecimento e na intuição dos profissionais.

- ✓ Experimentos: realizar testes que comprovem a eficiência da hipótese.

- ✓ Ferramentas: usar ferramentas de teste, análise e automação.

Abrangência e escalabilidade

Se observarmos com mais profundidade, todos esses pressupostos relacionados ao crescimento e à liderança exponencial têm origem em dois conceitos básicos: abrangência e escalabilidade. Um bom negócio precisa ter uma abrangência que o permita atender não só às pessoas do bairro ou círculo de relacionamento próximo, mas alcançar a cidade, o estado, o país e até o mundo. Quanto maior for seu escopo, maior será sua oportunidade de conquistar clientes em potencial.

Outro fator importante é a escalabilidade, para aumentar o número de clientes sem necessariamente aumentar o número de funcionários. Pegue o exemplo do aplicativo Waze, que, segundo um estudo de escalabilidade de negócios, exige um engenheiro de software para cada 5 milhões de usuários, ao passo que o Facebook exige um engenheiro de software para cada 20 milhões de usuários. A escalabilidade permite um aumento significativo no número de clientes sem que seja necessário investir na contratação de novos funcionários.

É importante analisar a escalabilidade de um negócio porque quanto mais pessoas você tem para gerenciar, mais variáveis deverão ser administradas. É muito mais fácil gerenciar uma grande empresa com poucas pessoas do que uma pequena empresa com muitas pessoas envolvidas. Portanto, sempre que achar que um tem um potencial de crescimento exponencial, leve em consideração os dois fatores fundamentais: abrangência e escalabilidade.

Customer acquisition (tráfego) versus customer optimization (conversão)

Dois outros conceitos importantíssimos que um líder exponencial deve compreender e aplicar são: tráfego e conversão. Pensar no tráfego é pensar em ações que atrairão pessoas a seu site, a sua landing page ou a seu e-commerce por meio de um link patrocinado, e-mail de marketing, contato via WhatsApp, anúncio nas redes sociais ou outro conteúdo que você desenvolveu na internet.

Pensar na conversão, porém, é pensar como fazer para que essas pessoas que chegaram até suas páginas se transformem em clientes e adquiram seus produtos ou serviços.

Otimize esse processo de conversão por meio da usabilidade de suas páginas, do aprimoramento da performance de seu site, de testes e realização de pesquisas junto a seu público-alvo. Transforme isso em uma base de dados para identificar que comportamentos esses usuários têm na internet e, com isso, customize a experiência através da satisfação desses usuários. Em termos simples, a taxa de conversão nada mais é do que a relação entre as realizações de uma meta desejada (compra, inscrição) e o número de visitas aplicáveis ao site.

Crédito: Infográfico disponibilizado por FunnelEnvy

Se analisarmos a imagem, podemos perceber que o marketing digital que vemos hoje, de forma geral, como redes sociais, e-mail marketing, links e posts patrocinados, trata-se principalmente de uma questão de criação de uma nova base de clientes. Por outro lado, a otimização da obtenção de novos consumidores (conversão/finalização do funil) é outra questão, que envolve medir o desempenho de várias áreas ao longo da jornada de compra do cliente dentro do canal.

A gestão de um funil de conversão é vital para se construir e otimizar processos de marketing e vendas e, assim, proporcionar crescimento exponencial às empresas. Muitas delas negligenciam essa importante atividade, perdendo muitas oportunidades ao longo do funil de conversão. Costuma-se falar na construção de uma base de clientes, porém raramente se fala sobre como construir uma base de clientes em potencial, que são *leads*[5] que entraram no funil de conversão e precisam ser geridos rumo ao fechamento.

Por exemplo, muitas marcas tentam conseguir muitos fãs no Facebook ou Instagram, mas negligenciam a criação de conteúdo para a nutrição dos clientes em potencial (*leads*) rumo ao fechamento de negócios. Já outras empresas investem muito em SEO, mas quando os consumidores acessam o site não encontram conteúdo suficiente para convertê-los, por isso acabam não convertendo em vendas. Assim, enfatizo que os conteúdos de nutrição são necessários para trazer esses clientes em potencial a uma nova tentativa de compra. No entanto, esse aspecto tão importante costuma ser negligenciado, gerando desperdícios ao longo do funil de conversão.

A taxa de conversão deve estar dentro de seu custo de aquisição de cliente (CAC)[6], que deve ser mensurado e aprimorado conforme você vai se familiarizando com os dados. É muito importante ter esse controle e otimizar esses resultados para obter escalabilidade. Conforme você aumenta seus valores de investimento em mídia, seu CAC também tende a aumentar um pouco. O objetivo, porém, é sempre mantê-lo dentro do estabelecido.

Com essa possibilidade de variação, é indispensável que você controle seu CAC constantemente. À medida que as campanhas aumentam, é provável que você converta mais, porém, tendo um CAC maior, pois alcançará perfis periféricos, que têm taxa de conversão menor. Depois de atingir esses potenciais consumidores, é fundamental que sejam nutridos com conteúdos relevantes, de acordo com o interesse desse público, possibilitando a finalização da compra do outro lado do funil.

Outro parâmetro fundamental de marketing e vendas para o cálculo do CAC é o Life Time Value (LTV[7] ou valor do cliente ao longo do tempo), que indica o quanto um cliente é lucrativo ao longo do tempo; quanto mais lucrativo, mais pode-se incrementar o CAC. Em outras palavras, vale a pena gastar mais para buscar clientes lucrativos ao longo do tempo.

---

5   *Lead* é um termo de marketing usado para descrever o interesse de um cliente em determinado produto ou serviço de uma empresa.

6   Custo para aquisição de clientes (CAC é uma métrica fundamental de marketing e vendas que define qual é o valor gasto pela empresa para transformar um *lead* em um comprador ou em um usuário dos serviços oferecidos.

7   Life Time Value (LTV) é o valor que um cliente retorna ao longo do tempo. É uma métrica valiosa para empresas de venda recorrente ou com repetição e permite avaliar o valor viável para CAC.

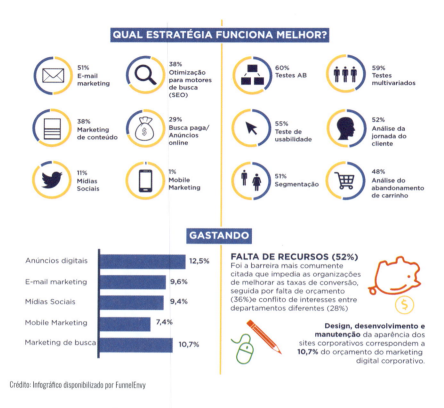

Crédito: Infográfico disponibilizado por FunnelEnvy

Como você já deve ter percebido, caro leitor, a liderança exponencial está diretamente relacionada com a capacidade do líder de identificar as oportunidades de crescimento exponencial que o marketing digital proporciona.

Por isso, um líder exponencial está sempre de olho em quais são as melhores ferramentas da web que proporcionarão velocidade, abrangência e escalabilidade ao negócio. Na imagem acima, podemos observar as táticas que melhor performam, tanto para o tráfego de novos clientes quanto para a conversão de clientes em potencial que estão parados ou percorrendo o funil de vendas.

- ✓ 51% do sucesso na atração de pessoas vêm do marketing de conteúdo; 29%, das pesquisas pagas e links patrocinados; 11%, das mídias sociais, e 1%, do marketing móvel, por meio de contatos via aplicativos de mensagens.

✓ Na conversão de novos clientes, as melhores táticas são: em 60% dos casos com testes A/B; 59% com multivariáveis testes; 55% com testes de usabilidade; 52% na análise, customização e otimização da jornada do usuário; 51% através da segmentação; e 48% na análise de abandono de carrinho.

No quesito investimentos, podemos observar que para a otimização do tráfego a maior parte é gasta em publicidade digital (12,5%), seguida por pesquisas de marketing (10,7%), e-mail marketing (9,6%), mídia social (9,4%) e marketing realizado através de dispositivos móveis (7,4%).

No que se refere à conversão de clientes, percebeu-se que para 54%, a falta de recursos foi a barreira mais comumente citada que impedia as organizações de melhorar as taxas de conversão, seguida por falta de orçamento (36%) e conflito de interesses entre os diferentes departamentos (28%). Por sua vez, concepção, desenvolvimento e manutenção da composição do site corporativo representam 10,7% do orçamento de marketing digital.

Taxa Média de Conversão

Profissional/Finanças/Serviços	10%
Mídia/Publicidade	10%
Outros	8%
Educação/Saúde	8%
Software/SaaS	7%
Equipamento/Hardware	5%
Bens de fabricação/Embalados	4%
Viagem/ Hospitalidade	4%
Varejo/ E-commerce	3%
Sem fins lucrativos	2%

TRÊS DE CADA CINCO negócios acreditam que a otimização da taxa de conversão **É CRUCIAL PARA SUA ESTRATÉGIA DE MARKETING DIGITAL.**

Organizações que adotam uma aproximação estruturada para melhorar as taxas de conversão têm **DUAS VEZES MAIS PROBABILIDADE DE AUMENTAR A CONVERSÃO**

36% DOS PROFISSIONAIS DE MARKETING B2B dizem que não é possível atribuir com precisão as conversões online aos canais de marketing empregados

Crédito: Infográfico disponibilizado por FunnelEnvy

Esses dados revelam que os setores que mais otimizaram suas taxas de conversão foram os de serviços financeiros, publicidade e mídia, educação e cuidados com a saúde. As lideranças que desejam atingir um crescimento exponencial precisam estar atentas a essas demandas do mercado e a como trabalhar suas estratégias de conversão.

Como dito, tudo isso faz parte do momento de *growth hacking*, que está diretamente relacionado ao crescimento exponencial de hoje e é o resultado de um trabalho de experimentação do mundo do marketing digital.

Os setores que melhor converteram foram os de crescimento exponencial, que têm abrangência, escalabilidade e tendência de crescer, ainda mais após a pandemia, visto que são mercados anticrise e que as pessoas jamais deixarão de ter necessidades e de consumir (consultoria financeira, publicidade e mídias, educação e cuidados com a saúde, em especial quando lembramos que esses serviços podem ser oferecidos 100% online).

Outros dados interessantes é que três a cada cinco empresas acreditam que a otimização da taxa de conversão é crucial para sua estratégia geral de marketing digital. A maioria dos líderes de negócios já percebeu que a possibilidade de obter um crescimento exponencial está em conseguir otimizar as estratégias de marketing digital.

O restante, que ainda não se deu conta disso, precisa correr atrás daqueles que já estão trabalhando fortemente para se estabelecer no mundo das mídias digitais e dominar as técnicas de um mercado que cresce de forma cada vez mais acelerada.

As organizações que adotam uma abordagem estruturada para melhorar as taxas de conversão têm duas vezes mais chances de ver um aumento exponencial na conversão de novos clientes. Isso significa que todo líder precisa se preocupar não só em ter boas estratégias para alcançar novas pessoas, mas também em estabelecer um processo de análise ou um laboratório de pesquisa dentro da própria empresa para analisar os dados que surgem através de cada uma das táticas e canais de tráfego, visto que isso poderá ser usado na otimização da experiência dos usuários e, consequentemente, na construção de uma relação empresa-comprador e não apenas criador-consumidor de conteúdo.

Habilidades de marketing digital do líder exponencial

Agora que já falamos sobre a importância do marketing digital na atuação de um líder exponencial, precisamos falar sobre que habilidades uma liderança de crescimento exponencial deve ter para ser bem-sucedida nesse mercado.

✓ Marketing nos mecanismos de busca (SEO[8]/SEM[9]/MPI[10]/MVI): um líder exponencial precisa compreender os mecanismos de busca patrocinados e orgânicos, precisa saber quais são os principais critérios de rankeamento do Google e como otimizá-lo para seu negócio.

✓ Mídias sociais (Instagram/Facebook/YouTube/LinkedIn): o líder exponencial também precisa atuar fortemente nas redes sociais, entender as ações e os comportamentos das pessoas nessas mídias e se relacionar com o público de forma constante e frequente. O ideal seria que o líder fosse um influenciador digital em sua área de atuação para se tornar uma referência no mercado e atrair mais consumidores para a empresa.

✓ Inbound ou automação de marketing: o líder exponencial precisa conhecer seu público-alvo (personas), criar excelentes conteúdos para atração, nutrição e conversão de *leads*, saber como construir funis, estratégias de captação de *leads* com oferta de presentes (e-books e outros) e, por fim, ter uma estratégia para se relacionar com esses clientes por meio de e-mail marketing ou de outra tecnologia para impulsioná-los no funil, rumo à conversão em vendas.

---

8   Search engine optimization (SEO) é um conjunto de técnicas que visa posicionar uma página nos primeiros resultados de mecanismos de busca online, como o Google.

9   Search engine marketing (SEM) significa marketing em sites de busca e é uma forma de marketing na internet que tem o objetivo de promover websites pelo aumento da visibilidade nas páginas de resultados com o uso de publicidade paga, fazendo que a empresa fique nas primeiras posições dos resultados de busca por palavras-chave relacionadas.

10 Marketing de Posicionamento na Internet (MPI) e Marketing de visualização na internet são um conjunto de técnicas criadas e patenteadas pelo Grupo Ideal Trends que visam posicionar páginas nos primeiros resultados de mecanismos de busca online, como o Google.

LIÇÕES PARA VOCÊ CONSTRUIR NEGÓCIOS EXPONENCIAIS

✓ Outbound sales: o líder precisa investir em ferramentas de venda baseadas na prospecção ativa de novos clientes, em que o próprio vendedor estabelece o primeiro contato com o público-alvo, e não o contrário.

✓ Tráfego e conversão: o líder precisa saber quais são as melhores ferramentas de atração e como fazer que elas também se transformem em canais de conversão.

✓ Design, usabilidade (UX)[11]: é necessário saber se as páginas de seu negócio (site, blog, landing page, entre outras) são modernas, atrativas e têm boa usabilidade (facilidade na navegação). Por exemplo, quanto ao design, alguns sites apresentam um visual antigo, remetendo a uma empresa desatualizada, que parou no tempo. No que se refere à usabilidade, em algumas páginas é difícil encontrar informações, formulários de contato ou botões de conversão.

✓ Analytics[12]: medir e analisar tudo que for relevante, como tráfego, conversão, número de *leads*, CAC, LTV, testes A/B, testes de conversão etc.

✓ *Copywriting*: é necessário entender técnicas de escrita de vendas para que os textos e anúncios gerem grande desejo de compra nos clientes. Eles devem ser escritos no formato AIDA, gerando Atenção, Interesse, Desejo e Ação.

✓ Funil de vendas: um líder exponencial precisa entender de funil de vendas, saber como aproveitar *leads* que estão estagnados no processo de compra e como gerar novos fluxos de conversão para eles.

✓ *Influencer*: conforme mencionado, recomenda-se que o líder seja um influenciador digital, permanecendo ativo nas mídias sociais, afinal

---

11 User experience (UX) pode ser traduzida como experiência do usuário. Trata-se de como o cliente interage com seu produto ou serviço a partir dos elementos disponibilizados.

12 Analytics é o uso aplicado de dados, análises e raciocínio sistemático para seguir em um processo de tomada de decisão muito mais eficiente.

produzir conteúdos de qualidade e usar sua imagem aumenta a credibilidade e confiança do público em relação ao negócio. Seria interessante se ele levasse sua visão de mundo empresarial e seus propósitos de vida para as mídias. As pessoas só compram de quem conhecem, gostam e confiam, e as redes sociais são canais excelentes para estabelecer esse tipo de relacionamento com empatia e confiança.

O maior líder exponencial de todos os tempos: Jesus Cristo

Antes de finalizar este capítulo, gostaria de lembrá-lo que se você deseja ser um grande líder exponencial, então construa um projeto que vai além de suas satisfações pessoais, que perdure mesmo depois de sua partida, que seja um diferencial para as atuais e futuras gerações. Esse é o verdadeiro significado de liderança.

Quando conseguir mostrar às pessoas que está altamente comprometido com sua causa e seu propósito, que dá seu melhor e sacrifica sua vida por aquilo em que acredita, você terá várias pessoas o seguindo e acompanhando, doando sua vida pelo mesmo objetivo.

Então, eu não poderia deixar de falar sobre aquele que, para mim, é o maior líder exponencial de todos os tempos: Jesus Cristo.

Ele era carpinteiro e tinha uma vida bastante simples. Porém, com suas palavras, seus exemplos e ensinamentos e com o objetivo bem definido e alinhado de transformar as pessoas, iniciou um projeto com 12 discípulos, que foram escolhidos, treinados, capacitados e liderados por Ele durante 3 anos.

Com poucos recursos financeiros e sem tecnologia, Jesus Cristo, liderou os 12 discípulos de forma impactante, transformando-os em verdadeiros multiplicadores de suas ações e palavras. Após sua passagem pela terra, o mundo nunca mais foi o mesmo. Uma prova disso é que o calendário que usamos se baseia em sua existência: antes de Cristo e depois de Cristo. Atualmente, mais 2,5 bilhões de pessoas do mundo (um terço da humanidade) creem e seguem seus ensinamentos, e esse número de pessoas não para de crescer a cada ano que passa, tamanha a eficiência da liderança exponencial de Jesus Cristo.

Para entender um pouco melhor a trajetória de líder exponencial do Senhor Jesus Cristo, recomendo o filme *A Maior História de Todos os Tempos* (1965), dirigido por George Stevens, uma obra cinematográfica e histórica incrível. E é claro que não posso deixar de recomendar a leitura dos quatro evangelhos bíblicos, Mateus, Marcos, Lucas e João, que contam em detalhes a trajetória desse grande homem.

TRÊS AÇÕES PARA O
DESENVOLVIMENTO EXPONENCIAL

*Não se esqueça de comemorar cada passo,
cada tijolo assentado, pois celebrar é um
combustível importante para se energizar
e seguir fiel a essa metodologia..*

Amigo leitor, com a metodologia das três ações para o desenvolvimento pessoal, qualquer pessoa pode transformar uma situação ruim em sucesso. Basta entender e aplicar, pois conhecimento sem prática não gera frutos. A metodologia é composta por: **Ser**, **Fazer** e **Ter**.

Primeiramente, faça um diagnóstico de sua situação. Você está insatisfeito com os seus resultados? Considera sua situação atual um caos? Não progride nas áreas da vida?

Neste capítulo, apresentamos um simples e pequeno mapa, mas poderoso para o sucesso. Porém, a ordem das ações deve ser seguida à risca, para transformar a situação atual em resultados extraordinários: **Ser**, **Fazer** e **Ter**.

Não existe pílula mágica. Qualquer alteração nessa ordem fará que sua vida ou seus negócios não evoluam. A maioria das pessoas busca apenas **Ter**, com foco na conquista de altos salários, bons carros, boas casas e assim por diante. Essas pessoas buscam **Ser** por último.

Quando se foca o **Ser**, tudo acontece naturalmente na vida, lembrando que **Ser** é invisível, pois nele estão seus princípios, seus valores, sua crença, suas escolhas e sua determinação. É o que você faz nessa base "invisível" que determina o sucesso das outras duas ações de desenvolvimento pessoal.

Ao alinhar sua vida com princípios sólidos, valores de uma vida íntegra, acreditar de coração e ser determinado, você será levado com segurança a **Fazer**. É na construção que você aparece, quando as pessoas que compartilham o mesmo ambiente, familiar ou profissional, começam a analisar seus atos, no dia a dia, tijolo a tijolo por você colocado. Lembre-se de que a constância é irmã da disciplina. Nesse ponto, tudo o que você constrói deve ser sólido e estar bem alinhado com os seus valores. Aja de acordo com o que fala e você terá parceiros no **Fazer**.

Lembre-se de que nada sólido e duradouro é feito da noite para o dia; muito pelo contrário, em tudo deve haver sequência, métodos e processos bem definidos. O sucesso não é uma linha reta; há um caminho a percorrer, e esse caminho é progressivo. Afinal, incorporar coisas novas, desenvolver--se e crescer levam tempo, trabalho duro e disciplina.

Passamos então por **Ser**, que é sua essência; e por **Fazer**, que reflete quem você é e aonde quer chegar por meio de suas ações – quando você acrescenta as coisas a sua vida como se fossem degraus em uma escada, que são colocados dia a dia. E esse é o caminho para **Ter**.

Ter está ligado a seus sonhos, objetivos e vitórias. Já ouvi muitas pessoas dizerem: "Eu tenho.". Porém, sempre me perguntei se elas sabem realmente o que é **Ter**. É olhar a trajetória e ver que tudo o que você construiu é de fato sólido, real, leal e íntegro, um legado que você deixa para as futuras gerações.

E não se esqueça de comemorar cada passo, cada tijolo assentado, pois celebrar é um combustível importante para se energizar e seguir fiel a essa metodologia..

MARKETING DIGITAL: NEGÓCIOS E PROFISSÕES

Muito se fala hoje em empreendedorismo digital, mas nem todas as informações disseminadas por aí condizem com a realidade. Existe um termo para denominar pessoas que gostam de ensinar aquilo que não praticam em seus negócios: empreendedores de palco.

Muito se fala hoje em empreendedorismo digital, porém nem todas as informações disseminadas por aí condizem com a realidade. Existe um termo para denominar pessoas que gostam de ensinar aquilo que não praticam em seus negócios: empreendedores de palco.

Por isso, caro leitor, quero que você entenda que minha intenção é ensinar o que realmente funcionou em minha vida e pode servir para a sua também. Muito se fala sobre o futuro e quais serão as necessidades de consumo das próximas gerações com base no que estamos vivendo hoje, mas se faz necessária uma visão mais holística e estarmos atentos a todos os movimentos do mercado quanto à inovação para que possamos falar sobre as tendências dos negócios digitais.

Alguns desafios e movimentos que estamos vivendo hoje, se observados com atenção, dão uma ideia de como as coisas funcionarão no mundo dos negócios digitais nos próximos anos. O empreendedorismo digital consiste em trabalho duro, muito esforço, muito estudo, erros que devem ser corrigidos com velocidade e acertos que indicam que estamos no caminho certo.

Empreender em qualquer modalidade exige resiliência. No mundo digital isso não é diferente. Sempre esteja disposto a recomeçar de uma maneira diferente e inovadora.

Para isso, tudo o que você absorveu com a prática ou a busca de conhecimento deverá ser verdadeiramente aplicado, feito com paixão, usado com sabedoria, ao passo que você busca e desenvolve suas habilidades continuamente em diferentes áreas e temas, tais como liderança, gestão, vendas, tributação, jurídico, seja no mundo digital, seja no mundo físico.

Com meus estudos aplicados e experiência prática adquirida nos últimos 30 anos, apresento uma lista das dez profissões que acredito que se tornarão as principais tendências do marketing digital nos próximos anos.

Antes, porém, gostaria de sugerir uma reflexão. Escreva em um papel como os pontos-chave e cruciais a seguir norteiam ou fazem parte de sua vida e o que você precisa fazer para começar a vivenciá-los na prática:

✓ Estar disposto a trabalhar durante 8 horas e estender mais 2 a 4 horas na busca de conhecimento e aprimoramento.

MARKETING DIGITAL: NEGÓCIOS E PROFISSÕES

✓ Não ter medo de errar e perder algumas coisas ("amigos", festas e entretenimento) ao longo do caminho.

✓ Ter um projeto maior, um objetivo claro e genuíno de fazer a diferença na sociedade, ajudando essa geração a evoluir. Isso é propósito!

Ser empreendedor é ser determinado, estar disposto a enfrentar os vários obstáculos no caminho. E no âmbito digital não é diferente, então não tenha medo de correr riscos. Gosto de citar uma pessoa que é um exemplo de empreendedor e tem uma história muito bacana: Elon Musk, fundador da Tesla e da SpaceX.

Em maio de 2002, com US$ 100 milhões de sua fortuna pessoal, Musk criou a Space Exploration Technologies (SpaceX), investiu em um empreendimento que, aos olhos de muita gente, poderia dar errado. Depois de alguns insucessos, o primeiro lançamento de seu foguete resultou em uma explosão. O mesmo aconteceu com o segundo e o terceiro foguetes. No entanto, ele e sua equipe não pararam até que obtivessem sucesso no lançamento. Musk não permitiu que fracassar mais de uma vez o impedisse de continuar com o projeto ambicioso até atingir o objetivo.

Depois dessa breve introdução sobre conhecimento, resultados, dedicação e constância, gostaria de falar sobre as oportunidades digitais do futuro. Isso serve para aqueles que não têm muitos recursos para investir e precisam de dicas certeiras para que seu negócio digital dê certo. Então, vamos tratar das profissões que provavelmente se destacarão cada vez mais na web. Você poderá ser um desses profissionais do empreendedorismo digital ou precisar deles em seu negócio.

Designer

Pense, por um momento, se você encontra alguma coisa hoje na internet que não tenha o serviço de um designer por trás. Qualquer trabalho de marketing digital atual exige designers de extrema capacidade. As plataformas online são extremamente visuais e precisam ser funcionais. Um designer não trabalha apenas na criação e na estética de materiais de marketing, também é fundamental na construção da experiência do usuário. Ele deve entender quais são os hábitos de navegação e o que chama mais atenção de quem está navegando. No futuro do marketing digital, a necessidade de sentirmos que fazemos parte daquilo com o que interagimos crescerá a cada dia, por isso o design imersivo/intuitivo é uma grande tendência e exigirá profissionais qualificados. Um bom produto e um bom sistema de vendas pode ser comprometido se você não tiver um site esteticamente bonito e de fácil usabilidade.

Especialista em usabilidade

Como vimos no tópico anterior, o designer e todos aqueles que resolvem trabalhar com o mercado digital devem pensar além da estética. É imprescindível que a usabilidade dos infoprodutos oferecidos seja impecável, responsiva, didática e simples de operar. O profissional é responsável por estudar as métricas, analisar o *heatmap* (mapa de calor) das páginas e o comportamento dos usuários e propor melhorias através de estratégias que otimizem o tráfego e a experiência do usuário.

Gestor de tráfego

Esse profissional é responsável por controlar todo o tráfego online, pensando em estratégias para atrair mais pessoas às páginas de captura de Facebook, Instagram, blogs, sites etc. Também deve analisar se esse tráfego está resultando em vendas. O gestor de tráfego será um profissional extremamente valioso para a manutenção e o crescimento de um negócio digital, visto que ajudará a prover diretrizes a todo o empreendimento e que o sucesso de vendas depende do processo de transformar o tráfego de pessoas em clientes consolidados.

Copywriter

Em termos simples, *copywriting* significa carta de vendas, o texto responsável por atrair clientes e fazer que eles desejem conhecer o produto melhor e de forma assertiva. Trata-se da produção de textos persuasivos para ações de marketing e vendas, como conteúdo de e-mails, sites, catálogos e anúncios. O profissional responsável pelo desenvolvimento do texto é conhecido como copywriter. Haverá cada vez mais necessidade de se pensar estrategicamente nos textos que serão utilizados para promover um produto ou negócio. A quantidade de informações que existem e passarão a existir na internet roubam a atenção de milhares de usuários, por isso a forma como você se comunica fará mais diferença do que o produto ou serviço que você comunica. O copywriter deve criar textos que despertem as "dores" do cliente e o convençam de que seu produto ou serviço é a melhor solução para eles.

Coprodutor de lançamentos

É o profissional que se dedica a pensar em estratégias de lançamento de um produto digital, responsável, por exemplo, por pré-lançamento, que é um curto espaço de tempo a ser aproveitado com estratégias de escassez ou exclusividade. O coprodutor deve "amarrar" todas as pontas e acionar as demais áreas envolvidas no lançamento para que as estratégias sejam executadas da melhor maneira possível, de acordo com a proposta do produto ou serviço. As marcas vêm empregando o meio digital cada vez mais para lançar e divulgar algo novo e, consequentemente, atrair mais clientes, seja para produtos, seja para serviços. Por isso, é necessário pesquisar, executar e acompanhar todos os ativos para que os usuários vejam os diferenciais que estão sendo ofertados, pontos que, se bem ajustados, fará que o lançamento seja melhor e se torne mais atrativo do que o do concorrente. Um lançamento envolve várias etapas e eventos, desde a parte de planejamento até a coleta dos resultados. Nesse caso, toda a comunicação deve estar em sintonia, e a pessoa que faz esse acompanhamento deve ter a expertise para auxiliar na produção com uma visão holística do processo. E por que coprodutor? Porque o produtor produz todo o conteúdo necessário para que esse lançamento aconteça, e o coprodutor é o background estratégico da produção.

Especialista em SEO

Search Engine Optimization (SEO), ou engenharia aplicada à otimização da pesquisa de conteúdo, é uma área extremamente importante devido ao aumento dos e-commerces e à disputa para estar entre os links da primeira página do Google, para garantir uma grande audiência. Hoje, o tráfego pago nas plataformas digitais se transformou em um verdadeiro leilão, por isso o SEO é tão importante, já que otimiza todos os canais de forma orgânica. Para obter um posicionamento favorável nas plataformas de busca, você não precisa fazer um investimento alto em marketing; basta ter um bom profissional analista de SEO que qualificará seus conteúdos para se destacar organicamente.

Gestor de mídias sociais

Nas redes sociais, existem infinitas maneiras de se trabalhar a promoção de seu negócio digital, com campanhas, produção de conteúdos ou interação com a rede de contatos. Todos esses pilares devem ser administrados para que possam funcionar estrategicamente, gerando negócio. A tendência é que a demanda de profissionais que fazem a gestão de mídias sociais cresça cada vez mais. Como as pessoas estão aumentando exponencialmente seu tempo online, as interações de conteúdo e a necessidade de se fazer coisas novas aumentarão. O gestor de mídias sociais tem a responsabilidade de promover a marca (*branding*) e, ao mesmo tempo, gerar vendas pelos canais digitais.

Videomaker

Pense como seria complicado cada pessoa ter o próprio canal de televisão antigamente. Hoje, isso já é possível, por exemplo, no YouTube e nas redes sociais que permitem vídeos. De acordo com a pesquisa Video Viewers (Google & Provokers), entre 2014 e 2018 o consumo de vídeo online cresceu 135%, e a tendência é que esse valor aumente cada vez mais. Como precisamos otimizar nosso tempo e condensar as informações recebidas diariamente, o vídeo se torna uma excelente ferramenta de aprendizagem e retenção da atenção. Por isso, a profissão de videomaker se tornará progressivamente indispensável em qualquer negócio. O vídeo tem a capacidade de encantar e contar histórias de uma maneira mais pessoal e verdadeira. Além disso, tem uma didática incrível que facilita a aprendizagem. Por isso, é muito importante trabalhar com vídeos no marketing digital. Por meio deles, você pode demonstrar como seu negócio e seus produtos funcionam de uma maneira simples e dinâmica, além de encantar os consumidores e usuários com *storytelling*, por exemplo, em que a marca pode ser colocada mais perto do público com um breve "história".

Desenvolvedor

A internet é uma rede física que conecta o mundo inteiro, e o desenvolvedor cria os softwares e sistemas para alimentar essa rede. Esses profissionais têm um potencial extraordinário de criar as mais variadas aplicações (software, aplicativos, ferramentas digitais) das quais as empresas necessitam para interagir e conversar com o público. Isso acontece em diversos segmentos, como aplicativos para crianças, para uso comercial e controle de vendas, para a área da saúde, bem-estar etc. Existe uma infinidade de aplicações que precisam do trabalho de um desenvolvedor para que o negócio se destaque no mundo digital.

Analytics

O nosso mundo é digital. Tudo o que existe pode e deve ser metrificado. É possível ter parâmetros e métricas de todas as ações de marketing digital. A inteira jornada do cliente pode ser monitorada, além de todos os aspectos de seu comportamento online e como isso pode resultar em vendas. Então, é fundamental ter um profissional que reúna todas as informações de métricas e possa mensurar o negócio e passar para as equipes o que deve ser melhorado. Esse é o profissional de *analytics*, que é extremamente importante para medição e melhoria de processos de trabalho no marketing digital.

Essas são as dez profissões que acho que serão muito promissoras no mercado digital nos próximos anos. Perceba que todas elas envolvem um olhar estratégico, criativo e holístico do que é melhor para o negócio.

A partir dessas profissões, também podemos identificar os negócios altamente promissores para o mundo digital nos próximos anos. Sendo assim, apresento agora uma lista dos sete negócios extremamente favoráveis ao crescimento e que exigem baixo investimento em comparação com seu alto potencial de resultado.

E-commerce

Vender pela internet é uma excelente oportunidade, afinal é muito mais barato do que abrir e manter uma loja física, que exige estoque, decoração e estratégia de visual (*merchandising*) no ponto de venda, o que pode ser bem caro. Hoje, é possível abrir uma loja na internet pagando um valor acessível e obter um excelente canal para vender seu produto; é possível linkar o e-commerce às redes sociais; em alguns casos, a própria rede social oferece o recurso para vender online. À medida que o tempo passar, cada vez mais pessoas vão querer comprar digitalmente, e se tiver um e-commerce você poderá vender seu produto ou serviço para o Brasil inteiro. Se fizer um bom trabalho de exposição dos produtos, com boas copys, fotos e textos otimizados para SEO, seu e-commerce certamente terá boa performance nas primeiras páginas dos mecanismos de busca e, consequentemente, gerará um tráfego intenso para seu negócio.

Marketplaces

Essas plataformas oferecem tráfego, público qualificado e ferramentas de divulgação interna. Exemplos de marketplaces são OLX, Mercado Livre e Amazon, plataformas que possibilitam que diversos fabricantes coloquem seus produtos em um único lugar para vender. Quais são as vantagens do marketplace? Oferecer tráfego para um público que já foi qualificado, pois já têm toda uma estratégia de marketing digital para atrair pessoas. Por exemplo, à medida que se faz um trabalho com mídias pagas nos sites, os próprios marketplaces geram tráfego para você. Diferentemente de quando se tem um e-commerce próprio que ainda não tem o tráfego, no marketplace você já tem tráfego e divulgação interna e ferramentas que podem ser contratadas no próprio serviço.

Prestação de serviços online

A pandemia do coronavírus acelerou muito o processo de prestação de serviços online. Profissões como advogados, contadores, consultores, coaches, professores e médicos têm crescido demais na internet. De acordo com uma pesquisa desenvolvida pelo Centro Brasileiro de Informações sobre Redes (NIC.br), 66% dos usuários da internet afirmam fazer compras de produtos ou serviços online. Esse número era 44% para a mesma população em 2018. O crescimento é maior entre as classes C e D. Até as escolas online estão crescendo. Um exemplo disso são as plataformas de curso de inglês nas quais os professores dão aula para o mundo inteiro pela internet.

Influenciadores digitais

A expansão e o maior tempo de uso das redes sociais fez surgirem novos canais e modelos de comunicação. Entre eles estão os influencers digitais, que, devido a sua alta popularidade nas mídias, conseguem influenciar decisões e comportamentos de outras pessoas. Esses indivíduos são seguidos por um público que acompanha atentamente o que eles publicam e reverberam suas palavras a outros, divulgando rotina pessoal, pensamentos e preferências. Os influencers despertam a curiosidade, estando sempre próximos e falando a linguagem dos usuários e seguidores. Dessa forma, seu comportamento gera significativo impacto em determinados temas, fazem que eles sejam um poderoso canal de persuasão. Diversas marcas já perceberam que parcerias com influencers podem ser bastante lucrativas, o que fez que se tornasse uma profissão extremamente lucrativa. Mas é preciso atentar aos resultados, já que uma boa parceria é aquela que gera resultado tanto para o influenciador quanto para a empresa. Por isso, faça um teste inicial, como enviar seus produtos para ele e acompanhar o impacto que isso exercerá em suas vendas.

Soluções SAAS (software nas nuvens)

Hoje, não existem mais servidores enormes nas empresas, as quais estão caminhando para soluções que permitam armazenar todas a informações na nuvem, como é o caso dos softwares de CRM, por meio dos quais você pode desenvolver aplicativos, plataformas, redes sociais e guardar tudo em um local seguro e acessível a todos os envolvidos no projeto sem precisar de um local físico.

Infoprodutor

Uma pessoa que transforma seu conhecimento já aplicado e validado em cursos, e-books, seminários, entre outros, no formato digital. Seus conteúdos têm um diferencial agregado e podem ser percebidos como "produtos". Uma das principais vantagens de se criar produtos digitais e vendê-los na internet é que os lucros se tornam escaláveis, visto que as oportunidades de vendas são exponencialmente maiores. Por exemplo, você pode criar um e-book, lançá-lo com outro produto que se relacione com ele e, mais tarde,

LIÇÕES PARA VOCÊ CONSTRUIR NEGÓCIOS EXPONENCIAIS

voltar a oferecê-lo com uma cara nova para outro tipo de público, reforçando a divulgação do produto que já está à venda.

Afiliado digital

A grande diferença entre um Infoprodutor e um afiliado digital é que este vende os produtos e serviços de terceiros, recebendo assim comissões por cada venda realizada. Para começar, é necessário participar de um programa de afiliados; assim, a cada venda realizada por meio de alguma recomendação, o afiliado passa a receber comissões e a ganhar dinheiro com a proposta. As possibilidades de produtos são as mais diversas, envolvendo inúmeros nichos de interesse que vão de produtos digitais, como um curso online, até itens físicos, como roupas.

Lembrando que todas essas profissões e ideias de negócio só resultarão em sucesso se forem executadas de forma profissional e bastante comprometida. Elas devem ser realizadas por um empreendedor, uma pessoa que tenha as características citadas no início deste capítulo: compromisso integral com o negócio, zero medo de correr riscos e estar em constante treinamento e aperfeiçoamento. Sempre digo que as pessoas precisam dar seu melhor para terem o melhor.

Então, coloque paixão e dedicação em tudo o que fizer, seja no mercado digital, seja fora dele. Torne-se um grande profissional em sua área de atuação e não faça as coisas de forma amadora. Tenha um compromisso consigo mesmo de evoluir e se destacar.

UM FENÔMENO
NAS REDES SOCIAIS

A grande maioria das empresas e das pessoas usa a rede social para vender. Em minha visão não apenas de empreendedor, mas também de alguém que se preocupa com o desenvolvimento da sociedade, essa postura está errada porque a mídia social, como o nome mesmo diz, foi criada para que as pessoas pudessem se relacionar na internet de todas as formas. Portanto, se formos levar em consideração o conceito fundamental das redes sociais, devem criar uma conexão entre as pessoas, não um mercado onde compram e vendem umas das outras, ainda mais de empresas. Para isso existem marketplaces, lojas virtuais e outros ambientes na internet, que servem exclusiva e adequadamente para venda.

É inegável que as mídias sociais têm um papel fundamental no desenvolvimento de qualquer negócio. Estar nas redes atualmente não é um diferencial. Porém, no meio de tantos conteúdos, marcas e perfis, nem todos conseguem se destacar de fato e desenvolver sua empresa de forma assertiva sem cair nas armadilhas de um marketing digital saturado e focado apenas em gerar vendas. Muitos ainda não se preocupam com o conteúdo que as pessoas estão consumindo e qual é a real imagem que está sendo construída por seu negócio.

Somando minhas redes e os canais das empresas do Grupo Ideal Trends, alcançamos mais de 10 milhões de seguidores em todas as mídias sociais (Instagram, Facebook, Youtube, Linkedin, TikTok e blog). Obviamente, não conseguimos isso da noite para o dia. Foi necessário muito trabalho duro e estratégias de captação e engajamento de pessoas.

Gostaria de compartilhar, caro leitor, um pouco do planejamento estratégico que adotamos para as mídias sociais e como você pode aplicá-lo em seu negócio.

No Grupo Ideal Trends, temos uma estratégia de posicionamento nas mídias sociais utilizando minha figura como forma de humanizar o Grupo e obter mais visibilidade, autoridade e resultados reais.

A grande maioria das empresas e das pessoas usa as redes sociais para vender. Em meu ponto de vista não apenas como empreendedor, mas também como alguém que se preocupa com o desenvolvimento da sociedade, essa postura está errada, afinal a mídia social, como o próprio nome diz, foi criada para que as pessoas pudessem se relacionar na internet de todas as formas.

Portanto, se levarmos o conceito fundamental das redes sociais em consideração, elas servem para criar uma conexão entre as pessoas, não um mercado no qual as pessoas — e muito menos empresas —compram e vendem umas das outras. Para isso existem marketplaces, lojas virtuais e outros ambientes na internet que servem exclusiva e adequadamente para venda.

As mídias sociais são um canal de comunicação que as pessoas utilizam para fazerem parte de grupos que acham interessantes e com os quais se identificam. Esse conceito de pertencimento é muito importante. Com base nessa ideia, usamos uma estratégia para aproximar o maior número de pessoas de minha vida, de minha imagem e de minha experiência como empresário, pai, marido, amigo e mentor. Por essas mídias, as pessoas podem fazer parte de um grupo seleto de seguidores que estão em desenvolvimento pessoal constante, na vida, nos negócios, na família, nos relacionamentos e até na espiritualidade.

Ao longo da vida, consegui obter resultados e liberdade em todos os sete pilares: pessoal, profissional, familiar, financeiro, social, cultural e espiritual. Então, decidi compartilhar isso de forma gratuita para que todos possamos desenvolver uma sociedade melhor e ajudar as pessoas a entender como obter a excelência em todos esses pilares por meio do canal que tem mais força e audiência: as mídias sociais.

Para fazer isso, não podemos, de forma alguma, ter a intenção de vender desde o primeiro dia de trabalho. Na verdade, a intenção da rede social sempre deve ser entregar conteúdo, resultados, presentes e todo tipo de informação que ajude as pessoas. Dessa forma, teremos um relacionamento mais próximo e elas poderão consumir algo verdadeiro.

Muitas empresas acabam afastando seus seguidores porque grande parte delas tem o objetivo inverso: usar ações de marketing e estratégias para fazer as pessoas encontrarem pseudossoluções rápidas, baratas e ineficazes.

Como em todo mercado, sempre haverá aqueles que querem tirar proveito daqueles que estão carentes e que necessitam de ajuda de verdade, então criei uma série de conteúdos que, se consumidos diariamente, podem ajudar as pessoas a chegar no patamar que desejam.

Esse conteúdo também serve para empresários e empresas que estão interessadas em obter sucesso, evitando ações que prejudicam seu crescimento no decorrer dos meses e anos por falta de conhecimento.

Dessa forma, tivemos que pensar em quais estratégias usar, definir que conteúdos seriam mais importantes para que todas as pessoas, independentemente de gênero, idade, região e crença, pudessem absorvê-los e que isso as ajudasse a evoluir de forma rápida e diária, simplesmente por consumirem conteúdo de boa qualidade.

Veja quais foram essas estratégias e como elas ajudaram o Grupo Ideal Trends a crescer rapidamente nas mídias sociais:

Semente Ideal (4 temporadas)

São pílulas de ensinamentos-chave que ensinam as pessoas a não errar através de outras pessoas, ponderando suas ações. Cada semente gera um microrresultado durante o dia, de modo que quem absorve a mensagem possa elevar seu nível de consciência e de resultados.

Semente Ideal é uma série de vídeos de aproximadamente 1 minuto em que dou dicas e reflito sobre negócios, desenvolvimento pessoal, liderança, marketing, vida e família.

Gosto muito de utilizar esse quadro para me aproximar da audiência e levar às pessoas todo o conhecimento que adquiri ao longo dos anos. As pessoas se conectam umas com as outras, e com vídeos breves e objetivos elas entendem que aquilo que conquistei também pode ser conquistado por elas.

Como vimos no capítulo sobre marketing digital, os vídeos contam histórias de uma forma muito dinâmica e atrativa, chamando a atenção das pessoas e fazendo-as se identificar com o que está sendo comunicado. Com mais de 400 vídeos, Semente Ideal tem sido uma excelente estratégia para ajudar a audiência a se familiarizar com o que acredito e vivo, como o caminho ideal para alcançar sucesso na vida.

Enquanto escrevia este livro, a 4ª temporada veiculada foi gravada em HD, com aparelho de áudio profissional e disponibilizada diariamente em meu perfil no Instagram. Os episódios sempre ficam disponíveis posteriormente no canal do YouTube. Faço as gravações com minha filha, Anne, que me acompanha e, por trás das câmeras, dá todo o suporte de que preciso para que cada vídeo fique excelente. Acredito que levar minha filha para me auxiliar na gravação faz que eu coloque o verdadeiro sentido de meu trabalho em cada vídeo: quero que tudo o que construí sirva para as futuras gerações se desenvolverem e alcançarem resultados incríveis.

Todo o conteúdo dos vídeos é planejado, com base em estudos e pesquisas sobre os principais assuntos que estão em destaque no mercado, que se relacionem com as empresas do Grupo Ideal Trends e que façam sentido para o perfil de público que me segue. Pensamos com muito cuidado também nos títulos de cada vídeo. Temos um trabalho muito bom de copyright que segue as principais técnicas do mercado de redação publicitária, elaborando títulos atrativos que conseguem captar as pessoas certas para cada conteúdo disponibilizado nos vídeos.

Infográficos

Infográficos são conteúdos fragmentados sobre diversos nichos, como investimento, finanças, empreendedorismo, saúde, bem-estar, família. Eles servem de dicas e direcionamentos básicos e práticos, por meio dos quais as pessoas podem entender que entrar nesses segmentos não é muito complexo nem extremamente difícil, como algumas pessoas pregam. Basta dar o primeiro passo, estudar um pouco, começar a mudar a forma como investe tempo, energia e dinheiro, aplicando-os nas coisas certas e que trazem resultados.

Com os infográficos, desejo salientar e ajudar as pessoas a entender que não existe investimento rápido para ficar rico nem existem finanças mirabolantes; é preciso economizar e trabalhar duro.

Série de conteúdos sobre família

Como disse, minha filha, Anne, ajuda nas gravações de Semente Ideal e procuro refletir essa relação de afeto e proximidade com minha família em outros conteúdos das mídias sociais. Afinal, quando falamos do Instagram ou de outra rede social de um empresário bem-sucedido, as pessoas costumam associar o sucesso a bens materiais, carros, mansões, helicópteros, viagens, smartphones, joias.

Na verdade, porém, os bilionários que construíram sua fortuna de forma correta entendem que isso não os torna mais felizes. Pelo contrário, o que faz deles seres de grande sucesso é ajudar o maior número de pessoas possível e gerar mudanças por meio do trabalho, da educação e de investimentos em novos negócios. Eles querem fazer que seus negócios se tornem empreendimentos que ajudam a sociedade e as pessoas a encontrar excelência na vida.

Por isso, incluímos essa relação com a família nas mídias sociais, já que esse é o maior presente que alguém pode ter e o maior bem que uma pessoa pode alcançar. São seus filhos e amigos que fazem você se sentir de fato acolhido e que pertence a algo, o que traz felicidade.

Dessa forma, procuro mostrar um pouco de meu convívio familiar com minha esposa e meus três filhos, o acompanhamento do tratamento de meu filho no espectro autista, o lazer, todo o cuidado que tenho com eles nos fins de semana e o tempo de qualidade que dedico a eles, mesmo com 25 empresas e centenas de colaboradores. Mesmo com tantas atividades profissionais, é possível ter uma família feliz e saúde mental e física. Além disso, a intensidade da atenção dispensada na vida profissional e pessoal é a mesma em qualidade e excelência.

Nenhum bem material, independentemente de seu valor, vale mais do que a própria saúde mental e a felicidade com a família. Assim, esses conteúdos são muito importantes para me conectar com as pessoas.

Ideal Business/Ideal Life/Ideal Live

Durante minha carreira, venho orientando diversas pessoas em suas formações e carreiras, disseminando e compartilhando todo o conhecimento adquirido e praticado ao longo de minha vida. Por isso, apresento no Instagram micropalestras, que são lives e materiais de longa duração nos quais, em 1 hora, abordo temas específicos que ajudam as pessoas a se desenvolverem na vida, na carreira e no empreendedorismo.

No período da pandemia, as lives se transformaram em uma estratégia comum dos canais para se manterem próximos de sua audiência e promover um conteúdo diferenciado. Porém, gostaria de transformar isso em algo inovador, que não cansasse as pessoas e trouxesse algum benefício além do entretenimento e consumo de conteúdo.

Como empresário, acabei me familiarizando com grandes mercados e estou sempre ao lado de empresários americanos e brasileiros. Por estar sempre estudando e me atualizando, consigo dar informações sobre tendências de negócios e indicar aonde as pessoas podem ir.

Nessas lives, apresento não apenas meus ensinamentos, mas também convidados que são especialistas em diversos mercados, como marketing digital, educação, vendas diretas, saúde, tecnologia, inovação, investimentos.

As lives fazem parte de uma estratégia para que as pessoas que já me seguem e que querem se aprofundar nos conteúdos de forma gratuita possam ter essa chance em palestras e bate-papo com os convidados. Pensando nisso, promovo lives educativas que são divididas em três séries principais:

Ideal Business

Série de conteúdos sobre negócios, tendências do mercado, transformação digital e métodos de sucesso para empresas, na qual compartilho visões, estudos e pesquisas sobre o mundo dos negócios e dicas poderosas para o desenvolvimento daqueles que assistem. Com essa série de lives, as pessoas ficam por dentro das melhores tendências, métodos e *insights* para o mundo dos negócios.

Ideal Life

Série sobre *cases* de sucesso, liderança e realização pessoal por meio do empreendedorismo. Nesse quadro, falamos sobre o equilíbrio em todas as áreas da vida, as quais divido sempre em sete pilares: pessoal, profissional, familiar, social, financeiro, cultural e espiritual.

Ideal Live

Lives especiais com personalidades que, por meio de projetos notáveis, fazem a diferença no Brasil e no mundo, cada um sendo protagonista em sua área de atuação e sempre pensando no desenvolvimento das pessoas, independentemente do segmento. Essas lives não são apenas de conversas teóricas ou retóricas; nelas, procuro compartilhar o que pode ser aplicado e dar resultados, afinal todos já percorreram um caminho de desafios, com *insights*, obstáculos e tentativas.

Ideal Songs/Ideal Videos

Outros quadros que tenho no Instagram são Ideal Songs e Ideal Videos. Novamente, gostaria de destacar que as redes sociais não são um canal de

LIÇÕES PARA VOCÊ CONSTRUIR NEGÓCIOS EXPONENCIAIS

vendas, e sim de relacionamento; e a arte conecta e ajuda as pessoas a expressar seus sentimentos.

O Ideal Song é dedicado a compartilhar músicas que marcaram época por suas letras e melodias ligadas a sonhos e realizações. Eu sempre digo que a música é a linguagem da alma.

E o Ideal Videos é dedicado à arte e a compartilhar filmes que passam mensagens de liderança, empreendedorismo e visão de vida.

A música e os filmes fazem parte da vida, refletem histórias e inspiram, então acredito que esses materiais são muito importantes para que as pessoas possam de fato se conectar com conteúdos fora dos negócios e que inspiram.

Podcasts/Idealcasts

Para as pessoas que talvez não tenham o hábito de assistir a lives, compartilho o conteúdo das palestras nas redes sociais em formato de áudio para que possam ouvi-las durante um treino ou uma viagem e possam consumir esse conteúdo no formato que mais as agradar.

Blog

O blog é outra forma de disseminar os conteúdos de palestras, e-books e livros em textos que são postados regularmente sobre temas diversos e atualizados. Assim, as pessoas podem se abastecer desses conteúdos e ficar sempre conectadas com o que é de fato importante e verdadeiro.

Vídeos diversos

Outro tipo de material importante que insiro nas mídias sociais são vídeos com analogias e materiais relevantes do mundo. Muitas vezes, esses conteúdos estão em inglês, então minha equipe os traduz e os relacionamos com uma explicação, uma reflexão sobre o que cada um está apresentando. O objetivo é mostrar que, em algumas situações da vida, podemos nos espelhar e entender como nossas decisões mudam nosso destino e que existem outras pessoas que ultrapassaram todos os limites impostos pela sociedade e se tornaram extraordinárias.

Frases

Também publicamos frases que destacam os ensinamentos de outros empreendedores que também tiveram um resultado gigantesco na história. O objetivo é que isso inspire as pessoas e compartilhe verdades, mostrando que o sucesso é alcançado no longo prazo. São frases verdadeiras e sólidas com conhecimentos que não mudam com o passar do tempo.

Assim, caro leitor, quero que saiba que tudo isso é desenvolvido para que as pessoas tenham confiança e o resultado para que, quando forem escolher uma solução para a vida ou para a empresa, possam contar com minha mentoria e com as empresas do Grupo Ideal Trends. Há aqueles que estão alinhados com nossa mentalidade e com o que é correto; assim, quando forem buscar empresas e soluções, buscarão aquelas que têm uma sinergia com tudo o que é feito.

Meu principal objetivo com as mídias sociais é fazer que as pessoas não sejam apenas clientes do grupo ou clientes do José Paulo GIT. Pelo contrário, meu objetivo é que elas sintam que fazem parte de um ecossistema no qual investirão, depositarão sua confiança e perspectiva de crescimento pessoal e profissional e que será o lugar em que terão resultado, segurança, onde realmente serão protagonistas de sua vida.

Então por que utilizar a minha conta José Paulo GIT e todos esses conteúdos? Simplesmente porque pessoas se relacionam com pessoas. No entanto, o mundo mudou, e a forma de as pessoas se relacionarem também. Toda essa estratégia, comunicação e conteúdo gratuito faz que as pessoas se sintam seguras de estar conosco, de estar em contato com nossas soluções.

Essa é forma mais real e mais congruente de fazer que as pessoas encontrem, no Grupo Ideal Trends, soluções para sua vida e para seus negócios através de uma estratégia de comunicação e relacionamento, e não necessariamente de marketing e vendas. Afinal, nós não estamos vendendo nada, só estamos mostrando às pessoas que elas podem mudar o cenário de sua vida e de seus negócios.

Confira os perfis institucionais das empresas que compõem o Grupo Ideal Trends. Além deles, temos os 10 perfis que fazem parte da estratégia descrita acima.

Instagram das empresas do Grupo Ideal Trends

- ✓ @josepaulogit = José Paulo Pereira Silva
- ✓ @grupoidealtrends = Grupo Ideal Trends
- ✓ @annecarolineglobaloficial = Anne Caroline Global
- ✓ @idealmultibusiness = Ideal MultiBusiness
- ✓ @idealbooksoficial = Idealbooks
- ✓ @caminhoidealoficial = Caminho Ideal
- ✓ @idealmarketingoficial = Ideal Marketing
- ✓ @clinicaidealoficial = Clínica Ideal
- ✓ @idealodontooficial = Ideal Odonto
- ✓ @buscaclienteoficial = Busca Cliente
- ✓ @doutoresdaweboficial = Doutores da Web
- ✓ @solucoesindustriais_ = Soluções Industriais
- ✓ @faculdadeidealtrendsoficial = Faculdade Ideal Trends
- ✓ @idealenglishchool = Ideal English School
- ✓ @vueodonto = Clínicas Odontológicas
- ✓ @cartaoideal = Cartão Ideal
- ✓ @idealeducacao = Ideal Educação
- ✓ @idealenglishnow = Ideal English Now
- ✓ @idealpetcareoficial = Ideal Pet Care
- ✓ @ideinovacaodigitalexponencial = Inovação Digital Exponencial
- ✓ @feriasemorlandooficial = Férias em Orlando
- ✓ @idealpay = IdealPay
- ✓ @idealsalesoficial = Ideal Sales

Estratégia e criação de novos canais

As pessoas utilizam as redes sociais para se relacionar e, em poucos minutos, consumir entretenimento e notícias e se atualizar sobre o que está acontecendo no bairro, no estado, no país e no mundo.

Entender o comportamento humano é entender como o mundo funciona. Sendo assim, compreendemos que as pessoas não mudaram a forma de absorver informações, e sim o local e a velocidade em que as buscam.

Nas mídias sociais tudo é muito rápido, dinâmico e criativo, permitindo que o usuário interaja com os perfis e compartilhe coisas com as pessoas de seu círculo social com apenas um clique. Os canais de TV sempre prenderam a atenção de todos com programações recheadas de notícias e conteúdos dos mais variados formatos.

A televisão continua trazendo esse tipo de conteúdo ao público. Hoje, porém, compete diretamente com as mídias sociais.

E por que não levarmos o mesmo conteúdo e entretenimento que faz o brasileiro vibrar, sorrir e compartilhar o canal de maior velocidade e tração da atualidade, o Instagram? Seguindo essa linha e ideia genial, durante 30 dias a equipe de marketing do Grupo Ideal Trends estudou os melhores conteúdos para empreendedores e pessoas que buscam sucesso e criou 10 perfis que, diariamente, entregam centenas de publicações de informação, vendas, dicas, material motivacional, negócios e muito mais. Cada perfil tem sua linha de conteúdo e público-alvo definidos. Esse projeto atrai milhares de seguidores diariamente, contabilizando mais de 10 milhões de seguidores em todas as nossas mídias sociais.

Mas por que todo esse investimento? Por que dedicamos nosso tempo e uma equipe com mais de 30 pessoas para trabalhar diariamente para produzir conteúdo e ajudar e atrair a audiência? Porque acreditamos que quando temos a atenção das pessoas podemos compartilhar nossas soluções com essa audiência, incluindo produtos, serviços e oportunidades, para que os seguidores conheçam nossas empresas e projetos melhor, estreitando esse relacionamento a cada dia que passa.

10 canais de mentoria exponencial

- ✓ @marketingderesultadoss
- ✓ @mentoria.bilionaria
- ✓ @sonhaarerealizar
- ✓ @sabedoriaamilenar
- ✓ @negociosexponenciais_
- ✓ @amentoriafinanceira
- ✓ @aaceleracaodevendas
- ✓ @amotivacaodosucesso
- ✓ @liderancasexponenciais
- ✓ @carreiraecrescimento

ESCANEIE AQUI
E acesse o Instagram do José Paulo
e todos estes perfis, que estão na aba "Seguindo".

OPORTUNIDADE DE
CRESCIMENTO EXPONENCIAL

O sistema MMN me permitiu colocar em prática um de meus maiores propósitos de vida: formar líderes e transformar pessoas. O marketing de relacionamento, ou marketing de rede, faz que, por meio de um sistema cíclico em que o cliente se transforma em revendedor, posteriormente pode se tornar líder de equipe de revendedores e assim, sucessivamente cria-se um ciclo que nunca cessa e não afunila, ao contrário da pirâmide, que é insustentável por diversos fatores. Um sistema sério de marketing multinível permite que cada vez mais pessoas se desenvolvam como empreendedoras e se tornem independentes financeiramente.

Nos capítulos anteriores, falamos bastante sobre marketing digital, profissões no mundo digital e, principalmente, mídias sociais, cuja estrutura é o relacionamento. Existe um modelo de negócio físico que tem o mesmo potencial de crescimento por meio de uma rede de pessoas, algo que existe há anos e que mudou a vida de milhares de pessoas: marketing multinível.

O marketing multinível (MMN) ou de rede é um modelo de negócio dinâmico que vem ganhando muita proporção nos últimos tempos. Por meio de vendas diretas, pode oferecer liberdade financeira e muito desenvolvimento pessoal. Esse setor vem transformando milhares de vidas, fazendo que muitas pessoas consigam superar problemas financeiros e contribuindo para o giro econômico do país. Acredito que a maior riqueza do mundo é desenvolver pessoas, e as empresas de produtos e serviços que adotam o modelo do marketing multinível da forma correta investem muito em educação, formação e treinamento.

O MMN é uma forma de venda direta realizada com o conceito de contato entre vendedores e clientes para oferecer produtos e serviços diversos. Ele auxilia no crescimento de redes e relações interpessoais e dá a oportunidade de empreender com custo e risco baixos. Esse tipo de trabalho vai muito além do trabalho formal e é um verdadeiro empreendimento.

As pessoas buscam a venda direta e o marketing multinível para complementar a renda e até fazem dele sua única renda. A Anne Caroline Global, uma de minhas empresas B2C (relação direta de empresa com consumidor), é a primeira companhia brasileira de produtos dermocosméticos inovadores que utiliza o MMN como um canal de distribuição.

Mas nesse modelo de negócio é preciso ter bastante cuidado na hora de escolher qual empresa representar, visto vez que nesse mercado, existe uma linha muito tênue entre o marketing multinível e a pirâmide financeira. Algumas empresas trabalham com o sistema de pirâmide, sem produtos envolvidos ou com produtos supervalorizados, usando o marketing multinível como máscara. Isso acabou fazendo que muitas pessoas passassem a ter medo, dúvida e preconceito em relação ao marketing multinível.

O MMN legal e íntegro é um modelo comercial de vendas de produtos e serviços em que o retorno financeiro pode resultar da venda direta do produto e/ou do recrutamento de novos vendedores e de um plano de bonificação sustentável e meritocrático. A pirâmide, porém, não vende um produto real que sustenta o negócio, em que a venda de produtos ou serviços tem pouca importância para o gerenciamento. Assim, para o esquema de pirâmide, a principal fonte de renda é o recrutamento de pessoas ao negócio, o que faz que seu crescimento não seja sustentável. Nesse sentido, podemos dizer que o marketing multinível é um canal de distribuição que as empresas de vendas diretas podem adotar.

Assim, é injusto deixar que empresas erradas frustrem e prejudiquem um mercado tão promissor. Precisamos de empresas sérias, como a Anne Caroline Global, em que a base conta com um corporativo muito forte, com produtos de extrema qualidade e uma tecnologia inovadora. Já é uma empresa consolidada no ramo de dermocosméticos que visa ao empreendedorismo e à construção do negócio próprio.

O sistema de MMN me permitiu colocar em prática um de meus maiores propósitos de vida: formar líderes e transformar pessoas. O marketing de relacionamento, ou marketing de rede, por meio de um sistema cíclico, faz que o cliente se transforme em revendedor, podendo se tornar líder de equipe de revendedores e assim sucessivamente. Cria-se um ciclo que nunca cessa, não afunila, ao contrário da pirâmide, que é insustentável por diversos fatores. Um sistema sério de marketing multinível permite que cada vez mais pessoas se desenvolvam como empreendedoras e se tornem financeiramente independentes.

Mas é necessário entender que nem todo mundo está disposto a desenvolver o perfil empreendedor necessário para trabalhar com o MMN. Quem pretende adentrar esse mercado precisa assumir a postura de "Eu sou um profissional comprometido com o sucesso", e não de "Eu sou apenas mais um no mercado de marketing de rede".

Isso reflete a importância do treinamento, de estar constantemente disposto a participar de todas as etapas do negócio, de não ter medo de assumir riscos e se autoliderar. O marketing de rede permite que você não dependa de um espaço físico para abrir seu negócio. Porém, isso não significa que você irá trabalhar menos; pelo contrário, o trabalho duro e a quantidade de tempo que você dedicará a seu empreendimento determinarão o tamanho de sua renda e de seu sucesso.

O processo de treinamentos é um elemento fundamental para o sucesso do marketing multinível. Para começar a vender o produto de uma empresa de vendas diretas por meio do canal de marketing multinível, você deve estar bem preparado para executar essa atividade. Entenda o quanto isso é importante. Se perceber que a empresa não dá treinamento, desconfie.

Por isso, uma das características que mais destacam uma boa empresa de marketing multinível no Brasil se baseia nos treinamentos que ela oferece a seus colaboradores. Mas é preciso ficar atento. Desenvolver pessoas não é o mesmo que recrutar pessoas. Muitas empresas que não levam o mercado a sério utilizam o recurso de recrutamento de pessoal para se posicionar no mercado sem se preocupar com a venda de produtos. Isso é um grande erro. A palavra "recrutamento" nesse mercado remete à ideia de que o único papel de quem recruta é trazer as pessoas e deixar que elas se desenvolvam sozinhas.

Para ser um empreendedor de sucesso e atuar em uma empresa que utiliza o canal de distribuição multinível, aprimore seu conhecimento no segmento. Hoje, a internet oferece plataformas de treinamentos que certamente complementam o que a empresa oferece.

Eu sempre afirmo que as empresas de marketing multinível devem atrair seu público com produtos próprios e que fazem a diferença. As melhores companhias de MMN prezam por produtos de qualidade.

Nesse âmbito, sabe-se que o nicho de cosméticos tem uma gama de produtos, mas o público prefere optar por opções inovadoras no mercado e que verdadeiramente fazem a diferença. Por isso, a Anne Caroline Global se tornou uma marca que faz a diferença. Além disso, tem excelentes características, como nanotecnologia, produtos voltados para crescimento de cabelo e clareamento de pele.

Os empreendedores Anne não podem apenas vender o produto para o cliente, eles são treinados para explicar, com determinação e propriedade, todos os benefícios que ele oferece à pele, ao cabelo e corpo, são condicionados a se tornar produto do produto, refletindo isso a outros com confiança e credibilidade que transmite à medida que se relaciona com sua rede de clientes.

No sistema MMN, existem duas portas quando analisamos o consumidor (ou prospect): a de venda de produtos e oferecer a oportunidade de negócios. Uma das estratégias de maior resultado é sempre oferecer o produto, fidelizar o cliente e, então, usar a porta da oportunidade de negócio, pois o cliente já está conectado à marca.

O marketing multinível possibilita a realização de sonhos, mas para que esses sonhos se realizem devem ser bem definidos. O sonho representa a meta do revendedor, até onde ele quer chegar com a venda de produtos. Sonhos e metas bem definidos nem sempre são materiais, mas mesmo assim é possível alcançá-lo com MMN, pois o grande diferencial desse mercado é permitir o desenvolvimento de capacidades muito além do que você talvez tenha imaginado, desenvolvendo-se como um cidadão comprometido com seu sucesso e com a sociedade em que vivemos.

O marketing multinível também permite que pessoas com menos escolaridade se transformem em grandes líderes, podendo contar com um sistema preparado para fornecer todo o suporte e conhecimento necessário para que cada revendedor se desenvolva integralmente para que sua vida financeira também cresça.

O ser humano é um ser social por natureza. Com seu desenvolvimento coletivo, é possível alcançar a felicidade. Posso dizer que boa parte da fortuna de minha vida está em meus relacionamentos, na conexão com pessoas de bem e que, com seus incríveis talentos, trouxeram ainda mais sabedoria para minha vida. Quando estamos dispostos a construir relações duradouras, que estejam de acordo com nossos próprios valores, os frutos surgem naturalmente, e é isto que o MMN representa na sociedade: seu poder de transformação pessoal e desenvolvimento de riquezas.

MARTIN LUTHER KING
TINHA UM SONHO...
EU TAMBÉM TENHO UM

Com meu trabalho e minha experiência de vida, quero ser um catalisador, alguém que contribui para que isso aconteça, e sugiro que você faça o mesmo. Você já parou para pensar qual é seu sonho? Seu sonho de vida engloba um benefício coletivo?

Se estamos aqui neste mundo é porque temos uma missão em conjunto. Não apenas desenvolvermos a nós mesmos, esse é só o primeiro passo; para irmos além, precisamos ter um propósito que nos coloque com os sonhos das demais pessoas. E acredito que não haja nada melhor do que proporcionar crescimento ao outro. Aliás, a verdadeira felicidade está em dar, e não em receber.

O que é ter um sonho, para você? Para mim, sonhar é fundamental na vida de qualquer ser humano. Há duas maneiras de levarmos nossa vida que determinam como encaramos nosso sonho: sobrevivência ou grande oportunidade.

Como sobrevivência, não queremos sair do lugar. Aquilo que nos é oferecido de graça é visto como suficiente. Não conseguimos perceber a dimensão grandiosa que nossa existência pode atingir e acabamos desperdiçando essa grande chance de estarmos vivos.

Do outro lado, existem pessoas que encaram a vida como uma grande oportunidade de crescimento e realizações, estão sempre buscando se aprimorar e melhorar o mundo. Elas acreditam que podem fazer a diferença e não descansam até conquistar seu objetivo.

"Eu tenho um sonho.". Martin Luther King será sempre lembrado por seu famoso discurso e por seu grande sonho: negros e brancos vivendo em paz; liberdade e justiça sendo desfrutadas por todos os americanos; e seus quatro filhos vivendo em um país onde não são julgados pela cor da pele, e sim por seu caráter. Com tal ideal, King entrou para a história. Mais de 250 mil pessoas ouviram seu discurso durante a Marcha sobre Washington, em 23 de agosto de 1963. O objetivo de King era fortalecer os direitos dos negros e chamar atenção para os problemas cotidianos enfrentados por eles.

Recentemente, estive em um lugar muito especial: Dublin, no estado da Geórgia (EUA), e pude conhecer o monumento dedicado a Martin Luther King Jr. e a primeira igreja batista afro-americana, na qual ele foi um importante pastor.

O discurso feito por Martin Luther King Jr., ganhador do Prêmio Nobel da Paz de 1964, foi eleito como o melhor do século XX e é um marco que vale ser lembrado hoje e pelas gerações futuras.

King foi um grande defensor dos direitos pela igualdade entre as raças. Sua luta foi pacífica, como a de Mahatma Gandhi, e seu discurso exortava o Movimento Americano pelos Direitos Civis, marcando uma era de mudanças e esperança para toda a nação negra, estadunidense ou não (no Brasil, a busca por direitos e igualdade racial e social é muito intensa;

embora 56% da população seja negra, ainda existe uma grande discriminação entristecedora).

No local onde estive, na Geórgia, há um monumento chamado Uma Visão do Futuro, feito pelo artista plástico afro-americano Corey Barksdale, que carrega um forte simbolismo e concretiza a importância de sabermos viver em comunidade. Acho essa pintura muito especial, pois compartilho essa visão do futuro. Temos a oportunidade de promover o desenvolvimento do futuro de muitas pessoas por meio de nosso grupo de empresas. O próprio nome Ideal Trends significa ver no futuro, as tendências do que acontecerá, um ideal, uma filosofia de vida.

Essa busca por um melhor desenvolvimento da sociedade, de como podemos viver em paz uns com os outros com a prática de nossos ideais coletivos, é algo que também busco trazer intensamente para o Grupo Ideal Trends.

Martin Luther King foi uma pessoa muito especial, um idealista. Ele tinha uma filosofia pacifista e realizou um trabalho muito importante para a América, iniciou uma revolução cultural e ética na América que culminou, em minha opinião, na eleição do presidente estadunidense Barack Obama, que foi o primeiro negro a chegar à presidência dos EUA. Acredito que isso só tenha se tornado possível graças ao trabalho que King realizou no passado, quando houve uma guerra e oito estados do sul estavam em conflito contra os demais porque adotavam uma postura mais conservadora, e uma das reivindicações que estava em questão era a escravatura.

Eu também sou uma pessoa idealista. Eu tenho um sonho: que todas as pessoas possam liberar seu potencial, crescer e se desenvolver. Assim como Martin Luther King tinha sua fé — afinal, ele era pastor Batista —, acredito em um Deus que criou cada um de maneira independente, com talentos únicos. Por exemplo, acredito que podemos fazer grandes coisas neste mundo, cada um com um dom especial. Uns vieram para ser pastores, outros para serem empresários e outros para serem pintores. Cada um tem um dom, e as pessoas precisam descobrir qual é seu chamado e colocá-lo em serviço da humanidade.

Com meu trabalho, minha experiência de vida, desejo ser um catalisador, alguém que contribui para que isso aconteça, e sugiro que você faça o mesmo.

Já parou para pensar qual é seu sonho? Se seu sonho de vida engloba um benefício coletivo?

Estamos neste mundo porque temos uma missão conjunta. A ideia é não apenas desenvolvermos a nós mesmos; esse é só o primeiro passo. Para irmos além, precisamos ter um propósito que nos coloque com os sonhos das demais pessoas. E acredito que não haja nada melhor do que ajudar outros a crescer. Aliás, a verdadeira felicidade está em dar, e não em receber.

MUDANÇA EM LARGA ESCALA
INOVAÇÃO EDUCACIONAL

*Meu propósito sempre foi compartilhar
conhecimento com as pessoas a minha volta,
por isso acredito no poder da educação,
afinal foi graças a essa paixão por aprender
e ensinar que cheguei aonde estou hoje.*

Ao longo dos anos, fui percebendo que me identifico muito mais com a figura de um professor do que com a de um empresário ou dono de um grupo multimilionário. Meu propósito sempre foi compartilhar conhecimento com as pessoas a minha volta, por isso acredito no poder da educação. Afinal, foi graças a essa paixão por aprender e ensinar que cheguei aonde estou hoje.

O crescimento exponencial também está diretamente relacionado com a educação. Nossa sociedade precisa de instituições educacionais que se baseiem nesse modelo e se adaptem às mudanças em grande escala que estão acontecendo no mundo. Afinal, a educação serve para preparar as pessoas para transformarem o mundo atual, ao passo que pensam também na construção do futuro. Portanto, elenquei algumas mudanças e perspectivas sobre a inovação no sistema educacional do Brasil e do mundo para os próximos anos:

1. **Novas arquiteturas:** espaços educacionais que privilegiam interdisciplinaridade, flexibilidade, personalização e multidirecionalidade.

2. **Novos currículos:** projetos pedagógicos que privilegiem pesquisa-ação, *hard soft skills* (habilidades técnicas e comportamentais), autonomia docente e internacionalização.

3. **Novas metodologias:** relações de ensino-aprendizagem que privilegiam o P2P (pessoa para pessoa), comunidades de aprendizagem, mentoria, produção colaborativa do conhecimento, metodologias ativas, *flipped classroom* (sala de aula invertida).

4. *Machine learning* **e inteligência artificial):** aprendizagem de máquina e assistentes virtuais aplicados à educação.

5. **Centros de desenvolvimento regional:** inserção no Sistema Nacional de Ciência, Tecnologia e Inovação. Hélice tripla: governos, empresas e escolas girando em torno do mesmo eixo: a educação.

6. **Microbadges:** personalização de trilhas de aprendizagem.

7. **Cultura maker:** robótica e programação.

8. **Cultura de internacionalização:** efetivamente se conectar, interagir e colaborar com países e regiões mais avançadas no conhecimento.

MUDANÇA EM LARGA ESCALA INOVAÇÃO EDUCACIONAL

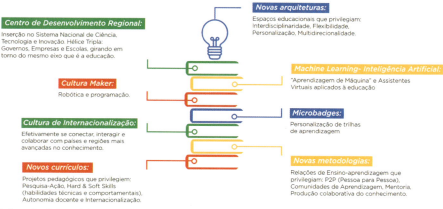

Créditos ao Prof. Dr. Luciano Satler, Educação pós pandemia, ABED, Abril 2020

Podemos observar que as mudanças em grande escala e o crescimento exponencial no setor educacional dependem de uma visão que considera fundamental e possibilita o acesso universal da comunidade, seja qual for a educação.

As instituições de educação devem ter um sistema e plataforma que simultaneamente englobe aulas online com mediação, um modelo de atuação e prática de atividades online e uma área que possibilite a produção acadêmica do aluno, tudo concedido em tempo real à inteira comunidade acadêmica.

Educação pós-pandemia, Luciano Sathler, ABED, Abril 2020 (apresentação)

IDEAL EDUCAÇÃO
COMPARTILHANDO CONHECIMENTO E UMA CULTURA DE CRESCIMENTO EXPONENCIAL

Percebemos que o que está faltando nas instituições atuais é formar profissionais prontos, de excelente qualidade e alta empregabilidade, e não simples acadêmicos; é formar o aluno para "o que cai na vida, e não na prova". Nosso propósito é trazer aluno além das diretrizes educacionais, com metodologias práticas que envolvem o dia a dia de um colaborador ou empresas, e que possamos formar empreendedores dentro e fora da companhia, pessoas que criam e inovam, que desenvolvem e trabalham em equipe, que sonham com a empresa. A Ideal da Educação é basicamente uma empresa que visa educar as pessoas de todas as maneiras. Seja qual for a ferramenta para ensinar pessoas, nós a usaremos.

O conceito Ideal Educação começou por volta de 2015 como uma ideia que surgiu com base em minha história pessoal. Eu já havia trabalhado como consultor de empresas durante quase 10 anos. Ao atuar em centenas de projetos, pude perceber diversos problemas internos nessas empresas — de gestão, de liderança, de estratégia, de inovação, de processo — e, com base nisso, tive a oportunidade de ajudá-las a fazer seu faturamento, sua produtividade e sua eficiência crescerem.

Então percebi que as empresas tinham um problema muito grande nas áreas de produtividade, gestão, atualização tecnológica, entre outros. Assim, idealizei um projeto para capacitá-las, até porque o trabalho de consultoria que eu fazia não era escalável. Cada cliente tinha um problema diferente, e eu precisava de muitas pessoas para atender a tantas companhias.

Durante minhas visitas de consultoria, percebi que os problemas eram os mesmos que eu tive quando iniciei minha carreira como empreendedor. Depois de contratar quase 40 consultores, descobri que a pessoa "estava consultora, não era consultora". Então, essas pessoas, no meio da consultoria, arranjavam outro emprego, saíam, deixavam-me na mão, e eu tinha que colocar outro para atender ao projeto, o que se tornava cansativo.

Com base nisso, surgiu a ideia de criar uma plataforma com cursos específicos que pudessem atender às empresas de forma online. Dessa forma, eu poderia obter escalabilidade e abrangência. Esses cursos eram da área de gestão estratégica e inovação, liderança, melhoria de processos, marketing digital, entre outros.

Com base nisso, fiz algumas parcerias, entre elas com um escritor de livros de produtividade, Sr. Itys-Fides Bueno de Toledo Jr. Tornei-me coautor de 18 livros e comecei a dar treinamento sobre os temas desses livros: *Tempos & métodos*; *Racionalização industrial*; *Lay-out*; *Prêmios de produção e incentivos salariais*; *Projeto industrial*; *Produção, produtividade e eficiência*; *Planejamento, programação e controle de produção*; *Alíquotas e custos industriais*; *A participação dos empregados nos resultados da empresa*; *Cronoanálise*; entre outros (link de acesso para esses livros: https://josepaulogit.com/loja/).

ESCANEIE AQUI
E acesse a loja de livros do José Paulo.

Foi um sucesso! Realizei centenas de treinamentos em diversas empresas no Brasil como a Brinquedos Bandeirantes, em grandes montadoras como General Motors do Brasil, Ford, entre outras. Atendi a muitas empresas na área de treinamento e percebi que treinar pessoas era muito mais fácil do que fazer consultoria. Afinal, na consultoria, eu precisava me envolver nos processos, e era muito difícil quebrar alguns paradigmas. Então, fui migrando para a empresa Mais Gestão, de consultoria para treinamento, e me dei conta de que os treinamentos tinham uma abrangência maior.

Durante esses projetos, abordei diferentes temas nas empresas: melhoria de produtividade, custo-padrão, eficiência, como melhorar processos, marketing, vendas, liderança, inovação, gestão e muitos outros assuntos que foram explorados em grandes companhias.

Cheguei à conclusão que deveria seguir nessa área. Assim, em 2015, vi que o conceito de treinamento poderia ir além e se transformar em uma plataforma educacional para outras empresas que não têm universidades corporativas, como empresas de médio e pequeno portes.

Nas grandes empresas, o vendedor fica quase 1 ano em treinamento para depois passar para a prática de venda. No entanto, as pequenas e médias empresas, que empregam 80% das pessoas do Brasil, não têm universidade corporativa. Pensando nisso, criamos o Ideal Educação, para poder treinar as empresas que precisavam de profissionais qualificados e não tinham estrutura própria para treiná-los.

A Ideal Educação iniciou suas atividades oferecendo cursos profissionalizantes direcionados para a área de produtividade industrial, já que minha formação como engenheiro industrial me trouxe bagagem e autoridade consideráveis nesse assunto. Com o passar dos anos, começamos a incorporar outros tipos de treinamento nas áreas de gestão, marketing e vendas, e as pessoas passaram a me perguntar por que eu não abria uma faculdade, visto que já tinha uma boa base de cursos e treinamentos focados em áreas tão importantes.

Com a criação de uma faculdade, eu teria muito mais credibilidade e abrangência, teria a possibilidade de ter cursos credenciados pelo Ministério da Educação (MEC) e poderia levar esse conhecimento a muitas outras pessoas do Brasil e do mundo.

Atualmente, existem muitos competidores na área de treinamento, gerando uma barreira muito grande na hora de ofertar cursos aos empresários. Entre 2017 e 2018, iniciou-se uma febre na área de coaching, e os treinamentos passaram a ser mais requisitados, fazendo que as empresas que prestassem esse tipo de serviço tivessem que se reinventar e oferecer algo diferente do que a maioria estava se propondo a fazer.

Então, a partir de 2018, começamos a pesquisar como montar uma faculdade e ter esse diferencial de que o mercado de trabalho estava precisando e buscando. Percebemos que o grau de complexidade era relativamente grande, mas quando o propósito se torna maior do que as dificuldades devemos superá-las e definitivamente colocar o projeto em andamento.

Em 8 de janeiro de 2020, cruzei mais uma vez em minha vida com uma pessoa muito especial. No início deste livro, citei que quando tinha 10 anos de idade minha mãe passava a madrugada na fila de uma faculdade para que eu pudesse ter acesso a um tratamento odontológico gratuito. Curiosamente, quem dirigia essa faculdade na época era Denise Tofik, que 35 anos depois contratei para ser a consultora na construção do projeto da Faculdade Ideal Trends.

A Profa. Ms Denise Tofik é uma excelente profissional da área da educação, além de ser uma pessoa extraordinária que me ensina constantemente sobre o mundo educacional. Temos uma parceria e conexão muito grandes que resultou em quatro projetos: a FTrends (Faculdade Ideal Trends), a UNITRENDS (University of Ideal Trends), a IES (Ideal English School) e a IEN (Ideal English Now), que visam ser muito mais do que a formação de pessoas; seu objetivo é qualificá-las para o mercado de trabalho e para uma vida com excelência.

Percebemos que o que falta nas instituições atuais é formar profissionais prontos, de excelente qualidade e alta empregabilidade, e não simples acadêmicos; é formar o aluno para "o que cai na vida, e não na prova".

Nós personalizamos nossos serviços, oferecendo um corpo docente composto de profissionais com experiência organizacional e formação acadêmica, montando um currículo que torne o aluno atraente ao mercado de trabalho, melhorando sua empregabilidade e seu salário de forma que esteja pronto para assumir imediatamente seu papel na organização.

Não obstante, nossos clientes e fornecedores do mundo empresarial sempre ficaram muito encantados com a rapidez do crescimento do Grupo Ideal Trends e manifestaram uma vontade muito grande de saber o que ele tem de tão especial para crescer 50% ao ano, então muitos também estão querendo conhecer um pouco de nossa dinâmica, de nossa cultura. Além de treinar empresas, podemos passar um pouco do que vivemos em nossa cultura, nossos valores, nossas estratégias, e, principalmente, como formamos líderes e interagimos com as pessoas para que se tornem grandes profissionais.

Portanto, todos os projetos que envolvem a Ideal Educação externalizam nossas conquistas por aplicar nossos conceitos como empresários e pessoas. Nosso propósito é fazer o aluno ir além das diretrizes educacionais, aprendendo metodologias práticas que envolvem o dia a dia de um colaborador ou empresa. Também desejamos formar empreendedores dentro e fora da empresa, pessoas que criam e inovam, que desenvolvem e trabalham em equipe e que sonham com a empresa. Basicamente, a Ideal Educação é uma empresa que visa educar as pessoas de todas as maneiras. Seja lá qual for a ferramenta usada para ensinar, nós a usaremos.

Dos projetos citados, dois estão bem avançados, e meu compromisso, como já descrito em outros capítulos, é levar algo de excelência e que transforme a vida das pessoas nas mais diversas áreas. O primeiro deles, que já está em operação, é a IES Ideal English School, localizada em Orlando, próxima às principais atrações turísticas – uma escola de inglês voltada para brasileiros e turistas nos Estados Unidos, onde o aluno tem uma experiência personalizada, com grade de ensino flexível, horários modulares e uma experiência única com professores nativos.

Seja para alunos locais, turistas ou de intercâmbio, nosso objetivo é trazer uma forma divertida e empolgante de aprender ou ainda de melhorar o conhecimento em inglês com celeridade, possibilitando ao aluno exercitar na prática seu aprendizado já no primeiro dia de aula; como falamos, o mundo é dinâmico e mudou, assim como a forma de ensinar, e faço questão de trazer para aqueles que se conectam com meus projetos o que há de melhor em qualquer segmento. Veja a seguir as experiências únicas que os alunos vivenciam na IES:

- ✓ **Clube de inglês** – os alunos se reúnem para organizar eventos temáticos para socializar em inglês;

- ✓ **Conselho estudantil** – o aluno ajuda a melhorar a escola e as aulas;

- ✓ **Clube de serviço comunitário** – os alunos organizam atividades para fazer a diferença na comunidade;

- ✓ **Honor society club** – cerimônia de premiação para reconhecer e recompensar os alunos que se destacam em liderança e acadêmicos.

Essa é só uma parte da dinâmica da IES Ideal English School, em que o aluno se sente parte do todo, aprendendo, colaborando e se desenvolvendo. Uma máxima importante é a cada idioma que você domina as suas oportunidades dobram na mesma proporção e isso é vital para um crescimento exponencial.

Já a Faculdade Ideal Trends, a qual projetamos para iniciar a operação em 2022, tem em sua essência os princípios de gestão já enraizados no Grupo Ideal Trends; o objetivo é levar para o aluno, seja na graduação, na pós-graduação ou na pesquisa, aquilo que deu certo na prática e trouxe grandes resultados em diversos segmentos em que atuamos.

Para você, leitor, que não conhece o processo de autorização e credenciamento de uma instituição de ensino, saiba que ela deve ser avaliada por um rigoroso crivo do MEC, por meio de sua comissão, para que, após a aprovação, a instituição seja autorizada a iniciar sua operação. Posteriormente, haverá novas visitas para acompanhamento dos cursos, garantindo a manutenção da operação e com o olhar sempre voltado para a experiência do aluno.

Na proposta de ensino da Faculdade Ideal Trends, o resultado do aluno é o nosso maior objetivo, pois com a sinergia das empresas do Grupo Ideal Trends, ele poderá unir aquilo que o professor ministra com ações práticas do dia a dia empresarial, tornando-se um profissional capacitado para enfrentar diversas situações do cotidiano empreendedor.

E não para por aí: para você, leitor, que empreende e possui colaboradores, minha missão é oferecer a pequenas e médias empresas a oportunidade de capacitar seus funcionários, tornando sua operação mais robusta e sólida. Não quero olhar para esse segmento apenas colocando alunos formados no mercado de trabalho, mas ajudar empresários a formar seus colaboradores, tendo mão de obra qualificada e com pensamento empreendedor.

Estimulamos ainda o reconhecimento de habilidades e competências adquiridas fora do ambiente escolar, fortalecendo a articulação da teoria com a prática, com a "mão na massa"; assim como os estágios, pesquisas individuais e coletivas, além de eventos que agregarão à vida profissional.

Na elaboração da matriz curricular de cada curso de graduação e de pós-graduação estão sendo observadas as diretrizes curriculares emanadas do Poder Público e os princípios considerados importantes no mercado de trabalho, estabelecendo uma sólida formação geral, para que o egresso do curso possa assumir e superar os desafios profissionais, por meio do estímulo da prática de estudo autônoma.

O fato de escolher a modalidade de ensino a distância na "FTrends" permite dinamizar o ensino com a melhores ferramentas do mercado, embarcando todo o *know how* das empresas do Grupo Ideal Trends, possibilitando ter a mais variadas métricas para melhoria do ensino, colhendo dados de alunos, professores, sociedade e parceiros.

No campo da educação, já tenho outros projetos em mente, como Mentoria Ideal, em que executivos, empresários e especialistas poderão disponibilizar 1 ou 2 horas por semana para que pessoas no mundo inteiro possam receber mentoria para seus projetos empresariais em uma plataforma online. Isso ajudará os mentores a obterem um ganho extra e ajudará pessoas, empresas e startups que estão precisando de uma mentoria de qualidade de forma prática e a um preço mais acessível! Grandes empresários poderão ajudar muitas pessoas de todo o Brasil a crescer de forma muito didática e precisa.

Na Ideal Educação, também pretendemos trabalhar o ensino médio, adquirindo e montando escolas próprias. Estamos realizando experimentos de mentoria online e presencial.

Para complementar essa filosofia que envolve a educação, gostaria de dizer que, ao longo dos anos, fui percebendo que vamos ampliando a visão à medida que conhecemos as pessoas. Por exemplo, com o projeto Ideal Educação, pude conhecer diversas pessoas e estou aprendendo a expandir minha mente e a obter uma nova percepção das coisas com cada uma delas.

Quem trabalha com educação vivencia diretamente o comportamento humano, que está em constante evolução. Portanto, a Ideal Educação é uma empresa que, por meio de todas as pessoas envolvidas, desde os gestores até colaboradores, alunos e comunidade externa, está em constante construção e desenvolvimento.

ESCANEIE AQUI
E faça seu cadastro para receber informações de nossos cursos.

PROFISSÕES
DO FUTURO

Quando penso na figura do professor, logo me vem à mente a imagem do filme Ao Mestre com Carinho, *em que um professor muda o rumo da vida de alunos rebeldes. Um professor pode transformar pessoas além de seu poder técnico, pois há uma ligação afetiva e vocacional muito forte. Acredito que mudar um país para melhor depende de quatro coisas: educação de base, educação secundária, educação superior e muito empreendedorismo. A FTRENDS tem como base estes princípios: incentivo à criatividade do aluno, à crítica, ao debate e ao estudo aplicado e como consequência constrói uma nação melhor.*

LIÇÕES PARA VOCÊ CONSTRUIR NEGÓCIOS EXPONENCIAIS

Você, que me acompanhou até aqui, já percebeu que em cada uma destas páginas expus minha fé no poder da educação e transformação das pessoas. Desde muito cedo, mesmo na escola pública, percebi que a educação era o caminho que me aproximaria do sucesso. Por isso, meu propósito é levar conhecimento a todos.

Quando penso na figura do professor, logo me vem à mente a imagem do filme *Ao Mestre com Carinho*, no qual um professor muda o rumo da vida de alunos rebeldes. Um professor pode transformar as pessoas além de seu poder técnico; há uma ligação afetiva e vocacional muito forte. Acredito que mudar um país para melhor depende de quatro coisas: educação de base, educação secundária, educação superior e muito empreendedorismo. A FTRENDS tem os seguintes princípios como base: incentivo à criatividade do aluno, à crítica, ao debate e ao estudo aplicado e como consequência a construção de uma nação melhor.

Com o novo cenário econômico mundial, esse desenvolvimento de carreiras se tornou ainda mais imprescindível para os jovens e para aqueles que desejam potencializar suas competências. Primeiro, buscamos conhecimento e aprimoramos nossas qualidades para encontrar o caminho para realização profissional.

A educação gera cultura, e a cultura gera desenvolvimento. Para pensar em uma educação de qualidade, precisamos pensar as profissões do futuro, que alavancarão empresas por meio de muita tecnologia, cultura empresarial de qualidade, valores sólidos e atualizações constantes.

O mundo se transformou em uma grande plataforma, e a tendência é que isso se intensifique ainda mais. De um lado, temos quem fornece soluções; do outro, os usuários dessas soluções. A ligação entre esses dois polos são serviços como Spotify, Netflix e Uber.

Tudo irá migrar para o digital, e na educação não será diferente. A figura do professor clássico que conhecemos, aquele que fica na frente da sala escrevendo na lousa, não irá mais existir. Costumo dizer que, no futuro, haverá duas profissões na educação: o conteudista e o tutor. O conteudista será aquele que criará, gravará o conteúdo em algum tipo de multimídia (vídeo ou áudio) e o disponibilizará em uma plataforma educacional para que os

PROFISSÕES DO FUTURO

alunos possam acessá-lo. O tutor será aquele que acompanhará o aluno e dará o suporte necessário para entender o conteúdo disponibilizado.

Essa digitalização da educação permitirá que ela não seja encarada como um privilégio de alto custo, tornando-se mais acessível e democratizada graças ao baixo custo do digital, permitindo que mais pessoas tenham oportunidade de ter uma formação profissional de qualidade. Mas quais profissionais irão sobreviver, quais não serão mais necessários e quais surgirão?

Se o mundo se transformar em uma grande plataforma, algumas profissões que antigamente faziam a ligação entre a solução (produto ou serviço) e o consumidor não serão mais necessárias, visto que as plataformas digitais e os processos de automação farão a conexão do consumidor com o produto. Esse é o caso de pilotos de avião, médicos anestesistas, contadores e auditores, recrutadores de talentos, advogados e assistentes jurídicos, corretores de seguros e imóveis, analistas de investimento etc.

Outras profissões voltadas para inovação e tecnologia têm a tendência de crescer de forma exponencial no futuro. Algumas delas são:

✓ Tutores e profissionais da educação a distância;

✓ Profissionais da área ambiental e engenheiros de energias renováveis: a preocupação com o meio ambiente será cada vez maior, e essas profissões serão vistas com bons olhos;

✓ Gestores de inovação: esse profissional será responsável por repensar as estratégias de uma empresa, seja em seu *core business*, seja para alguma área específica, com o intuito de melhorar seu modelo de negócio. Para que uma empresa possa se destacar no mercado, precisará inovar, fazer diferente. Inovação, porém, não significa simplesmente fazer algo que ninguém fez ainda; significa estudar os cenários, entender de futuro e projetar resultados que serão acolhidos pela sociedade;

✓ Especialistas em experiência de usuário/cliente: o *customer success* tem a função de fazer que o cliente tenha toda a assessoria necessária de algum produto/serviço contratado. Além disso, tem a responsabilidade de garantir que a comunicação com o cliente seja feita de forma efetiva, garantindo sua felicidade e fidelização;

- ✓ Arquitetos e engenheiros 3D: a tecnologia 3D se tornará cada vez mais acessível e necessária, possibilitando a elaboração de ambientes em 3D, por isso, os profissionais deverão se especializar nesse ramo para entregar uma experiência cada vez realista ao cliente;

- ✓ Desenvolvedores de software e segurança da informação: a privacidade e o acesso a dados no mundo digital exigirá que as empresas invistam em dispositivos e ferramentas que garantam a segurança das informações fornecidas;

- ✓ Influenciadores digitais: que usam as redes sociais e seu poder de influência como canal de divulgação para as empresas;

- ✓ Cientistas e analistas de dados: com tantos dados disponíveis hoje no mundo virtual, é preciso que existam pessoas capacitadas para, por exemplo, entender, decifrar e trabalhar os dados de ferramentas de venda e relacionamento, e disponibilizar as informações necessárias para que as empresas possam tomar as melhores decisões de forma proativa, rápida e eficaz;

- ✓ Profissionais de marketing digital: cada vez mais, as empresas precisarão de pessoas capacitadas para se posicionarem digitalmente;

- ✓ Profissionais de saúde mental: as profissões que envolvam cuidados da mente (terapeutas, psicólogos e psiquiatras, por exemplo) ainda estarão em alta. A velocidade das mudanças na dinâmica do trabalho e dos negócios, o volume de informações ao qual somos expostos diariamente, a necessidade de se reinventar constantemente e de melhorar todos os dias aumentam naturalmente o nível de estresse e ansiedade. Além disso, é improvável que máquinas consigam dar suporte, mesmo que de forma parcial, ao cuidado do paciente, que precisa ser entregue de forma personalizada por esses profissionais da saúde.

- ✓ Engenheiros hospitalares – são responsáveis principalmente por buscar soluções tecnológicas, além de auxiliarem em tomadas de decisão administrativas. A profissão ganha espaço junto aos avanços tecnológicos dos equipamentos médico-hospitalares;

✓ Coaching esportivo – atuam de forma individual para atingir objetivos, incentivando o aumento de desempenho;

✓ Profissionais que estimulam o cuidado com a saúde: personal trainers e cuidadores de idosos que, com o aumento da população idosa, serão extremamente necessários.

Essas são só algumas das profissões que se destacarão no futuro. Percebemos que elas têm algo em comum: o desenvolvimento tecnológico, a inovação e a educação voltada para o desenvolvimento humano. Isso resulta na seguinte pergunta: qual é o perfil do profissional do futuro?

Com base em minha experiência e meus estudos, tracei algumas características fundamentais do profissional do futuro. O que vemos hoje, por exemplo, são algumas necessidades básicas de habilidades, como: gestão do tempo, saber delegar tarefas (não ser centralizador), boa comunicação e oratória, autoconfiança e confiança na equipe, pensar como dono, proatividade, comprometimento, atitudes positivas, criatividade, intuição, capacidade de inspirar e se sintonizar com as pessoas.

Essas características fazem parte da base, algo que já se espera e se cobra mais de posições estratégicas ou de liderança. Mas o mundo está mudando, e essas características serão algo que todos os profissionais do futuro precisarão desenvolver, independentemente de sua posição — além de outros talentos, evidentemente, como ser intraempreendedor, ter a disposição de ousar e assumir riscos, desenvolver visão estratégica, atualizar-se constantemente, autoliderar-se, ajudar pessoas a concretizarem seus sonhos por dar significado e propósito a projetos e desafios que as façam evoluir e crescer como profissionais e seres humanos.

O profissional do futuro precisará criar o futuro, deverá assumir a responsabilidade de transformar seus objetivos em realidade, assumir a gestão da vida e ter domínio sobre as ferramentas digitais que o permitirão alcançar os resultados esperados.

Ele também precisará ter um pensamento ousado, uma mente expansiva e não se contentar com o básico, acreditando que poderá fazer as coisas de modo diferente e melhor, que está em suas mãos a oportunidade de criar e fazer acontecer. O profissional do futuro também precisa ter um propósito transformador massivo, ter em mente que suas ações interferem diretamente na vida de outras pessoas e que, por isso, deve saber qual é seu propósito para impactar a vida de milhares de seres humanos de forma positiva.

Recomenda-se que esse profissional tenha consciência de que as mudanças são exponenciais, que elas acontecerão em velocidade e potência cada vez maiores. Outra característica bastante importante é saber fazer as perguntas certas.

Só é possível alcançar o caminho do sucesso se soubermos pedir informação por meio de grandes perguntas e ouvir com sabedoria o que os outros têm a dizer. O profissional do futuro é conector, totalmente conectado com as tecnologias, com a cultura empresarial e com o propósito de transformar a vida de outras pessoas.

MARKETING
MULTINÍVEL

Diante de tudo o que estudei neste mercado maravilhoso, resolvi empreender, criando a Anne Caroline Global, uma empresa de dermocosméticos do Grupo Ideal Trends, com produtos inovadores desenvolvidos com ativos e substâncias nanotecnológicos.

A venda direta é uma forma de comercializar produtos e serviços por meio do relacionamento entre empreendedores independentes e seus clientes, sem a necessidade de uma estrutura física de trabalho, o que possibilita: horário flexível, renda extra, desenvolvimento pessoal e liberdade financeira à medida que cresce a cadeia de clientes e relacionamentos.

Essa modalidade começou com a venda porta a porta e se adapta dia a dia com as inovações tecnológicas e as mudanças tão dinâmicas do mundo atual. A forma de venda permanece a mesma, mas as ferramentas de hoje possibilitam um alcance maior de clientes.

Segundo a World Federation of Direct Selling Associations (WFDSA), o Brasil ocupa a sexta colocação no mercado global de venda direta, atrás apenas dos Estados Unidos, da China, da Coreia do Sul, da Alemanha e do Japão. Dois mil e dezenove foi o ano em que R$ 45 bilhões foram movimentados por esse setor no Brasil. No mundo, 118,4 milhões de empreendedores independentes geram um volume de negócios de US$ 193 bilhões por ano.

Esse modelo já está consagrado no Brasil e no mundo. Você mesmo já deve ter recebido em sua casa ou em seu trabalho um revendedor ou revendedora de empresas, os quais oferecem itens de beleza, saúde, utensílios domésticos, dentre outros.

Os anos de 2020 e 2021 trouxeram muitas mudanças e desafios para todos os empreendedores, que precisaram se adaptar ao chamado "novo normal". Também trouxeram ensinamentos valiosos sobre como poderemos atuar no futuro, quais as tendências potencializadas com a crise e quais as oportunidades de mercado para os próximos anos. Eu costumo ter dois critérios para analisar se um negócio é extremamente promissor ou não; seja qual for o grupo em que eu trabalho, a minha análise está de acordo com o que eu percebo por meio da minha visão de mais de 25 anos de mercado. Esses dois critérios são: abrangência e escalabilidade.

Um bom negócio deve ter abrangência, para que você atenda não somente as pessoas do seu bairro ou do círculo próximo de relacionamento, mas a cidade, o estado, o país e até mesmo o mundo. Quanto maior for a sua abrangência, maior vai ser a sua oportunidade de conquistar clientes em potencial.

MARKETING MULTINÍVEL

É importante analisar a escalabilidade de um negócio, porque quanto mais pessoas você se relacionar, principalmente na venda direta, maiores serão seus ganhos. É muito diferente de uma empresa tradicional, como por exemplo uma empresa que faz limpeza nas residências ou comércios – caso ela queira aumentar o número de clientes atendidos, terá que contratar mais pessoas para fazer o trabalho –, é necessário um capital humano maior, e com isso sua escalabilidade é menor. No ramo da venda direta é diferente: o seu cliente é seu porta-voz e, de indicação em indicação, o negócio cresce de forma exponencial.

Portanto, toda vez que você for analisar se um negócio é bom e se vale a pena investir nele, leve em consideração estes dois fatores fundamentais: abrangência e escalabilidade. Eu acrescentaria, ainda, um terceiro ponto: verificar se o negócio é uma tendência. Você precisa investir em negócios que seus filhos e netos irão consumir; olhar para o comportamento das pessoas hoje e perceber quais são as tendências de mudança, para onde elas estão se direcionando, quais são os grupos, marcas e empresas que mais se movimentam e influenciam outras pessoas a irem junto.

Se pensarmos apenas na geração atual ou na anterior, o negócio terá pouco tempo de vida, já que estas mesmas gerações estão sendo influenciadas pelos jovens – ou pelas gerações futuras – por meio de comportamentos que já começam a surgir agora. Por exemplo: a juventude de hoje busca por marcas que tenham propósitos e significados maiores do que apenas a venda de produtos, que sejam compatíveis com a preservação do meio ambiente e que permitam uma conectividade maior. Então, é preciso ficar atento se o negócio que você pretende investir também está de acordo com as tendências futuras do mercado.

Levando em consideração todos esses aspectos, um negócio que é promissor para os próximos anos é o marketing multinível, que foi considerado o negócio do século XXI por Robert Kiyosaki, um especialista da área, e reúne características muito importantes: tem abrangência – você pode vender para o mundo todo por meio de sua rede de representantes; tem escalabilidade, porque você pode capacitar algumas poucas pessoas que serão sua equipe, elas capacitarão outras pessoas e assim sucessivamente, não precisando investir na contratação de pessoas, mas recrutando pessoas para alcançar o sucesso junto com você; e também é uma grande tendência, porque a maior tendência do mundo hoje é a desintermediação, que é a possibilidade de vender diretamente para o consumidor final, e o marketing multinível é um canal de venda direta de alto potencial. Sendo assim, torna-se um negócio anticrise.

Na crise financeira causada pela pandemia do novo coronavírus, a venda direta ganhou espaço como uma das principais alternativas de fonte de renda de brasileiros. A Associação Brasileira de Empresas de Vendas Diretas (ABEVD) apresenta que esse segmento teve um aumento de 38,9% em julho de 2020 em comparação ao mesmo mês do ano anterior. Ainda, as vendas do setor no primeiro semestre de 2020 apresentaram aumento de 3% em comparação com o mesmo semestre de 2019. É interessante destacar que esse foi um dos poucos setores comerciais que teve alta em 2020.

Este tipo de trabalho apresenta muitas vantagens em relação ao trabalho formal, pois é acessível a todos – qualquer pessoa, com 18 anos ou mais, força de vontade e dedicação pode fazer vendas diretas –, e permite que se escolha entre trabalhar exclusivamente com isso ou então apenas para complementar a renda. Há várias empresas confiáveis no setor que possuem treinamentos para o vendedor e empreendedor independente, capacitando-o para entender sobre o produto e para adquirir habilidades de venda.

O marketing multinível (MMN) também pode ser chamado de marketing de rede, um modelo de negócio legal que gera lucro tanto com a venda quanto com a formação de equipes de venda de um determinado produto. O faturamento é proporcional à receita gerada em vendas realizadas pelo time de revendedores. Uma característica desse modelo é aumentar a capilaridade dos produtos e serviços de uma empresa, além de fomentar o surgimento de novos empreendedores.

Segundo a ABEVD, o Brasil possui mais de 4,1 milhões empreendedores que atuam com vendas diretas. Destes, mais da metade possui entre 18 e 24 anos (60%) e é do sexo feminino (56%). Como vimos, esse é um mercado democrático, por propiciar a formação de novos revendedores com qualquer nível de escolaridade. Dependendo do produto comercializado, há maior identificação com o público que irá vendê-lo.

Infelizmente, além dos preconceitos envolvendo o modelo de bonificação multinível, algumas pessoas ainda percebem também o ramo de vendas como sendo algo inferior. Um grave engano. Vender não é menos – pelo contrário, o ato de vender está naturalmente interligado com a natureza humana. Desde o momento que nascemos até o dia de nossa morte, nós vendemos as nossas qualidades para as outras pessoas; "nos vendemos" quando somos crianças e precisamos de alimento e atenção de nossos pais; nos vendemos em uma entrevista de emprego; vendemos os nossos sonhos para que outras pessoas sonhem junto com a gente.

Eu acredito que vender é a arte de agregar valor à vida de outra pessoa. As pessoas não compram produtos em si, elas compram soluções. Quando um consultor da Anne Caroline Global, a empresa de venda direta do Grupo Ideal Trends, vende um dermocosmético para uma pessoa, ela está vendendo saúde, beleza e bem-estar. Vender significa gerar riqueza, não apenas monetária, mas de qualidade de vida também, e imagine isso potencializado por uma rede de relacionamentos, somado ao consumo inteligente e ao desenvolvimento de equipes próprias de vendas, todos lucrando com relacionamento e produtividade – é um negócio fantástico.

Alguns dos benefícios já conhecidos do marketing multinível são:

1. O sucesso é provável

O que iniciou apenas como uma complementação de renda pode virar sua renda principal. Muitas pessoas já foram surpreendidas ao começar a trabalhar nessa área, chegando a lucrar mais do que provavelmente receberiam em um emprego convencional. Isso ocorre porque a rede de marketing multinível oferece excelentes comissões, o que só é possível graças à economia com custos intermediários de fabricação e propaganda desse modelo. O MMN encaixa-se perfeitamente no conceito de meritocracia. Mas é importante observar que os lucros significativos só ocorrerão com muito trabalho. Engana-se quem entra na área com a expectativa de dinheiro fácil. Bons resultados exigem trabalho árduo.

2. **Treinamento gratuito**

   No MMN, o treinamento é constante. Os revendedores têm à disposição palestras, vídeos, apostilas e acompanhamento da equipe para desenvolver suas habilidades de venda. São preparados para o empreendedorismo. Quando bem trabalhadas, as habilidades desenvolvidas por um profissional de MMN são um diferencial, pouco encontrado em pessoas que trabalham no mercado convencional.

3. **Plano de negócios de simples compreensão**

   Embora haja intenso treinamento e desenvolvimento pessoal, o plano de negócios da empresa MMN é fácil de aprender, e o profissional consegue dominar as principais técnicas já nos primeiros meses de trabalho. Isso permite que ocorra o que já discutimos, que é a entrada nesse ramo de pessoas com qualquer grau de escolaridade, desde que possuam força de vontade e determinação.

4. **Possibilidade de mudar a vida das pessoas**

   Poder oferecer uma oportunidade de negócio para alguém que esteja sem trabalho ou sem perspectiva de melhora na vida profissional é um dos grandes diferenciais do MMN. Com esse modelo de negócio, ajudar as pessoas não só é possível como recomendável.

5. **Trabalho em casa**

   Como no MMN somos empreendedores, temos autonomia para trabalhar no local e horário que desejarmos. Somos livres!

6. **Investimento acessível**

   Outra coisa bem interessante é o valor inicial investido. Geralmente, para se ter um negócio próprio, imaginamos que será preciso um investimento altíssimo, uma estrutura gigantesca, e na venda direta não é assim – é um mercado que não exige grau de instrução nem situação financeira favorável. O investimento geralmente é baixo e o valor investido em empresas sérias retorna para você em produtos que podem ser vendidos, já gerando lucro.

Diante de tudo o que estudei neste mercado maravilhoso, resolvi empreender, criando a Anne Caroline Global, uma empresa de dermocosméticos do Grupo Ideal Trends, com produtos inovadores desenvolvidos com ativos e substâncias nanotecnológicas, que podem ser usados em diferentes tratamentos dermatológicos, e com canal de distribuição por meio de vendas diretas, com sistema de bonificação multinível.

Anne Caroline Global transforma e transformará a vida de milhares de pessoas, dando a elas a oportunidade de serem donas do seu próprio negócio, altamente lucrativo e escalável. Convido você a escanear o QR code a seguir e conhecer um pouco mais deste universo!

ESCANEIE AQUI
E conheça um pouco mais deste universo.

UMA FRANQUIA
ANTICRISE

Pensei: por que não oferecer ao mercado uma franquia que possua uma estrutura enxuta e trabalhe no seu dia a dia com serviços de tecnologia, educação, saúde e cosméticos? Pode parecer confuso à primeira vista, mas pense comigo: tecnologia hoje todos buscam; educação, saúde e cosméticos, todos precisam.

Já falamos um pouco sobre empresa versalista – esse é o futuro. Vou explicar neste breve capítulo que existe a possibilidade de um pequeno ou médio empreendedor ter esse conceito em suas mãos. A definição da palavra versátil no dicionário é: "que é capaz de mudar; que se adapta às variadas circunstâncias". No mundo dos negócios, ser versátil representa inovação e busca por novos horizontes. Após análises sobre o futuro das empresas, resolvi promover o conceito de empresa versalista.

As empresas versalistas, ao contrário das empresas especialistas em um produto ou segmento, vão além de adotar estratégias clássicas de diversificação, partindo para a disrupção. Assim, elas provocam verdadeiras revoluções nos setores que atuam e até em outros segmentos da economia. Diante de um mundo business cada vez mais dinâmico e sinérgico com as novas tecnologias, é necessário não apenas uma adaptação às novas realidades, mas também uma antecipação do que está por vir. Isso faz com que ser versátil seja uma das habilidades mais eminentes e exigidas de nossos tempos.

Para mim, empresas versáteis são aquelas que têm o desejo constante de evoluir, aproveitar as oportunidades e apresentar soluções mais eficientes para a vida do consumidor. Empresas versalistas sempre buscam novas propostas e alinham estratégias que promovam a organização como um todo. Para essas empresas, a combinação de foco em atender as demandas atuais do cliente e o propósito inspirador das suas equipes é o que alavanca as iniciativas. É dessa forma que o Grupo Ideal Trends atua, revolucionando o mercado e fazendo o futuro acontecer.

Porém, nem todas as companhias têm disposição e aptidão para diversificar de forma efetiva. Para ser uma empresa versátil, é necessário ter um propósito íntegro e forte, uma comunicação de fato eficaz, um time inclusivo e diversificado, com pessoas de várias formações técnicas e potencialidades pessoais diversas desenvolvidas ao longo do histórico de cada uma. Além disso, é indispensável haver uma liderança inspiradora, que impulsione a ousadia para seu negócio e para os colaboradores. Nesse sentido, é preciso manter a sinergia entre todas as estruturas que formam uma companhia.

A grande estratégia hoje é poder ter uma franquia com a possibilidade de ter múltiplas fontes de receita, unindo a força de produtos e serviços variados. O modelo concebido por mim após uma criteriosa análise de mercado parte do que disponibilizo para o mercado por meio do Grupo Ideal Trends. Pensei: por que não oferecer ao mercado uma franquia que possua uma estrutura enxuta e trabalhe no seu dia a dia com serviços de tecnologia, educação, saúde e cosméticos? Pode parecer confuso à primeira vista, mas pense comigo: tecnologia hoje todos buscam; educação, saúde e cosméticos, todos precisam.

Com as empresas nesses segmentos já consolidadas no Grupo Ideal Trends, bastava otimizar o fluxo de cada uma delas, criar uma sinergia e um padrão entre esses serviços e produtos e disponibilizar ao futuro franqueado. E você deve estar se perguntando: por que não atuar apenas em um segmento? Eu respondo com clareza: com a dinâmica deste novo mundo, é necessário que o empreendedor tenha uma franquia anticrise que esteja blindada a qualquer oscilação do mercado, seja ela qual for. Ao unir tecnologia, saúde, educação e beleza, quando um dos canais diminuir seu ganho, o outro o suprirá imediatamente. Ou seja, quando um dos negócios não se desempenha bem, o outro desempenhará e, assim, haverá um equilíbrio na receita do franqueado de forma diversificada.

Normalmente, a diversificação nas empresas é uma forma de não ser pego desprevenido por uma crise ou alteração brusca no mercado, e uma das características fundamentais de uma empresa de sucesso é a sua capacidade de prever o futuro.

Analisando o desempenho positivo do Franchising em 2020 (um relatório do primeiro trimestre da Associação Brasileira de Franchising (ABF), mostrou que o setor teve aumento de 5,2% no faturamento dos últimos 12 meses; por isso, coloquei em ação a criação da Franquia Ideal Multibusiness, um modelo de franquia inovador e promissor para o atual mercado.

A Ideal Multibusiness é um sistema de franquias de multinegócios e, consequentemente, de geração de múltiplas fontes de renda. O novo formato é pioneiro no mercado não só brasileiro, mas também mundial. A Ideal Multibusiness apresenta novas configurações para o mercado. Ela surge de uma observação estratégica da dinâmica das franquias e da necessidade de inovação nas redes, a fim de permitir que as empresas sejam mais eficientes na sua operação e que o franqueador ganhe bastante em um curto espaço de tempo. Ela atende a todas as exigências do mercado, apresentando um plano totalmente inovador, modular e versalista.

Além disso, pensei em dar acesso a todos que desejam ter seu negócio próprio, segmentando as franquias: uma mais otimizada, que denominei "standard", na qual a pessoa pode trabalhar com serviços, cosméticos e saúde; e outra "premium", que poderá ter, além dessas fontes de receita, um polo educacional anexo, tudo sempre pensando na sinergia dos negócios, bem como em gerar demanda de um para o outro por meio da rotatividade de pessoas.

Por gerar fontes de renda diversas e atuar em variados segmentos, a Ideal Multibusiness tem uma formatação anticrise, resistindo a qualquer oscilação do mercado. Esse modelo reúne sete empresas, com diversas soluções em áreas como dermocosméticos, saúde e tecnologia, com preços competitivos. A ampla gama de negócios permite a manutenção dos resultados dos franqueados, mesmo diante de crises financeiras mundiais, como a que vivemos em 2020 e 2021.

Além disso, o franqueado Ideal Multibusiness sempre terá toda a tecnologia de ponta e as soluções em marketing digital que o Grupo Ideal Trends oferece. Buscamos constantemente as tendências de mercado, portanto, o franqueado terá sempre o melhor e mais atual produto para vender e ainda contará com o suporte de todas as empresas do grupo. Isso caracteriza o conceito de empresa versalista. A questão não é o perfil do mercado em que se está entrando, e sim a revolução que se pode fazer nele.

Para você, leitor, que quer saber um pouco mais sobre o assunto, no QR code a seguir você verá com detalhes esse projeto inovador, rico e que mudará sua vida.

ESCANEIE AQUI
E conheça a Ideal Multibusiness

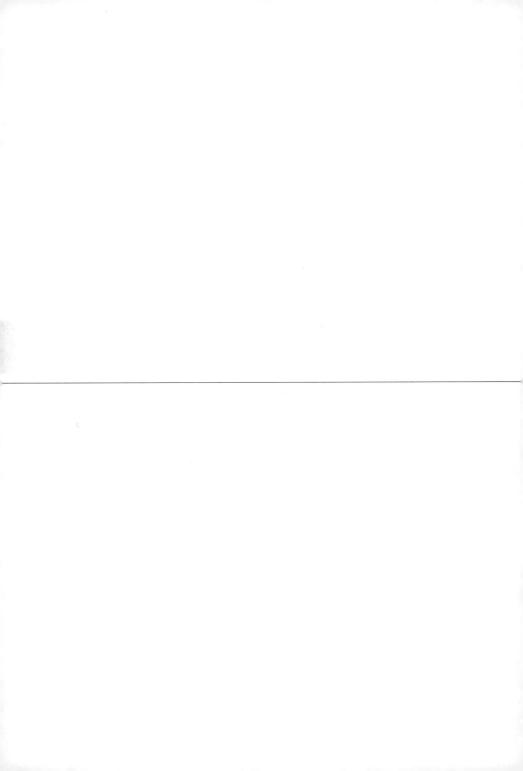

O CAMINHO IDEAL: EQUILÍBRIO PARA UMA VIDA FELIZ

ESCANEIE AQUI
E acesse a palestra exclusiva O Caminho Ideal para o Equilíbrio para uma Vida Feliz.

O CAMINHO IDEAL:
EQUILÍBRIO PARA UMA VIDA FELIZ

Você já deve ter visto um equilibrista de pratos giratórios, que equilibra o prato em uma varinha, gira-o e o mantém rodando. Então, passa para o próximo e faz a mesma coisa, e assim sucessivamente. O objetivo é não deixar o prato cair e quebrar. Quando um começa a desequilibrar, o equilibrista volta e o roda novamente.

Caminho Ideal

Estamos chegando ao fim desta jornada, e foi muito bom estar com você até aqui, mas gostaria de encerrar este livro contribuindo não só para sua vida profissional, mas também compartilhando minha concepção de uma vida feliz.

Certa vez, li um livro de Paul J. Meyer sobre a roda da vida. Nele, aprendi que, ao ter equilíbrio em todas as áreas da vida, posso ter sucesso e tranquilidade para caminhar.

Você já deve ter visto um equilibrista de pratos giratórios, que equilibra o prato em uma varinha, gira-o e o mantém rodando. Então, passa para o próximo e faz a mesma coisa, e assim sucessivamente. O objetivo é não deixar o prato cair e quebrar. Quando um começa a desequilibrar, o equilibrista volta e o roda novamente.

Imagine que sua vida se divide em sete áreas — pessoal, profissional, familiar, financeira, social, cultural e espiritual — e que cada uma dessas áreas é um prato que você deve equilibrar. Para que os pratos não caiam, você deve sempre estar de olho naquele que está perdendo o equilíbrio e dar atenção especial a ele, girando a varinha para mantê-lo em segurança.

Todas as áreas desequilibradas interferem diretamente nas outras áreas, e você acaba não vivendo a plenitude da vida. Agora, convido-o a refletir comigo sobre as sete áreas a seguir, divididas em sete pilares.

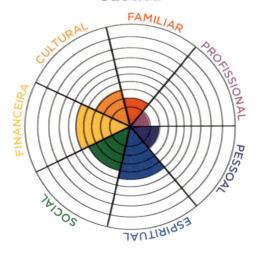

Palavra de motivação: "Meu filho, guarde consigo a sensatez e o equilíbrio, nunca os perca de vista."

Para isso, vamos utilizar o gráfico da **roda da vida**, conforme modelo a seguir, para exemplificar o que ocorre quando melhoramos cada pilar. Começaremos com todos os pilares no menor nível:

1. Pilar pessoal

Nesse pilar, você deve se comprometer primeiramente com sua saúde física, realizando atividades físicas regularmente, que não precisam ser intensas; se forem constantes — como uma caminhada diária de 30 minutos —, o resultado será satisfatório.

Sua alimentação deve ser regrada e saudável, principalmente hoje, quando a onda de *fast-food* é gigantesca e a correria do dia muitas vezes impede de fazer as refeições na hora correta. Então, atente-se a isso. Faça um cardápio simples e saudável e se condicione a se alimentar nos horários corretos.

O descanso também é primordial para o dia a dia. Uma boa noite de sono revigora para o dia posterior, então evite dormir muito tarde e usar aparelhos eletrônicos antes de adormecer. Dessa forma, será possível ter uma média de 8 horas de sono, o que é muito importante para qualquer pessoa.

Seguindo à risca esses três pontos (exercício físico, alimentação e descanso), você terá energia para equilibrar os outros "pratos".

2. Pilar profissional

É desse pilar que você extrai seu sustento e consegue realizar seus sonhos; então, para estar equilibrado nessa área, várias ponderações são necessárias.

Por exemplo, avalie como está sua carreira, se deseja alcançar novas posições e se seu trabalho está alinhado a seu propósito de vida. O ecossistema profissional no qual você está inserido deve ser saudável e sempre trazer crescimento e conhecimento.

Preocupe-se com a cultura da empresa na qual você trabalha. Procure se atualizar em sua área, reciclar seu conhecimento para sempre estar com suas habilidades em dia. Participe de treinamentos e palestras, leia bastante e jamais tenha medo de empreender.

E lembre-se: se quer realizar seus sonhos, o trabalho é o caminho para isso.

3. Pilar familiar

A família é a base da sociedade. A afetividade entre seus membros e a harmonia do lar são primordiais, mas o mais importante é o diálogo entre os familiares sem prejulgamentos ou apontamentos. Relacionamentos duradouros são pautados em amor e respeito, bem como no ouvir e falar. Isso é vital para um ambiente familiar saudável. Sua casa deve ser um refúgio de paz.

É essencial primar pela educação dos filhos, pelo bem-estar do companheiro e pelo respeito aos idosos, que são a razão da existência de nossa família.

Resoluções rápidas de conflitos, um papo franco sobre sexualidade, bem como um tempo de qualidade com todos são pontos de fundamental atenção.

Muitas famílias sofrem por falta de educação financeira. O papel de cada um nessa área deve estar muito bem definido, e todos da casa devem saber o quanto ela gera de receita para colaborar segundo sua medida de responsabilidade.

Um significado muito bonito para o acrônimo LAR é "Lugar de Amor e Respeito".

Veja a seguir como nossa **roda da vida** começa a ficar mais próxima do ideal, equilibrando os três pilares já mencionados; no entanto, os outros pilares ainda estão em desarmonia:

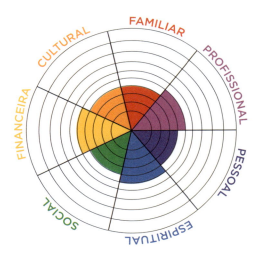

Palavra de motivação: "Irmãos, não penso que eu mesmo já o tenha alcançado, mas uma coisa faço: esquecendo-me das coisas que ficaram para trás e avançando para as que estão adiante, prossigo para o alvo, a fim de ganhar o prêmio do chamado celestial de Deus em Cristo Jesus."

4. Pilar financeiro

Com esse pilar bem definido, é possível direcionar bem sua vida no que se refere a um padrão. Eu sempre aconselho as pessoas a viverem dois degraus abaixo do que ganham, para que consigam equilibrar suas contas e poupar.

Procure saber se sua renda familiar atual permite uma vida confortável ou se você necessita de grandes economias para sobreviver; se sua situação for a segunda, será necessário buscar alternativas para melhorar sua gestão financeira e aumentar a renda no lar.

Tenha um planejamento financeiro claro, procure investir, atente para opções de empreendedorismo e sempre pense no futuro de médio e longo prazos, pois com o avançar da idade você precisará de segurança financeira.

5. Pilar social

Esse pilar se refere ao meio em que vivemos e o quanto nossa vida afeta a vida das pessoas que convivem conosco na comunidade, na sociedade, no país e no mundo. Se cada um de nós fizer sua parte, teremos um mundo melhor, por meio de trabalho voluntário, ações comunitárias, ações de cidadania e civismo.

O assistencialismo social é importante e nobre, mas nossas ações, na medida do possível, devem ter como objetivo tirar as pessoas da situação em que se encontram e lhes dar ferramentas para desenvolverem uma nova vida.

Além disso, avalie seus colegas e amigos. Pense nos bons momentos, se foram saudáveis para você, e procure estar com pessoas que agreguem, somem para seu crescimento e que torçam por seu sucesso.

6. Pilar cultural

Separar um tempo para fazer o que gosta é essencial. Costumo dizer que isso oxigena o cérebro. Às vezes, no dia a dia, a dedicação ao trabalho e as preocupações não permitem tirar um tempo para si. Sua vida não pode ser chata. Em seus momentos de lazer, não se sinta forçado a fazer o que não deseja. Não pode faltar emoção e descontração na vida.

Tenha cuidado, porém, com os conteúdos oferecidos. Eu respeito todas as culturas, mas me refiro a conteúdos nocivos e subliminarmente inseridos nos materiais.

Assista a filmes e peças, visite museus e exposições, passeie em parques com a família e os amigos e faça pequenas viagens para conhecer locais históricos. Isso ajudará a enriquecer a alma e a sua experiência de vida.

Para ficar mais claro, a nossa **roda da vida** está se aproximando do equilíbrio ideal, faltando apenas um dos pilares (pilar espiritual), que eu considero vital para sua alma, sua vida e seus relacionamentos:

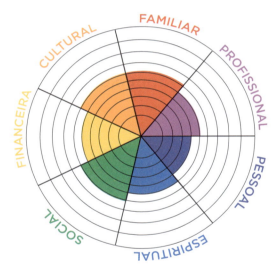

"... mantenham-se firmes, e que nada os abale. Sejam sempre dedicados ..." 1 Coríntios 15:58.

7. Pilar espiritual

Você já conhece a minha crença e sabe que minha fé em Cristo é o que dá sentido a minha vida. Todos buscam um sentido para a vida. Ressalto novamente que respeito todos os credos, mas dentro do que acredito existem alguns pontos para se viver a plenitude espiritual:

- ✓ Entender e viver a minha fé com atos baseados nos princípios de minha crença (em meu caso, princípios bíblicos);

- ✓ Manter meus valores alinhados a esses princípios;
- ✓ Colocar Deus no controle de minha vida;
- ✓ Ter cuidado com meu corpo, minha alma e meu espírito;
- ✓ Meditar diariamente nesses princípios;
- ✓ Realizar uma oração diária;
- ✓ Manter vivo o amor ao próximo;
- ✓ Oferecer cuidado a órfãos e viúvas;
- ✓ Ser um pacificador, onde quer que eu esteja.

Salomão dizia: "Um coração alegre mostra um rosto feliz e radiante". Então, temos que cuidar de nosso interior, de nossas emoções e de nosso espírito. Por exemplo, eu tenho a certeza de uma vida eterna depois de cumprida minha missão nesta terra. E você? Qual é a sua certeza?

Busque o equilíbrio em todas essas áreas e você terá muita prosperidade na vida e fará o bem a outras pessoas. Desejo-lhe muitas bênçãos.

Enfim, caro leitor, temos a nossa **roda da vida** totalmente equilibrada, em alta e com todos os pilares em harmonia:

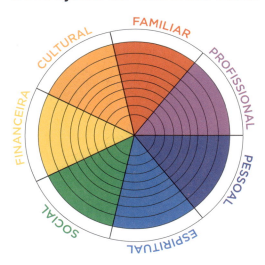

"Mas o fruto do Espírito é amor, alegria, paz, paciência, amabilidade, bondade, fidelidade, mansidão e domínio próprio. Contra essas coisas não há lei." Gálatas 5:22-23.

Lembrando que o equilíbrio deve ser constante, afinal, a vida é dinâmica e pode nos surpreender em um desses pilares, inclusive afetando os demais. Por isso, meu conselho é você revisite cada um deles diariamente, prevenindo o desequilíbrio; caso ele seja inevitável, tenha as ferramentas para combatê-lo.

Aplico isso diariamente em minha vida, afinal, para manter os resultados positivos em todos esses pilares, o mais importante de tudo, além da fé, é a disciplina.

Para ajudar todas as pessoas que buscam o equilíbrio e a constância nos sete pilares, fundei o **Caminho Ideal**, uma igreja-escola que ensina por meio da palavra de Deus.

No Caminho Ideal, nossa missão é ensinar a verdadeira essência da bíblia a todas as nações.

Nossa visão é ser uma igreja-escola que caminha na presença de Deus e com o propósito de transformar por meio do evangelho a vida de milhares de pessoas.

Nossos valores são pautados na aplicação dos princípios bíblicos. Temos a bíblia como revelação divina e entendemos que só por meio do conhecimento e da aplicação dela em nossas vidas iremos nos tornar um exemplo para a sociedade e cidadãos do céu.

Convido você a conhecer esse magnífico projeto, por meio do perfil do Instagram *Caminho Ideal*.

ESCANEIE AQUI

CONSELHOS FINAIS ESPECIALMENTE PARA VOCÊ

ESCANEIE AQUI
E acesse as Leis Universais do Sucesso.

PARA TER O MELHOR,
DÊ SEU MELHOR!

"Deem e será dado a vocês: uma boa medida, calcada, sacudida e transbordante será dada a vocês. Pois a medida que usarem também será usada para medir vocês."

Lucas 6:38

A frase "Para ter o melhor, dê seu melhor" é meu lema e tem um grande ensinamento por trás, pois muitas pessoas querem ter o melhor sem dar seu melhor. Na realidade, se você quer o melhor da vida, tem que se esforçar para tê-lo. A vida é um jogo de soma zero, ou seja, aquilo que você dá, você recebe e, aliás, recebe muito mais amplificado.

LIÇÕES PARA VOCÊ CONSTRUIR NEGÓCIOS EXPONENCIAIS

A frase "Para ter o melhor, dê seu melhor" é meu lema e ensina algo muito importante. Muitas pessoas querem ter o melhor sem dar seu melhor. Na realidade, se você quer o melhor da vida, deve se esforçar para tê-lo. A vida é um jogo de soma zero, ou seja, aquilo que você dá, você recebe — aliás, recebe de forma muito mais amplificada.

Tudo aquilo o que faz de bom para o próximo, você recebe em uma medida que não caberá em suas mãos. Um exemplo de fácil entendimento: imagine que você encontrou um carrinho de pipocas coloridas. Quando você pede, o pipoqueiro coloca a pipoca no saquinho e dá aquela batidinha com o pegador para caber mais e, quando o entrega em suas mãos, de tanta generosidade, o conteúdo está transbordando.

É exatamente isso que a vida lhe dá de volta quando você faz o bem. E o contrário também é verdadeiro: tudo aquilo que você faz de ruim para o próximo, o retorno vem em uma proporção muito maior; aliás, como análise, o texto bíblico citado no início deste capítulo ressalta de forma profunda o que estou querendo dizer.

As pessoas que pegam atalhos são aquelas que não querem dar seu melhor e acabam em ruínas. Um exemplo claro é construir uma casa com material sem qualidade: ela pode desabar a qualquer momento.

Muitas pessoas querem ter o melhor emprego, a melhor casa, a melhor família, mas não se empenham para isso. Não tem lógica querer ter o melhor sem empenho e entrega. Você não vai conseguir. E se conseguisse, seria injusto e inadequado. Não haveria prosperidade.

Por exemplo, os ganhadores da Mega Sena apostaram e ganharam o prêmio, mas a cada 100 bilionários desse tipo 99 voltam a ficar pobres, pois não fizeram por merecer para serem bilionários, não conquistaram isso.

O mais importante não é chegar ao topo, mas que pessoa você se torna para chegar lá. O processo o torna mais eficiente, produtivo, consciente, resiliente, determinado e mais sensível para poder trabalhar em uma equipe de grandes resultados.

Todos os campeões que são entrevistados quando chegam ao topo percebem que, ao chegarem lá, não encontraram nada além de um imenso vazio. Afinal, quando se chega ao topo de alguma coisa, estabelece-se uma nova meta para outro topo. Em outras palavras, o sucesso é a progressiva realização de um desejo, e o desejo vai sendo amplificado, então novos patamares são estabelecidos de tempos em tempos.

Entenda o seguinte: para se ter o melhor casamento, é necessário investir em paciência, amor e cuidado; para se ter o melhor emprego, é necessário investir em resiliência, trabalho duro, dedicação e foco; para se ter a melhor empresa, é necessário investir em recursos humanos, contratações, metas e um ambiente excelente; em sua comunidade religiosa, é preciso se dedicar à confraternização com a irmandade; para se ter o melhor bairro, cada um tem que fazer sua parte na comunidade. Para tudo, se você pensa em ter o melhor, é necessário dar seu melhor.

Uma fórmula que eu defendo para o sucesso é a seguinte:

$$SUCESSO = (DESEJO + PLANO \times AÇÃO)^{PERSISTÊNCIA}$$

ESCANEIE AQUI
E acesse a palestra exclusiva *Fórmula do Sucesso* do autor.

O sucesso, então, é a soma de seu desejo e de seu plano de ação multiplicada por suas ações e elevada à persistência. Para ter o melhor, é necessário se empenhar com excelência nos elementos dessa fórmula, sendo uma pessoa com um foco determinado, objetivos claros e planos bem arquitetados, ter uma ação positiva em todos os momentos, bons ou ruins, atrelados a muita, mas muita persistência. Quando bem aplicada, essa fórmula o levará ao sucesso, e lá você definirá o próximo passo.

"Para ter o melhor, dê seu melhor!"

José Paulo

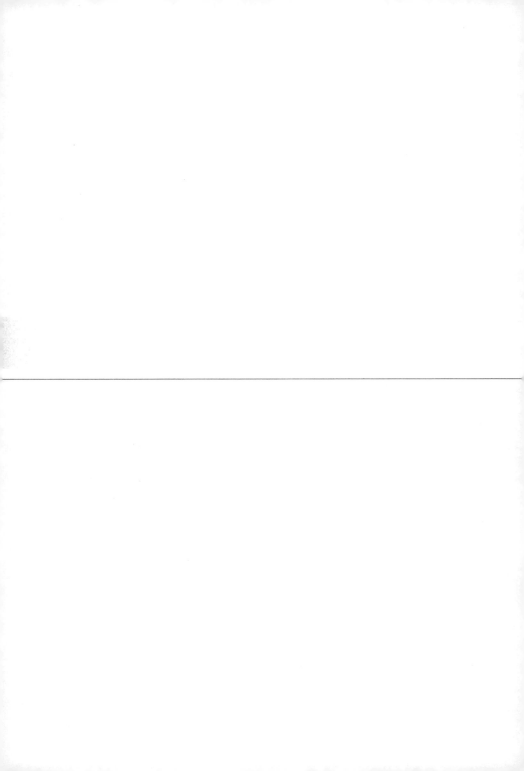

BÔNUS

ESCANEIE AQUI
Acesse palestras e materiais exclusivos

E O FUTURO,
COMO SERÁ?

Durante minhas pesquisas, deparei-me com um artigo interessantíssimo que gostaria de compartilhar com você: *O futuro pós-pandemia em 20 pontos*, adaptado do extraordinário estudo *The World in 2021* da revista *The Economist* (2020):

1. As pessoas querem voltar a socializar, mas o trabalho remoto não tende a mudar após a pandemia. As casas serão cada vez mais adaptadas para o trabalho online e haverá reuniões em diferentes lugares a cada mês, para que haja socialização e conexão de pessoas.

2. Uma porcentagem alta de escritórios irá fechar, substituindo esse modelo retrógrado por tecnologias disruptivas. Haverá cada vez mais assistentes digitais para auxiliar na eficiência do trabalho. Grandes corporações de 1980-2020 serão lembradas como "enormes mamutes" em extinção.

3. A quantidade de hotéis de trabalho será reduzida pela metade. Quando for possível, os congressos, viagens e reuniões serão feitos online e não voltarão a ser feitos presencialmente. O turismo de trabalho irá praticamente desaparecer.

4. As casas serão cada vez mais tecnológicas e adaptadas para o trabalho, muitas vezes por intermédio das próprias empresas. Isso torna possível que você more longe de uma cidade grande, mas consiga trabalhar da mesma forma e tenha a mesma produtividade.

5. Para que o chefe consiga mensurar os resultados de sua equipe, não dependerá mais necessariamente de vê-la. Diversas plataformas ajudarão a medir resultados, KPIs e tempos eficientes. Até mesmo a forma de contratação de pessoal será revista. Com o trabalho remoto, é mais fácil, barato e eficiente contratar os melhores do mundo; não haverá mais diferença entre contratar alguém do mesmo país ou um estrangeiro.

6. Tudo que segue uma rotina se tornará virtual e em regime de assinatura. Igrejas, arte, academias, cinemas, entretenimento –

serão poucos os lugares que conseguirão manter estruturas físicas como antes.

7. As empresas tradicionais chegaram ao fim em 2020. Assim, as empresas que não investirem ao menos 10% em novas tecnologias poderão desaparecer. Uma nova empresa de tecnologia pode substituir outra que tem feito o mesmo há 50 anos.

8. No segundo semestre de 2021 o turismo para entretenimento estará plenamente fortalecido, auxiliado por muita tecnologia para operar – da compra às experiências que serão recebidas. As pessoas terão muito mais interesse em visitar o natural, mas contando com soluções tecnológicas, locais mais remotos e experiências mais autênticas – tudo isso com assistência digital 24 horas por dia, 7 dias por semana.

9. Haverá alteração em grandes plataformas em relação ao tratamento de dados pessoais, que ficará mais delicado. As pessoas preferirão pagar assinaturas por conta do senso de transparência, optando por pagar para não doar seus dados. As grandes marcas de hoje valem sua credibilidade. Tudo pode ser copiado ou replicado, exceto o prestígio.

10. Haverá redução drástica na força de trabalho. Muitas operações mais simples serão realizadas por Inteligência Artificial (IA). E já em 2024, a IA passará a lidar até com operações complicadas, em milhões de locais. Será uma época de muitas demissões, de causa multifatorial, e não apenas pela crise econômica.

11. A educação foi transformada para sempre. Cada um estudará o que precisar, de forma online ou offline. As escolas e universidades utilizarão o sistema híbrido para sempre. Serão aceitos candidatos sem formação universitária para cargos de menor importância, mesmo que tenham a experiência necessária.

12. O sistema médico irá incorporar definitivamente a tecnologia remota, tornando as consultas por teleconferência comuns. A

vacina da Covid-19 é muito rápida, mas haverá desafios ao longo do caminho. Hospitais maiores já repensam seu funcionamento devido às crises econômicas trazidas com a pandemia da Covid-19. As práticas recorrentes de limpeza trarão como resultado menos doenças por vírus, bactérias e doenças por manuseio inadequado de alimentos.

13. A economia pessoal será contraída; passarão a ser utilizadas novas formas de transações comerciais e as pessoas economizarão mais. Grande parte dos gastos familiares será direcionada a atividades que antes não tinham demanda e vice-versa. As roupas e os itens elegantes serão substituídos por roupas e itens casuais.

14. O e-commerce continuará a crescer. Facebook, TikTok e YouTube passarão a competir com a Amazon. Metade das lojas físicas mundiais fechará. As que sobreviverem utilizarão recursos como showrooms e o fato de trazerem experiências, mas o comércio real ocorrerá majoritariamente online em 2024. A longo prazo, poucos shopping centers sobreviverão, ficarão presos no tempo.

15. As mudanças climáticas serão muito mais discutidas e apoiadas – passaremos da Covid-19 para a mudança climática como foco principal. Haverá transformação da indústria com apoio da IA. Continuará crescendo a adoção da bicicleta como principal meio de transporte, devido à transformação das cidades.

16. A adoção de novos modelos de informações e notícias por assinatura, com mais transparência, irão auxiliar a disponibilizar conteúdo mais seguro, sem tantas "fake news". A pedra angular de cada empresa será a credibilidade e a transparência. As pessoas estão cansadas de tanta informação, e por isso irão preferir a interação com poucos e selecionados provedores de notícias.

17. A saúde mental estará em pauta. Grandes plataformas irão ajudar as pessoas no enfrentamento de questões como agressividade, solidão e angústia, vivenciadas durante o isolamento. Será um

momento para repensar. As crises de liderança nas empresas serão mais comuns.

18. Haverá destaque para grandes problemas, como educação, saúde, energia, segurança, política e destruição da classe média. Será investido muito mais capital para fazer o bem, e os problemas globais serão resolvidos. O empreendedorismo social chegará ao auge, com resultados financeiros substanciais.

19. Ser mais saudável será o "novo luxo". As coisas passarão a ser mais naturais e saudáveis, como alimentos, experiências e a forma de interação. Serão valorizadas ações como fazer a própria comida, meditar e se exercitar com frequência. Produtos suntuosos não farão mais sentido e perderão o valor. A reciclagem voltará mais forte após o desperdício incontrolável, agora com grandes tecnologias que realmente resolvem os problemas gerados no passado.

20. O mundo enxerga em 2021 o ano do novo começo, do renascimento. Serão repensados objetivos pessoais, de trabalho, de saúde, de dinheiro e espirituais. E grandes oportunidades estão surgindo para satisfazer essas mudanças. Acumular, consumir e viver pelo material serão vistos como algo negativo. A inovação, a tecnologia, o pensamento natural e lateral serão o foco. Todos ainda podem encontrar novos caminhos; será possível encontrar novas rotas pessoais ou comerciais.

CAFÉ COM CULTURA: UM BATE-PAPO SOBRE MINHA TRAJETÓRIA EXPONENCIAL NO GRUPO IDEAL TRENDS

Acredito que você, caro leitor, que me acompanhou até aqui e percorreu todas estas páginas, já deve ter entendido um pouco da essência de meu trabalho, dos caminhos que percorri, como vejo a vida e quais são meus maiores objetivos. Mas gostaria de compartilhar mais algumas questões com você, as quais surgiram durante uma entrevista que cedi ao Café com Cultura, mais um projeto do Grupo Ideal Trends que oportuniza disseminar a cultura e história do grupo para que os colaboradores possam ter referências palpáveis de nossa história e *cases* reais de pessoas que cresceram no grupo para que os novos colaboradores se mantenham engajados com nossa cultura de meritocracia e consigam enxergar que é possível alcançar seus sonhos se permanecerem alinhados com os princípios e objetivos da empresa.

Fui entrevistado por meu grande amigo e companheiro de trabalho Ewerton Quirino e compartilho a seguir os principais pontos dessa conversa, para que você entenda um pouco melhor minha relação com esse grupo que fundei e ao qual me dedico intensamente.

Ewerton: *Quando o José Paulo concebeu que teria um grupo de empresas?*

José Paulo: O grupo surgiu há mais ou menos 25 anos, quando eu tinha 21 anos de idade. Eu trabalhava em uma fábrica e era gerente na área de manutenção. Ficava até tarde trabalhando e consertando máquinas, vi um sujeito chegar com paletó e gravata e parar o carro na vaga dos filhos do dono. Descobri que essa pessoa fazia parte do comercial e era superbem tratada pelo dono da empresa. Então, decidi aprender ser comercial, fiz um curso por correspondência pelo Instituto Universal Brasileiro sobre o manual do Conselho Regional de representantes comerciais do Brasil. Com esse material, aprendi algumas coisas da área comercial. Aos 21, decidi montar minha primeira empresa de consultoria, que vendia serviços para outras companhias.

Naquela época eu tive uma ideia, então peguei um livrão de engenharia de produção que tinha 17 capítulos. Era em 1994 ou 1995, e o Google nem existia. Mandei imprimir mil cópias, peguei cada capítulo e os reescrevi em parceria com um amigo. Mandei isso para as empresas com uma carta dentro, oferecendo um serviço de consultoria e me colocando à disposição para conversar. Esse foi o primeiro trabalho de marketing e vendas que realizei. Acabei recebendo um monte de devolutivas positivas, mas no início foi bem complicado, porque as pessoas não eram consultoras, e sim estavam consultoras. Muitos que começavam o trabalho comigo iam logo embora e abandonavam o projeto. A partir dessa primeira empresa, houve outros tantos desdobramentos. Hoje, o Grupo conta com mais de 25 empresas e projetos de sucesso.

As pessoas me perguntam: "Por que Ideal Trends?". A ideia para esse nome tem origem lá em meus 15 anos de idade, quando tive a oportunidade de estudar a Bíblia com um grupo muito especial. Em um desses estudos, lemos o texto de Eclesiastes 1:8, que diz que os olhos nunca se cansam de ver e os ouvidos nunca se cansam de ouvir. Fiquei com essa frase na cabeça, e a pessoa que estava apresentando o estudo disse o seguinte: "A gente cansa de comer. Chega uma hora que você está comendo e se farta. Você também se cansa de ficar deitado em uma cama, dormindo. Você se cansa de tudo. Mas você nunca se cansa de ver. Ninguém quer ficar sem ver ou ouvir.".

Em outras palavras, as pessoas querem inovação, querem ver coisas novas, querem ouvir coisas novas. Isso fez que, na época, eu entendesse que sempre teria que fazer coisas novas, falar coisas novas, pois o mundo sempre quer inovação. Mesmo sem pensar que um dia seria empresário, eu já sabia que tinha essa missão de levar coisas novas para as pessoas.

Se pararmos para pensar, o homem tem três necessidades básicas: comer, dormir e procriar. Mas a humanidade deve ir além dessas necessidades primárias. Nós temos um desejo muito grande de superar esse aspecto mais animalesco de nossa espécie. Se nos contentarmos apenas com essas três necessidades, então seríamos iguais a qualquer outro animal. A grande diferença da raça humana é que precisamos ir além de nossa capacidade de raciocínio. Na busca pelo conhecimento, sempre estaremos perseguindo coisas que nos permitam ter acesso a inovação.

Afinal, mesmo que a pessoa se alimente, durma e procrie, ela se cansa disso tudo. Mas ela nunca se cansa de ver e ouvir. O Livro Sagrado diz que "tem coisas que vocês não viram, e nem imaginam ainda que vão ver, de tão bom que é".

Ewerton: *Quais foram os momentos mais marcantes para chegar a este momento do Grupo Ideal Trends? Quais pontos realmente o marcaram, José Paulo, a tal ponto que, quando para pensar, você percebe que esses pontos determinaram essa trajetória?*

José Paulo: O primeiro ponto é quando a minha mãe me levava para a escola com saco plástico nos pés, o que ela fazia para que eu conseguisse chegar com os sapatos limpos e secos à escola. Toda vez que passo pelo Largo do Rio Bonito, eu me lembro de que tinha um rio, que agora está canalizado, e quando chovia deixava tudo alagado e cheio de lama. Graças ao cuidado de minha mãe, eu sempre estava limpo na sala de aula e conseguia estudar com tranquilidade e com os pés secos. Esse é o primeiro ponto marcante da minha história porque foi ele que me fez dar importância aos pequenos gestos de amor e carinho e que eu desse valor a meus estudos.

O segundo momento de que me lembro é quando eu tinha apenas 35 centavos no bolso e passei por uma situação comercial em que o cliente não me pagou. E eu me senti naquele filme *O Violinista no Telhado*, de 1971, no qual o personagem está sofrendo muito e não entende por que a vida está tão complicada. Parecia que tudo estava dando errado. Naquele momento, eu estava me sentindo exatamente assim, como um gato tentando escalar o telhado, mas que escorregava e caía. Foi quando eu percebi que, apesar de tudo, estava vivo. Assim como um gato, eu ainda tinha outras vidas para tentar me reerguer e realizar meus sonhos. Então, com base nisso, decidi que não ia desistir enquanto não conseguisse ajudar a desenvolver a vida de outras pessoas.

O terceiro momento pode não parecer algo tão importante para os outros, mas foi extremamente significante para mim. Aconteceu em uma reunião, que estava sendo conduzida por uma pessoa que eu treinei. Foi uma alegria muito grande para mim. A alegria do pai está no desenvolvimento do filho, e a grande alegria de um líder é quando consegue formar outro líder. Imagine que você é diretor de teatro e treina toda uma companhia. Chega o dia do espetáculo e o auditório está cheio. Você vê todo mundo desempenhando o trabalho com excelência e sem que você esteja ali. Estar em uma reunião e ver um dos líderes conduzir a reunião sozinho, sem que eu precisasse falar nada, deu muita alegria. Eu pensei: "Poxa vida! Estou criando um legado. Isso vai perdurar além da minha existência.". Eu posso ir embora deste mundo, mas esse negócio vai continuar crescendo porque estou criando pessoas que vão fazer isso ir adiante.

Acredito que fazemos parte de um projeto em nossa geração, o qual já existia antes de a gente nascer e continuará a existir depois que a gente partir. Podemos dizer que algo semelhante acontece nas corridas de revezamento, em que um entrega o bastão para o outro. Eu recebo o bastão de meus pais que, podemos dizer, é minha própria vida e minhas habilidades. Mas preciso fazer um bom trabalho para passar isso adiante para outras pessoas também. Quanto mais cedo passar o canudo, mais você poderá assessorar as pessoas para que elas perpetuem seu legado e mais realizado você será.

Ewerton: *Uma das coisas que sempre surgem em nossas conversas é por que plantar uma cultura, e não simplesmente implementar uma cultura? Quando falamos de princípios de gestão, estamos falando de raízes bastante sólidas, por isso, é necessário plantá-los e cultivá-los. Eu sei que não há mágica no mundo empresarial e que tudo se resume a muito trabalho duro, mas qual é o segredo para cultivar e manter uma cultura viva dentro de um grupo empresarial tão grande?*

José Paulo: Vou dar uma resposta curta e depois vou entrar em detalhes. É o seguinte: ser exemplo! Você nunca vai conseguir alguma coisa se não for exemplo, o que significa se dedicar de maneira que todos possam olhar para você e perceber que sua dedicação é uma meta que todos podem e devem alcançar, é não ter o que falarem de sua integridade, de sua transparência, de sua disposição em ajudar o próximo. As pessoas precisam olhar pra mim e ver os dez princípios em minha vida, em meu dia a dia. De outra forma, esses princípios não teriam substância, estrutura, solidez ou verdade.

Em última análise, liderar é ser exemplo daquilo que você quer que os outros façam. Eu tenho que me valer do maior líder de todos os tempos: o Senhor Jesus. Não houve nada desconexo no que ele falou ou fez. Então, para mim, é uma referência perfeita. Tudo o que falo, devo fazer. De outra forma, não haverá coerência e não conseguirei levar com força o significado da cultura do grupo às pessoas e o que se espera que elas sigam.

Ewerton: *Já que estamos falando de cultura e princípios, sabemos que os dez princípios do Grupo são inegociáveis. As pessoas precisam entender que princípios são inegociáveis — princípios de vida ou de qualquer outra espécie. No momento, nós não temos tempo para falar sobre cada um deles, mas se pudesse escolher dois princípios, sobre quais falaria?*

José Paulo: Eu vou fazer como um professor de cursinho para responder a essa questão e vou usar estratégias de figuras de linguagem para memorizar. Vou falar sobre um princípio que está relacionado com a cabeça e outro que está relacionado com o pé. Já que precisamos de todo o corpo para ficarmos vivos, precisamos também passar por todos os princípios. Nenhum é mais ou menos importante do que o outro. Então, quando falo dos princípios de gestão do Grupo, é como se ele fosse um corpo, em que cada princípio é um órgão. É o todo que faz o homem ser excelente. E já que é para falar de dois, quero falar do primeiro (que está na cabeça) e do último (que está no pé). O primeiro é sonhar grande. Nunca vamos conseguir construir alguma coisa com pessoas que não sonham com a gente. Se você não conta com pessoas que tenham o mesmo sonho que o seu, que tenham vontade de crescer com você, as coisas não acontecerão. Então, o primeiro princípio significa estar com a cabeça alinhada, ter os mesmos objetivos e sonhos. Passando por todos os outros "órgãos", vamos para o último, que é a integridade, ou seja, ter os pés no chão... Para mim, integridade significa andar de cabeça erguida e pé no chão, firme como rocha. Quando você tem uma equipe com os pensamentos (cabeça) alinhados, você está pisando (pés) em um terreno fértil para o sucesso.

Ewerton: *Fale um pouco sobre o motivo de você ter ido morar nos Estados Unidos e como você consegue gerir o Grupo a distância com tanta efetividade.*

José Paulo: A primeira razão de minha mudança é que, apesar de amar o Brasil, eu tenho um filhinho de 6 anos com autismo leve, e o tratamento nos Estados Unidos é mais avançado em comparação com o Brasil. Na época, a gente estava fazendo os tratamentos no Brasil, mas não estava havendo progresso. Com a questão da plasticidade cerebral, se você não correr atrás em determinado período, perde-se essa oportunidade de desenvolvimento. O segundo motivo foram os problemas de segurança que estávamos sofrendo na época no Brasil. Algumas situações estavam muito complicadas. O terceiro motivo foi a expansão internacional do Grupo. Orlando é um polo internacional muito forte. Estou a 9 horas do Brasil, a 6 horas da outra costa e a 10 horas da Europa. Isso faz que eu more em um centro logístico muito importante para os negócios.

Quanto ao desafio de gerir o grupo a distância, acredito que quase não existe. Sinto que estou mais perto de vocês do que um cara que está a 1 metro de distância, porque falo com todo mundo todos os dias, várias vezes. A tecnologia fez que a distância física não importasse. Em um clique, a gente consegue resolver isso. Teoricamente, nós estamos conversando agora de graça. Só não é totalmente de graça porque a gente tem o custo da internet e da luz. Mesmo assim, temos a possibilidade de nos conectar com o mundo todo por meio da mesma plataforma, visto que vivemos uma globalização cada vez mais democrática.

Há alguns dias, estava conversando com um cara que me perguntou de onde eu era. Eu falei: "Eu sou do planeta Terra.". Eu sou um terráqueo. Se você perguntar onde eu nasci: eu nasci no Brasil; se você perguntar onde eu tenho amigos: no mundo inteiro, pela internet; se você perguntar onde eu invisto meu dinheiro, vou responder que é em outros lugares. Eu sou um cidadão globalizado. Pode parecer engraçado, mas hoje, com a tecnologia, não temos mais como dizer que pertencemos a apenas um lugar ou que estamos limitados por nacionalidades e territórios físicos.

Tenho um contato muito próximo com as pessoas porque temos o smartphone, que é nosso escritório. Ele é uma das principais ferramentas de trabalho, e eu não trabalho em uma máquina fixa, por exemplo. Não preciso estar na máquina para fabricar uma peça. Meu trabalho é intelectual. Então, estar no Brasil ou estar aqui, em Orlando, é mesma coisa. Eu acho que morar aqui, nos EUA, não gera prejuízos nem compromete a qualidade de meus relacionamentos de trabalho; pelo contrário, eu agrego ao grupo estando aqui, mostrando dinâmicas americanas e dando perspectivas importantes para todos.

Meu sonho é trazer para os Estados Unidos e outros países pessoas que vem do Brasil, de Farroupilha, de São Paulo, de Guarulhos, porque elas já têm a cultura, o DNA do Grupo, e são elas que vão levar as empresas para o mundo todo, sem perder sua identidade. Quando falo dos dez princípios, eles se resumem a três aspectos fundamentais: visão, liderança e equipe. Lá, no topo dos princípios, temos "sonhar grande", que tem a ver com nossa visão de futuro. No meio, nós temos os aspectos de liderança com "meritocracia", "formar líderes", "ser exemplo". Então, temos os que correspondem à equipe com "resultados", "agir como dono", "trabalho duro" etc.

Ewerton: *Você já disse qual é seu maior propósito como líder, e gostaria que você falasse um pouco mais sobre ele e sobre duas palavras que sempre surgem em nossos bate-papos: gostaria que você comparasse a sereia e a cultura.*

José Paulo: Eu tenho propósitos muito específicos. Quero formar 100 bilionários no Grupo. Esse é um propósito financeiro que eu tenho para as pessoas: que pelo menos 100 pessoas consigam se realizar plenamente por meio do Grupo. Eu quero formar muitos CEOs, pelo menos 120 que venham do próprio grupo.

Digo isso porque estou construindo um projeto de vida. Meu foco é o projeto de vida, não apenas um projeto de trabalho. Por exemplo, temos uma empresa no terceiro setor, sem fins lucrativos: a Ideal Way. Seu objetivo é dar uma vida melhor para as pessoas. Então, isso vai muito além do lucro para mim. Muitas vezes, as pessoas não entendem a relação que essa instituição tem. Por exemplo, eu e alguns colegas contribuímos para que esse projeto avance. Eu tenho alguns propósitos como líder: formar pessoas com resultados financeiros, formar líderes e formar pessoas com propósitos, e eu quero levar o Grupo para mais de 100 países. Tudo isso faz parte do grande projeto de minha vida.

Falando sobre sereia e cultura: o que a sereia faz? Ela canta muito bem e atrai o pescador. Quando o pescador a vê no mar, só consegue enxergá-la da barriga para cima. Ele não consegue ver o todo e se encanta pelo canto. Acreditando ser uma mulher que precisa de ajuda, ele mergulha, mas quando pula na água, a sereia o puxa para baixo e ele morre afogado.

A comparação que eu faço é que, no mercado, muitas pessoas vendem ilusões — infoprodutos que prometem sucesso quase instantâneo, fama, poder, e dinheiro. Mas não podemos simplesmente replicar um método e ter sucesso. Se alguém quiser replicar alguma empresa do Grupo fora dela, não vai conseguir. O motivo disso é que esses projetos estão ligados a princípios, valores e uma única cultura. E cultura não é um produto, uma empresa ou uma pessoa. A cultura é algo que se constrói, não é superficial, é algo concreto e sólido.

Quando falamos do Grupo Ideal Trends, são 25 anos de trabalho e muito estudo. Eu tive a oportunidade de sempre estudar. Hoje, tenho pós-doutorado, já li mais de 5 mil livros e já realizei muitas mentorias e orientações. Então, quem vê o sucesso de fora acha que é fácil, mas é preciso ter experiência na vida prática e credibilidade. Muita gente vem trabalhar no grupo pela credibilidade e solidez. Algumas pessoas querem vender facilidades, mas a realidade é bem diferente. Nós precisamos passar por algumas dificuldades e desilusões, porque é com elas que criamos uma visão aguçada sobre os perigos da vida. Se você não se comprometer, não tiver coragem de enfrentar dificuldades e quiser ficar só no que é confortável e fácil, nunca vai conseguir enxergar a verdade e, consequentemente, não poderá contar o que é essa verdade a outras pessoas.

Por isso, desconfie de quem promete fórmulas prontas para o sucesso, sendo que nem mesmo elas o alcançaram. Não busque atalhos. Há quem perde sua carreira atrás de uma ilusão. O resultado disso é depressão e tristeza. Então, para evitar tudo isso, fique de olho na cultura, tenha cuidado com o canto da sereia. Valores monetários nem sempre são interessantes. Valores e princípios são coisas que acontecerão pelo propósito, e não de propósito. Ao longo de minha vida, entendi que é necessário ter discernimento e analisar os frutos para conhecer a árvore.

Ewerton: *Qual é a sua visão de futuro para o grupo?*

José Paulo: Toda live que faço tem uns quadros de fundo, com os mapas do Brasil, dos Estados Unidos e do mundo todo. Eu vou marcando os lugares em que eu gostaria que o Grupo chegasse. Meu sonho é estar em 100 países em 10 anos. Meu sonho é ter 1 milhão de afiliados para a Anne em 5 anos de operação. Meu sonho é ter 300 mil alunos em 5 anos e 1 milhão de alunos em 10 anos na Faculdade, Universidade e Escola de Inglês. Meu sonho é ter um projeto de marketing digital para mais de 1 milhão de empresas. Meu sonho é formar muito CEOs e muitos bilionários, levar a riqueza através do capitalismo social e levar esperança, desenvolvimento e transformação às pessoas. Meu sonho é que o Grupo seja um agente de transformação não só do Brasil, mas do mundo.

Eu sou apaixonado por meu trabalho. Eu amo o que faço. Você nunca vai me ver ostentando ou querendo estampar a capa de uma revista apenas por fama. A maior parte do dinheiro que ganho, invisto novamente no Grupo porque realmente acredito que isso faça parte de um projeto maior de vida. Meu sonho é fazer esse grupo se espalhar pelo mundo inteiro e transformar vidas nele.

Ewerton: *A telespectadora Taynara Brito, pergunta: "Sabemos que hoje um dos objetivos é internacionalizar o GIT. Partindo do princípio Sonhar Grande, qual é seu MAIOR sonho para o GIT?"*

José Paulo: Como eu disse, é a perenidade. O que é perenidade? É legado. É algo que permanece além de minha existência sob o comando de outras pessoas. É ser como companhias centenárias. Então, meu sonho é criar um legado! Eu treino todo mundo para que sejam capazes de reinventar e dar continuidade ao grupo. Muitas empresas do próprio grupo estão deixando de existir. Afinal, é normal que mudanças ocorram. Nós sempre vamos ter 15 projetos ativos. Aqueles que não forem tão escaláveis deixarão de existir para que outros possam surgir e trazer mais resultados. Para isso, preciso formar pessoas que tenham essa visão, que se reinventem, mas que não deixem a cultura do Grupo morrer. Eu preciso formar meu substituto. Eu preciso formar os outros gerentes. Essa pessoa deve ser alguém que queira ler e estudar, correr atrás para fazer as invenções necessárias para o Grupo ter futuro. Eu estou à procura de um sucessor... Estou sempre à procura de líderes, de gente que quer crescer, de pessoas para me substituir para que eu possa fazer outras coisas. Eu sou obstinado em formar líderes.

Respondendo à pergunta da colega, meu sonho é perenidade, legado, transformação, mudança e cultura. Através de nosso trabalho, quero que a gente possa contribuir para que o Brasil se torne um país de primeiro mundo.

Ewerton: *Outra pergunta de uma telespectadora, a Aline Donato: "O que diferencia a Cultura GIT de outras empresas? O que o GIT tem de único?"*

José Paulo: Se você analisar a Ambev e outras empresas, muita coisa do discurso delas é semelhante. Mas dizer e aplicar é uma distância como da Terra até a Lua. Do conhecer até o aplicar existe conhecer, meditar, internalizar e mudar hábitos. Existe toda uma transformação que deve acontecer no processo do conhecer até o fazer. Por isso, há muitas culturas lindas na parede das empresas. Aliás, todas as empresas que têm o selo ISO 9001 precisam ter a política de qualidade, e isso inclui conter uma "cultura". Mas, às vezes, isso existe só no papel. Os donos fazem isso apenas protocolarmente, não querem dar exemplo. Afinal, é muito difícil colocar em prática todo o discurso e a imagem vendida.

Até hoje, eu não cancelei um único compromisso. Entre sementes e lives, foram 1.432, e eu nunca cancelei uma. A diferença da cultura daqui é a liderança pelo exemplo. As pessoas não querem pagar o preço de dormir de madrugada, de estudar, de correr atrás. Ser líder dá muito trabalho. E aí as pessoas querem atalhos. Acham que conseguem as coisas sem se dedicar, levando na flauta, mas isso não tem estrutura.

Eu sou um cara muito consciente. Sei que vou morrer. Há três coisas no mundo das quais você não consegue escapar: mudança (o mundo muda, e ninguém consegue fugir das mudanças; as mudanças acontecerão você querendo ou não), impostos (você vai ter que pagar, até mesmo quando consome arroz) e a morte. Então, tenho consciência das mudanças. É por isso que o chamo de Grupo Ideal Trends: por causa das mudanças. Tenho consciência de que sempre terei que pagar impostos e que um dia irei partir deste mundo. E o meu lema pessoal chama resultado na Terra e galardão (mérito) no céu. Eu respeito todas as fés, mas quero ter muito resultado na Terra e sei que o que faço aqui gera, em minha fé cristã, uma coisa chamada galardão, que são os méritos que irei desfrutar na Eternidade.

Eu tenho esse foco em meu coração. Quando for recolhido, verei outras pessoas dando continuidade ao Grupo. Meus olhos estão fixos na Eternidade. Então, para mim, em termos de grupo, de onde eu estiver, olharei para a Terra para ver o GIT crescendo e se desenvolvendo, melhorando a vida das pessoas. Eu sou um cara que convida as pessoas a terem uma visão holística da vida, uma visão que vai muito além de ganhar dinheiro e que está além de construir um projeto monetário. Nós não temos nada. Eu sempre digo que não sou dono do grupo, e sim gerente no Grupo; não sou dono de minha mulher nem de meus filhos. O Grande Dono de tudo é o Senhor Deus. No dia que Ele decidir que devo partir, não vou levar nada além de meus méritos e dos propósitos que cultivei na Terra. Na verdade, a gente precisa ter consciência que não somos donos de nada material. Você é dono da oportunidade de decidir o que você vai fazer da vida. de como será lembrado quando for embora.

Ewerton: *Pergunta do Gabriel Dias: "Paulo, se você pudesse fazer algo de diferente em sua vida, o que seria?"*

José Paulo: Acho que tudo que fiz me fez ser o que sou hoje. Então, como nunca tive problema de ética, de integridade ou algo similar na vida, não acho que mudaria alguma coisa. Se eu tivesse cometido alguma coisa ilícita, então teria que repensar algumas coisas, mas tudo que fiz foi tentando acertar. Se errei alguma vez foi tentando acertar, de maneira ética e correta, de cabeça erguida e fazendo o que é direito. Portanto, eu não mudaria nada, absolutamente nada.

Ewerton: *Pergunta do Fabio Chammas: "Paulo, de onde vem essa grande vontade de mudar tantas vidas?"*

José Paulo: Bonita pergunta! Essa grande vontade de mudar vidas vem do exemplo do Senhor Jesus, que veio aqui para mudar a vida das pessoas. Jesus, na verdade, não veio para curar nem para tirar o demônio das pessoas. É claro que isso fez parte, né (cura e libertação)? Mas o Senhor Jesus veio para salvar o mundo, para trazer uma perspectiva de amor. Antes Dele, reinava a lei dos homens, de acordo com a cultura Judaica Cristã, e eu sou cristão. Então, essa vontade vem do exemplo de Cristo, de transformação. Aonde Cristo chegar, sempre haverá uma nova vida, uma nova razão de viver, uma nova esperança e novos objetivos. No trânsito, conversão significa mudar de direção, mas, com Cristo, significa mudar a mente. Eu também quero que, onde eu pisar com a planta de meus pés, haja mudança e transformação.

Eu quero ser como aquela bateria que carrega o celular em 120% porque, para mim, quem vive com 120% de energia é mais do que um vencedor. Pessoas comuns vivem com 100% de bateria, mas pessoas inspiradas por um grande líder vivem com a energia em 120%. É como imaginar que a reserva é maior que o tanque de um carro, por exemplo. Essas pessoas vão além do esperado e desejado.

Ewerton: *Pergunta da Nathali dos Santos: "Paulo, tem algo que você não faria novamente no Grupo?"*

José Paulo:

As dificuldades são um trampolim para a maturidade. Elas fazem parte da vida. Vou dar um exemplo: hoje, nós temos o projeto IDE, que é maravilhoso, mas ele surgiu porque contratamos várias agências que não deram certo, até que fomos atrás de uma no sul, o que deu início a um trabalho muito bom. Nós vimos que o resultado disso seria melhor e o transformamos em mais um grande projeto do Grupo. Mas nós tivemos que ir atrás dessa solução porque nenhuma das alternativas havia funcionado antes. Então, a vida é uma sucessão de acontecimentos na qual se busca acertar. Um dia você vai conseguir! Mas o problema é que as pessoas, às vezes, querem acertar pegando atalhos, não fazendo o que é direito. É como andar de bicicleta: você pode cair várias vezes até aprender, mas quando aprende vai ganhando velocidade e em pouco tempo anda até sem as mãos no guidão. Não podemos desistir por causa de erros e dificuldades. Precisamos persistir.

Ewerton: *Para finalizar nosso bate-papo: qual é o sonho do José Paulo, um homem que já conquistou uma vida de sucesso? Qual é o sonho que ainda pulsa em seu coração?*

José Paulo: O sonho que arde em meu coração está em Jeremias 9:23, que diz o seguinte: "Não se glorie o sábio em sua sabedoria nem o forte em sua força nem o rico em sua riqueza, mas quem se gloriar, glorie-se nisto: em compreender-me e conhecer-me, pois eu sou o Senhor, e ajo com lealdade, com justiça e com retidão sobre a terra, pois é dessas coisas que me agrado", declara o Senhor. Então, meu sonho é, a cada dia, conhecer mais a Deus, e ele é tão grande que sei que vou viver minha vida inteira e não vou conhecer 0,00000001% do que é o Senhor. Mas o máximo que eu puder fazer para me aproximar de Deus, eu vou fazer! Quanto mais você conhece a Deus, melhor você é em todas as áreas da vida. Você se torna melhor como pai e como CEO. Sua visão aumenta e você consegue perceber que existe algo além de um projeto de vida: existe um projeto de eternidade. Antes de você nascer já existia um plano para Eternidade que independe de sua condição social e de sua formação. Esse projeto é absoluto e é o mais democrático do mundo.

Meu sonho como CEO é que o Grupo cresça e se desenvolva e que as pessoas melhorem. Eu sei que para que isso vou precisar me aperfeiçoar como pessoa também. Quanto mais eu me aproximo do Criador, mais Ele me dá sabedoria, porque toda boa sabedoria vem Dele. Eu sei que esse sonho é um pouco diferente da maioria dos empresários, mas é o que me faz acordar todos os dias e ter paixão pela vida e por meu trabalho.

O OLHAR
DE UM LÍDER

Um líder não deve apenas ver as coisas, ele deve olhar! Mas, José Paulo, ver e olhar não são a mesma coisa? Eu afirmo categoricamente que não. Muitas vezes vemos, mas não conseguimos interpretar. O ato de ver é apenas uma ação que faz parte do dia a dia; já o ato de olhar nos faz interiorizar, compreender, analisar, sentir, contemplar e viver.

Olhar requer ponderação, imersão, exame e muito discernimento. Um líder não pode se limitar a ver, ele deve ter obrigatoriamente um olhar aguçado e aprofundado. É o líder que "empresta seus olhos" para seus liderados; é com esse olhar que ele indica o caminho para bons resultados. Ele olha através das coisas e consegue antecipar soluções para os desafios, no caminho para o sucesso.

Eu sempre me flagro refletindo sobre o olhar de Deus, o olhar que enxerga a verdade, o caminho correto, sem atalhos, sem travas e sem mácula – um olhar cristalino. Em minha pequenez diante do que creio, jamais quero comparar um líder a Deus, mas acredito que o olhar do líder deve ser semelhante – verdadeiro e cristalino –, afinal todos dependem desse olhar que vai adiante na missão.

E não para por aí: o líder deve ter um olhar positivo e alegre, deve contemplar o belo sem perder o foco e extrair dele o que há de melhor para trazer ao ambiente corporativo. Em outras palavras, sua grama é tão bela quanto a do vizinho. Tudo é uma questão de olhar em vez de simplesmente ver.

Para ficar mais claro esse pensamento, quero deixar aqui um texto extraordinário do grande poeta Olavo Bilac:

Certa vez, um grande amigo do poeta Olavo Bilac queria muito vender uma propriedade, de fato, um sítio que lhe dava muito trabalho e despesa. Reclamava que era um homem sem sorte, pois as suas propriedades davam-lhe muitas dores de cabeça e não valia a pena conservá-las. Pediu então ao amigo poeta para redigir o anúncio de venda do seu sítio, pois acreditava que, se ele descrevesse a sua propriedade com palavras bonitas, seria muito fácil vendê-la.

E assim Olavo Bilac, que conhecia muito bem o sítio do amigo, redigiu o seguinte texto:

"Vende-se encantadora propriedade onde cantam os pássaros, ao amanhecer, no extenso arvoredo. É cortada por cristalinas e refrescantes águas de um ribeiro. A casa, banhada pelo sol nascente, oferece a sombra tranquila das tardes, na varanda."

Meses depois, o poeta encontrou o seu amigo e perguntou-lhe se tinha vendido a propriedade.

"Nem pensei mais nisso", respondeu ele. "Quando li o anúncio que você escreveu, percebi a maravilha que eu possuía."

Algumas vezes, só conseguimos enxergar o que possuímos quando pegamos emprestados os olhos alheios.

Olavo Bilac

MOVIMENTO
EMPREENDEDORISMO IDEAL

Eu encerro este livro trazendo a você, caro leitor, breves palavras sobre o Movimento Empreendedorismo Ideal e desde já o convido a fazer parte desse movimento que, certamente, mudou minha vida e pode mudar a sua vida e das pessoas ao redor. Pense sempre no resultado positivo da vida e da carreira, e é isso que eu quero compartilhar — sem fórmulas mágicas, ações utópicas e resultados intangíveis; muito pelo contrário, o movimento é pautado em uma vida prática e real do que é a vida de um empreendedor, um intraempreendedor e um empresário.

Trata-se de um conceito de empreendedorismo real. Para ser mais didático e claro: é a verdadeira "mão na massa", seja na estratégia, seja no tático, seja no operacional. Caro leitor, empreender está muito distante do que se prega hoje nas mídias sociais, que mostram o caminho inverso e apresentam uma pessoa trabalhando na beira da praia, com um computador em cima de uma mesa em um deck; muitas vezes, a imagem é até caprichada, com um drink ao lado. Pense comigo e verá que faz todo sentido. Esse estilo de vida requer uma grande caminhada antes, e isso não é mostrado.

Outro caminho que estão seguindo é vender fórmulas mágicas para o sucesso, trabalhando lançamentos e infoprodutos sem nenhuma comprovação de resultados e eficácia dos métodos. Comprando o material A, B ou C, tem-se o norte para ser um empreendedor de sucesso. Esse tipo de conduta só traz receita para aquele que está vendendo tais materiais. A prática, caro leitor, é outra realidade.

Falo com propriedade, pois sou fundador e CEO de um grupo de empresas multimilionário e sei que não existe outra forma para o sucesso a não ser o trabalho duro com uma visão geral das coisas que permeiam os negócios. Eu quero sua ajuda para desmitificar esses movimentos existentes, e mostrar realmente que o empreendedorismo é um processo de aprendizado, com erros e acertos e muita, mas muita resiliência para chegar aonde se deseja. É errar rápido, corrigir a rota e continuar sem jamais desistir, pois afirmo que "quem desiste não existe".

Nesse processo de aprendizado, a forma mais inteligente é jamais pegar atalhos ou desprezar o conhecimento acadêmico ou aplicado; e mão na massa!

MOVIMENTO EMPREENDEDORISMO IDEAL

Nunca se esqueça de que:

✓ conhecimento potencializa;

✓ trabalho concretiza.

Procure minimizar os erros e maximizar os acertos e terá resultados em um período menor e com muito mais segurança. Não se trata apenas de ler um material e colocar em prática. Vai muito além disso. Só erra e acerta quem está dentro do processo, dia a dia, onde as coisas acontecem.

Para diminuir drasticamente os erros e aumentar os acertos no processo do empreendedorismo, existe hoje uma única forma eficaz: a mentoria; e ser mentoreado por alguém que tenha experiência real, carreira sólida e de preferência atue em vários mercados, pois terá amplitude e visão de muita coisa e abrirá sua mente para outros universos. Nobre leitor, nada é mais efetivo do que aprender com quem fez e teve sucesso. Essa pessoa já sabe o caminho dos erros e acertos.

Hoje, vemos muito marketing e empreendedorismo de palco. Acabou o evento e cadê o resultado prático? Cadê a prova social de como funciona? Às vezes, influenciadores digitais encantam pelos números de seguidores. Mas eu pergunto: quais negócios ele possui? Quais são seus resultados na prática? E vou além: quantas vidas ele ajudou a transformar? Às vezes, esse tipo de profissional nunca teve uma empresa, não sabe o que é regime tributário, legislações, departamentos de uma companhia, como motivar seus colaboradores e criar algo que ultrapasse gerações.

Mentoria é a chave para o sucesso. Por exemplo, a Grécia tinha um modelo de ensino baseado no um a um, ou seja, uma pessoa experiente ensinando outra. A sala de aula que vemos hoje foi criada pelos romanos. Mas veja quantos filósofos a Grécia formou: Sócrates, Demóstenes, Aristóteles e tantos outros. Isso é extraordinário! E o resultado é fantástico. Isso é o que a mentoria proporciona. Eu usei como exemplo a forma de ensinamento da Grécia, e peço que você, leitor, guarde as devidas proporções.

Hoje, a mentoria é o caminho mais curto. Você pode ler livros e mais livros, fazer cursos e mais cursos, mas, ainda assim, não vai aprender tanto quanto se tivesse um mentor que já passou por vários processos de empreendedorismo, estudou muito, errou, aprendeu, consertou, acertou e teve sucesso. Esse mentor vai poder guiá-lo diretamente para esse caminho. Sou empresário e empreendedor em diversos segmentos, como tecnologia, saúde, educação e até no ramo imobiliário, e dentro de todo processo ensino os colaboradores a serem intraempreendedores também, atuando como se o emprego fosse sua empresa.

Convido você a colocar esse Movimento do Empreendedorismo Ideal — a verdadeira forma de empreender — em prática e a dividi-lo com outras pessoas. Assim, ajudaremos empreendedores, empresários e profissionais a crescerem na carreira e na vida.

Este capítulo é para empreendedores e empresários já estabelecidos que querem ter uma visão realmente contemporânea e uma mentoria orientada para resultados com quem já sabe o caminho.

Eu o convido a caminhar comigo nesse Movimento e a seguir as pegadas para o sucesso.

Acesse: www.empreendedorismoideal.com.br

ESCANEIE AQUI
E acesse o Movimento Empreendedorismo Ideal.

DEPOIMENTOS

Ele é um grande líder, mentor, amigo e exemplo de humildade. Sob sua liderança, conseguimos atingir patamares de resultados que jamais imaginávamos alcançar. Obrigado, José Paulo, por nos proporcionar a vivência de um sonho grande!

Romário Martins — sócio e vice-presidente do Grupo Ideal Trends

José Paulo tem uma habilidade ímpar de formar líderes. Coragem e humildade são duas qualidades que o definem. Obrigada, meu grande mentor, por me ensinar o que é o verdadeiro sucesso em sua essência.

Rosângela Martins — sócia e vice-presidente de Novos Negócios do Grupo Ideal Trends

Paulo se demonstra implacável à frente de seus desafios, buscando sempre a excelência e entrega de resultados a seus parceiros de trabalho. Com muita sabedoria direciona seus liderados rumo ao sucesso.

Obrigado por toda a paciência, orientação e, principalmente, pela chance de mostrar meu melhor.

William Souza — sócio do Grupo Ideal Trends

José Paulo é um homem de resultados, íntegro, correto, que vive uma cultura de muito trabalho duro, meritocracia e integridade; um ser humano que não mede esforços para extrair o melhor de todos, um exemplo.

Aproveito para agradecer todo direcionamento e resultado que proporcionou para minha vida, sou grato a Deus e a você, principalmente, por tê-lo como meu amigo. Te considero como meu irmão.

Júnior Cezar Franco Pereira — sócio e vice-presidente do Grupo Ideal Trends

DEPOIMENTOS

José Paulo tem uma energia incomparável. São admiráveis seu foco e sua visão de negócio; tem uma capacidade ímpar de reconhecer talentos e conectá-los a um sonho grande. Sou muito grato a ele pelo que sou hoje, profissional e pessoalmente, e continuo aprendendo com ele todos os dias.

Caio Chimera

Conviver com o José Paulo é uma verdadeira jornada de conhecimento e sabedoria. É como se ele "transferisse" o resumo do que há de melhor em três livros em cada bate-papo de 15 minutos. A forma como ele se conecta e direciona as pessoas para que elas atinjam seu máximo potencial é fascinante!

Sou muito grato por todo conhecimento compartilhado e principalmente por voltar a sonhar. Eu sou uma das pessoas que foram impactadas e conseguiram ressignificar o sentido da vida.

Carlos Aono — sócio e vice-presidente do Grupo Ideal Trends

Paulo é o tipo de pessoa que entrou na minha vida para me guiar e mostrar uma forma mais digna de caminhar, na vida pessoal e profissional, um grande mentor que expande nossa visão sobre o que é possível alcançar na vida.

Rita Kuster — diretora de franquias do Grupo Ideal Trends

JP é uma pessoa sensacional, ímpar na carreira e um exemplo de cidadão, pai, pessoa de forma geral.

Sua liderança tem a essência mais nobre de um grande líder: inspirar pessoas. Não são as palavras que fazem isso, mas as atitudes; ele não fala de coisas que leu ou ouviu, suas ações mostram o caminho para termos sucesso. A frase que define o JP é seu slogan de vida: "Para ter o melhor, dê seu melhor".

Carlos Moraes — diretor do Grupo Ideal Trends

Ele disse: "Para aqueles que acreditarem nesse projeto e se dedicarem, aqui será a última empresa da sua vida!". E assim ele me tornou sua sócia.

Débora Torate — sócia e diretora do Grupo Ideal Trends

Assim como um lapidador, José Paulo tem a incrível habilidade de transformar um mineral bruto em um diamante, aplicando a pressão exata a fim de moldar e aflorar o melhor de cada profissional.

Karina Nascimento — sócia e diretora do Grupo Ideal Trends

Conheci o José Paulo por intermédio da esposa, Roseli, que chegou até mim pelo convênio e gostou do tratamento. Em uma das muitas conversas que tivemos, falei para ela sobre minha vontade de crescer e sobre meus sonhos. Na época, ela trabalhava com marketing digital e me disse que enviaria um consultor, que eu nem suspeitava que era o marido dela e, inclusive, quis passar por uma avaliação.

E foi em 16/9/2016 que meu paciente me proporcionou talvez a maior mudança de minha vida. Quem poderia imaginar que uma simples conversa entre dentista e paciente se tornaria algo tão próspero!? Eu diria que foi quando um sonho começou a tomar forma e se tornar realidade.

Essa simples conversa proporcionou mudança de valores, vidas, pessoas, desafios, sonhos e propósitos. E foi assim que de paciente o José Paulo se tornou sócio e amigo. Relação de extrema confiança e admiração. Um homem de habilidades únicas e sensibilidade ímpar! Sua missão se tornou minha: proporcionar às pessoas oportunidades e ajudá-las a liberarem seu potencial. Esse é o fenômeno José Paulo.

Grande abraço de seu sócio e amigo.

Dr. Alex Guilger — sócio da Vue Odonto

José Paulo é um grande líder e, como líder, sabe conduzir todos a níveis mais altos. Sua capacidade de inspirar e transformar pessoas é incrível. Essa humildade o torna uma pessoa totalmente acessível, sempre pronto a ensinar e desafiar a todos que se dispõem a seguir seus direcionamentos.

Liliane Oliveira — sócia e diretora do Grupo Ideal Trends

Em dezembro de 2015 fiz uma entrevista de trabalho que mudaria minha vida e fui contratada para trabalhar no Grupo Ideal Trends como analista de contas a pagar. Jamais imaginaria que nessa jornada eu receberia tantas oportunidades e desafios. Cresci muito como pessoa e como profissional – em menos de 3 anos me tornei sócia-diretora, realizei sonhos e estou realizando muitos outros.

Obrigada, Paulo, pelas orientações, mentorias e oportunidades.

Katia Rodrigues — sócia e diretora do Grupo Ideal Trends

Trabalhar sob a liderança do José Paulo é um aprendizado a cada conversa. Posso dizer, com muita segurança, que tenho conseguido me desenvolver muito como profissional, pois sou instigado e desafiado a todo momento a entregar o meu melhor. O mais impressionante disso tudo é que o José Paulo desperta essa atitude nos colaboradores pelo exemplo de dedicação, estudo e trabalho duro e persistente. Muito mais que apenas um CEO, José Paulo é um parceiro no desenvolvimento e acompanhamento dos projetos, nas mais diversas áreas das empresas que preside.

Outro ponto que merece muito destaque na gestão do José Paulo é ter conseguido plantar a cultura do Grupo de uma maneira muito, mas muito fantástica, pois a cada atividade, cada projeto, cada atitude de seus colaboradores e colegas os princípios são os norteadores para sabermos se estamos no caminho certo.

Por fim, mas não menos importante, preciso evidenciar o grande ser humano com o qual temos o privilégio de conviver. Seu exemplo é o ponto-chave para o desenvolvimento das pessoas que caminham junto com ele.

José Paulo, só tenho a agradecer pela oportunidade de estar contigo nesta jornada, desenvolvendo projetos incríveis com os quais poderemos mudar a vida das pessoas. Ser mentoreado por você é um grande privilégio. Conte comigo sempre e parabéns pelo caminho que percorreu até aqui e pelo que tem deixado de legado para todos.

Fábio Fonseca – diretor Ideal Educação

É difícil falar sobre o grande amigo José Paulo Pereira Silva. Desde que o conheci, percebi que sua vida é uma carta lida, como a Bíblia cita em II Co 3. Pode soar exagero falar desta forma, mas hoje é raro encontrar um cristão com autenticidade e que aplica o evangelho no dia a dia. Transparente no falar e no proceder. Tenho Paulo como uma referência; seus ensinamentos são claros e quando aplicados estamos agradando ao nosso Deus. Tenho a certeza de que todo conhecimento ele dividirá com milhares de pessoas com a bênção do Eterno.

José Paulo, eu poderia citar vários versículos bíblicos para descrever sua pessoa, como amigo, pai, esposo e companheiro de jornada, mas suas atitudes falam por você e, com certeza, muitas pessoas conhecerão a Cristo por seu intermédio.

José Paulo gosta de mencionar que conhecer a Deus constitui a glória do homem, conforme o texto de Jeremias:

"Assim diz o Senhor: Não se glorie o sábio na sua sabedoria, nem o forte, na sua força, nem o rico, nas suas riquezas; mas o que se gloriar, glorie-se nisto: em me conhecer e saber que eu sou o Senhor e faço misericórdia, juízo e justiça na terra; porque destas coisas me agrado, diz o Senhor."

Jeremias 9.23-24

Pastor Alexandre Silva — amigo e irmão em Cristo

José Paulo é um dos profissionais mais inteligentes e competentes que já conheci.

Líder exponencial, tem uma visão global e sistêmica, estando sempre à frente do que está por vir, abrindo novos caminhos e criando paradigmas a serem seguidos.

Ágil e destemido em transpor obstáculos, sempre apresenta alta energia na concepção e na implementação de novos projetos.

Por ter uma liderança cativante e carismática, consegue criar engajamento e energia positiva entre as pessoas, obtendo o melhor de suas habilidades e com resultados surpreendentes nas equipes. O foco e a crença no desenvolvimento do ser humano fazem parte de todas as suas ações.

Sua oratória é marcante, sempre com conteúdos que agregam valor, além de ter uma excelente didática e uma comunicação alinhada a cada público.

Outro atributo muito positivo do José Paulo é o equilíbrio existente entre o sucesso profissional e seu lado humano. Realiza inúmeras ações sociais que beneficiam pessoas e a sociedade em geral, bem como é um grande exemplo de dedicação à família.

É um privilégio, para mim, poder conviver e absorver todos os seus ensinamentos.

Sonia Simões Colombo

CEO da HUMUS

Presidente do Instituto ELA Educadoras do Brasil

Embaixadora da marca Anne Caroline Global

Tive a grata satisfação de conhecer o José Paulo Pereira Silva em um curso da FCU, no qual sou Branch Coordinatior, onde ele foi estudante para o doutorado internacional. Continuamente aplicado e preocupado em desenvolver sua carreira para progredir profissionalmente, sempre me deixou feliz por acreditar em meus sentimentos e confiar em minhas sugestões, que não foram poucas.

Logo que ele terminou o curso de doutorado, sugeri que cursasse o pós-doutorado internacional, que o tornaria mais competitivo e impulsionaria os negócios de sua empresa.

Assim ele procedeu sem hesitar. Fez o doutorado e o pós-doutorado na FCU e nos prestigiou com sua presença em vários seminários internacionais realizados pela Competency do Brasil, sendo o primeiro na Argentina, abrilhantando as aulas com suas experiências e muito comunicativo com o grupo, no qual recebeu o apelido carinhoso de "Presidente".

E não foi por acaso, pois sabemos que o universo conspira a nosso favor. A partir daí, ele nos acompanhou em Nova York, Houston, Orlando, Portugal até o fim de 2019. Só não participou mais devido à pandemia que acometeu o mundo, dificultando as relações internacionais até o presente momento.

Não se contentando com isso, achou que era o momento de internacionalizar a empresa, uma vez que já havia internacionalizado sua carreira. Assim, ele realizou mais um sonho. Essa atitude trouxe mudanças muito positivas em relação ao mercado em que atua.

Agora, ele me retribui convidando para fazer este depoimento, para que todos conheçam sua trajetória de otimismo e sucesso, sem nunca esquecer o fator humano, que é a marca registrada desse profissional em todas as suas realizações.

Parabenizo meu amigo pela iniciativa e pelo exemplo a ser seguido.

Rafael Olivieri Neto

Economista, mestre em Educação, Artes e História da Cultura pela Universidade Mackenzie, Ph.D. e pós-doutor em Administração pela FCU, CEO da Competency – Avanço Profissional Global, professor de pós-graduação da FGV Management e de outras instituições de ensino.

Falar de José Paulo é motivo de grande alegria para mim, pois me identifiquei demais com esse ser humano extremamente proativo, maravilhoso e extraordinário!

José Paulo é um dos maiores líderes que já vi em meus 48 anos de vida, pois lidera com amor, atenção, cuidado, firmeza, mas extrema dignidade e humildade, respeitando e valorizando cada feito de cada ser humano ao redor.

José Paulo, em minha humilde opinião, é um ser de luz completamente abençoado por Deus e que veio a este mundo com uma linda missão divina: transformar a vida de todos por onde passa, fazen que pessoas comuns se transformem em pessoas e líderes incríveis!

Paulo querido, parabéns e obrigado por tudo, saiba que é uma honra estar podendo falar de você, desejo que Deus continue lhe abençoando, protegendo e iluminando sua vida e seus passos por onde quer que esteja, pois o mundo precisa de mais seres humanos como você.

Desejo que este livro invada todos os corações e mentes, intensificando suas ações e gerando resultados geniais para cada um que o ler.

Beijo em seu coração, meu amigo, forte abraço e sucesso sempre!

André Segatti

Tenho grande satisfação e privilégio de registrar meu profundo respeito, carinho e admiração pelo José Paulo, um ser humano incrível. Chega sempre com grande sorriso no rosto, esbanjando alegria e disposição, sempre com perguntas intrigantes e inteligentes.

Um líder nato, motivador e estimulador com todos ao redor, tendo a capacidade de transformar a vida de pessoas com quem se relaciona.

Um empresário competente, visionário e agressivo no mundo dos negócios; tudo isso faz dele um homem de sucesso que tenho o prazer de chamar de amigo.

DEPOIMENTOS

Deus abençoe grandemente tudo o que fizer, que o Espírito Santo continue orientá-lo e que Jesus Cristo seja sempre sua viva esperança.

Pastor Raimundo N. Barbosa

Pastor presidente da igreja

O Brasil para Cristo USA

Em Orlando, Flórida

Comecei no Grupo Ideal Trends por meio da IDE. Nunca senti em nenhuma outra empresa a união de uma equipe em prol do mesmo objetivo tão evidente. A humildade de todos que você conhece dentro do grupo surpreende, principalmente do CEO, o José Paulo, uma pessoa com tamanho conhecimento, que faz a mentoria de todos que convivem com ele e tem um coração gigante. Ele acredita no nosso potencial mais do que nós mesmos. Ele é extremamente justo e bondoso. Todos os seus projetos têm objetivos nobres, como o de ajudar as pessoas.

Ele fala o que você precisa ouvir para você conseguir evoluir cada vez mais. Ele torce pelo sucesso de todos. Ele implementou os princípios de vida que segue na cultura do Grupo Ideal Trends. E nesse livro ele relata todos os campos da sua vida, sua trajetória de insucessos e sucessos, tudo que ele conquistou com muita dedicação, estudo e equilíbrio. Ele mostra que com persistência todos conseguem, mas não são todos que estão dispostos a trilhar o mesmo caminho que ele. Obrigada, Paulo, pelos ensinamentos diários e parabéns por compartilhar seus conhecimentos com o mundo com esse livro.

Gisele Flôres – gestora de Projeto IDE

José Paulo é um grande exemplo de liderança. Inspira e engaja todas as pessoas ao seu redor. Ele consegue extrair das pessoas o melhor delas, e isso é incrível. Com certeza minha maior dádiva hoje é trabalhar perto dele e ter aulas diárias sobre trabalho, vida, e o melhor, sobre Deus. Gratidão é a palavra que resume tudo que o GIT e o Paulo me proporcionaram até aqui. Meu desejo é continuar evoluindo todos os dias ao lado desse CEO extraordinário.

Aline Santin – gerente de RH

Falar sobre José Paulo Pereira é um privilégio imenso, um presente de Deus. Conheci José Paulo e parte de sua família em 2009, quando eu tinha uma Web TV chamada Clic TV – ele apresentava alguns programas e a Rosangela apresentava o programa Embalagem Ideal. Notei que enquanto a maioria das pessoas ficava em dúvida sobre os caminhos da evolução da internet, José Paulo já tinha fincado um pé nessa nova plataforma e iniciou com maestria o "surfar nessa onda". Sempre com astral elevado, ideias inovadoras e facilidade em vislumbrar rapidamente caminhos onde a maioria das pessoas vê problemas, ganhou a minha confiança e de todos que o cercam. Posteriormente o indiquei para fazer o mestrado e o doutorado pela FCU, desafio que ele topou e apresentou um trabalho maravilhoso, fruto de muitas pesquisas, tornando-se conhecido também nos Estados Unidos como um jovem empreendedor promissor. Continuamos em contato, tivemos a oportunidade de trocar ideias sobre novos negócios e, há alguns anos, o apresentei para a Kalahary Cosméticos, empresa que ele incorporou e renovou o jeito de vender novos tipos de produtos e serviços. Em uma das ocasiões ele chegou a me comparar com André, que apresentou João a Jesus. Fiquei muito lisonjeado, pois não mereço tamanha consideração. Sempre acompanho os trabalhos do José Paulo no Brasil e nos Estados Unidos e fico extremamente radiante quando imagino esse rapaz de espírito e sentimentos nobres gerando novos empregos, enxergando formas e maneiras de minimizar o tempo dos trabalhos, automatizando o que for necessário. Agradeço a Deus por ter me presenteado com um amigo como José Paulo Pereira, e desejo votos de muito sucesso.

Kendi Sakamoto, Ph.D., sócio-diretor da TV Relacionamento e da editora Laços

Sempre acreditei que pessoas aparecem na vida da gente com um propósito, para edificarmos ou para que lições de vida sejam aprendidas. Dr. José Paulo, com muito talento e dedicação, vem desenvolvendo essa função – mudar vidas e realizar mudanças positivas no comportamento humano e na gestão empresarial. Com um caminho brilhante a seguir, tem demonstrado competência, conhecimento e, acima de tudo, ser um homem de visão. Me sinto honrado e grato por tê-lo conhecido; iluminou nossos caminhos com mensagens dinâmicas e progressistas.

Dr. Daniel Galeli – Presidente da Platina Life USA

DEPOIMENTOS

Falar do José Paulo é um privilégio. Conhecê-lo é uma verdadeira realização. É um líder e empreendedor nato, com visão aguçada para os negócios. É CEO do Grupo Ideal Trends, um relevante conglomerado de empresas do Brasil com crescimento exponencial. Traz dentro de si princípios fundamentais, como integridade, honestidade, coragem, determinação e fé. Quando o conheci, apresentou com muito entusiasmo e energia o projeto educacional delineado, com o objetivo de desenvolver o ser humano para alcançar resultados e liberdade financeira. Sua preocupação é passar todo o seu conhecimento para o desenvolvimento de pessoas nas diferentes áreas do mercado. Com isso, se concretiza um sonho na área da educação: construir uma faculdade disruptiva no sentido de liberar o potencial das pessoas, de dar liberdade para elas crescerem.

A faculdade tem como missão ser um polo multiplicador de conhecimentos e potencial das pessoas. Coincidentemente, trabalhei na OSEC, mantenedora da Faculdade de Santo Amaro, onde José Paulo, aos 10 anos de idade, foi realizar um tratamento dentário gratuito e, depois de muitos anos, nos encontramos para a realização e concretização desse projeto de educação que, com certeza, fará a diferença para milhares de pessoas.

É com enorme prazer que tenho oportunidade de participar desse momento tão importante, sob sua liderança, adquirindo conhecimentos e abrindo novos caminhos.

Prof.ª Denise Tofik – diretora acadêmica

Em abril de 2021, tive o prazer de conhecer o Grupo Ideal Trends na minha jornada profissional, para assumir o projeto grandioso da Ideal Books e, algumas semanas depois, conhecer em um treinamento o José Paulo, que mostrou ser os princípios do grupo. Nessa mesma semana, fui envolvida pelo livro e, durante o folhear das páginas, encontrei um prisma construído de momentos pessoais e profissionais, refletindo a humanização. Esse material é atemporal e clássico, com muita técnica aplicável a todos os campos da vida.

Obrigada, José Paulo, pela jornada que tem me proporcionado.

Raquel Lorenz – coordenadora editorial Ideal Books

Em julho de 2020, conheci a empresa que mudaria minha vida. Dentro de uma oportunidade de trabalho, quem poderia imaginar encontrar um mentor de vida e propósitos grandiosos para melhorar o mundo? José Paulo é um homem que decidiu compartilhar com todos os que desejam crescimento e transformação de vida, e como ter resultados de forma verdadeira e simples. Liderança, integridade e extrema dedicação são algumas das suas características altamente perceptíveis, formando assim uma comunidade de pessoas realizando e vivendo sonhos dentro de uma cultura extraordinária, chamada Grupo Ideal Trends.

Gratidão resume meu sentimento por todas as horas de mentoria, sensibilidade, feedbacks e conhecimento compartilhados todos os dias. Minha vida mudou a partir do momento que entrei para o Grupo Ideal Trends, amplificando todos os meus sonhos e me permitindo visualizar um futuro ímpar ao lado de pessoas extraordinárias.

Matheus Colombo – diretor de marketing IDE

Posso garantir que José Paulo traz de forma única o que é ser um líder exponencial. Consegue deixar todos motivados e dispostos a encarar os desafios. Aprendi muito sobre estratégias digitais, liderança, motivação, marketing de relacionamento e empreendedorismo. Tenho a felicidade de receber suas mentorias diariamente. Sem sombra de dúvida, José Paulo acelerou meu crescimento profissional e de conhecimento em 20 vezes. Fazer parte de um Grupo no qual seu fundador e CEO está envolvido com todos os projetos, motivando e auxiliando tudo ao seu alcance é inspirador. Por esse motivo o grupo produz tanta liderança eficiente. Tanta gente ideal. Só tenho a agradecer ao Grupo Ideal Trends, em especial ao nosso fundador e CEO José Paulo. Obrigado!

Luis Fernando Menti – estrategista digital

Se eu tivesse que resumir o José Paulo em única palavra, eu diria "liderança", porque tudo o que ele construiu até hoje é resultado de sua força como um grande líder. E não é apenas a sua capacidade de liderar que faz a diferença, mas também sua habilidade em formar novos líderes que reverberam a sua força em todos os negócios em que está envolvido. Eu me sinto privilegiado em poder fazer parte do Grupo Ideal Trends e ter

DEPOIMENTOS

diariamente a energia do José Paulo contribuindo para meu crescimento pessoal e profissional.

Ter uma visão além do alcance comum não é algo para muitos e esta é, sem dúvidas, uma das suas qualidades, que promovem o sucesso de todos os seus empreendimentos. A sua visão estratégica somada ao seu poder de ação faz de José Paulo Pereira Silva um dos maiores empresários da atualidade.

Hugo Lopes – estrategista digital

José Paulo é um líder nato, com uma visão muito além de sua época e princípios sólidos; é um empreendedor visionário, e por onde passa o sucesso é eminente. O Grupo Ideal Trends é reflexo da sua liderança, pois com sua simplicidade e visão conquistou o sucesso exponencial.

Sua capacidade de liderar leva qualquer pessoa de estagiário a líder de uma empresa ou grupo. Lidera pelo exemplo e mostra que para realizar sonhos é necessário trabalhar duro, honrando com os compromissos e sendo íntegro até o fim. Sua liderança já transformou muitas vidas; suas mentorias diárias, feedbacks e cuidado com as pessoas fazem que o Paulo seja um líder diferente de tudo e de todos, transformando-se em uma inspiração e um exemplo a ser seguido.

Ser mentoreado pelo Paulo é um aprendizado valioso a cada dia e com toda certeza quem aplica os seus ensinamentos se transforma em uma pessoa totalmente nova, com resultados incríveis em todas as áreas da vida.

Gratidão imensa por todos os aprendizados e mentorias, que Deus lhe abençoe hoje e para todo o sempre.

Israel Tavares – gestor de projetos

O José Paulo é um exemplo de pessoa. Verdadeiro líder, construiu um grupo extremamente forte com base em princípios que hoje são aplicados não só no trabalho, mas na vida. Um CEO incrível, com foco em resultados, que sempre busca a excelência em tudo o que faz. Tenho orgulho em dizer que faço parte do Grupo Ideal Trends e agradeço demais os momentos de mentoria, nos quais aprendemos na prática o que é ser um verdadeiro líder.

Lucas Bevilacqua – gestor de tráfego

Ser mentoreada pelo José Paulo tem sido um dos grandes privilégios de minha vida profissional. Ele expande minha mente e amplia minha visão. Como mentor, desafia meu *status quo*, sempre me tirando da zona de conforto e me impulsionando para um crescimento exponencial. Tenho uma gratidão genuína a toda lapidação e cuidado desse grande líder.

Karina Nascimento – diretora de marketing e vendas da Anne e Ideal MultiBusiness

Em uma carreira de sucesso, você passará por várias pessoas incríveis, que te ensinarão ricos conhecimentos, porém sempre terá uma delas em destaque, por sua postura, inteligência, coerência, profissionalismo, resultado etc. No meu caso, tive o prazer de encontrar o José Paulo, que contém todas essas qualidades e muitas outras, elevando o meu nível de aprendizagem e crescimento em pouco tempo de convívio. Cada palavra, desafio e feedback me fez e me faz crescer todos os dias. Serei eternamente grato.

Ademar Soares – gestor de rede da Anne

REFERÊNCIAS

ALTSCHULER, Max. **Hacking Sales**: The Playbook for Building a High-Velocity Sales Machine. Wiley, 2016.

As 8 vantagens do marketing multinível. Disponível em: http://www.listaindica.com.br/guia/promocoes/18/_as_8_vantagens_do_marketing_multinivel. Acesso em: 16 abr. 2021.

ASH, Mary Kay. **The Mary Kay Way**: Timeless Principles from America's Greatest Woman Entrepreneur. Wiley, 2008.

ATTEBERRY, Mark. **As lições de Salomão**: O que aprender com os erros e acertos do homem mais sábio que já existiu. Thomas Nelson Brasil, 2015.

BABBES, George S.; ZIGARELLI, Michael A. **The Minister's MBA: Essential Business Tools for Maximum Ministry Success.** Holman Reference, 2006.

BACHA, Edmar. **O futuro da indústria no Brasil**: Desindustrialização em debate. Civilização Brasileira, 2015.

BAUMAN, Zygmunt. **Modernidade Líquida.** Jorge Zahar, 2001.

BATES, Suzanne. **Discover Your CEO Brand**: Secrets to Embracing and Maximizing Your Unique Value as a Leader. McGraw-Hill Education, 2011.

BBVA Innovation Center. **Universo 'startups' (Fintech Series by Innovation Edge).** 2016.

BECK, Brian; HOAR, Andy. **Billion Dollar B2B Ecommerce**: Seize the Opportunity. Monrovia Media, 2020.

BENTON, D. A. **Secrets of A CEO Coach**: Your Personal Training Guide to Thinking Like a Leader and Acting Like a CEO. McGraw-Hill Education, 1999.

BÍBLIA. Português. **Bíblia sagrada.** Thomas Nelson, 2019.

BOUDREAU, Dan. **BUSINESS PLANNER'S ROADMAP**: Imagine Your Future | Plan Your Business | Make It Real. Macrolink Action Plans Inc., 2021.

BROUNSTEIN, Marty. **Coaching and Mentoring For Dummies.** For Dummies, 2000.

BRYAR, Colin; CARR, Bill. **Working Backwards**: Insights, Stories, and Secrets from Inside Amazon. Pan Macmillan, 2021.

BUFFET, Mary; CLARK, David. **O Tao de Warren Buffett**. Sextante, 2007.

BUSSGANG, Jeffrey. **Mastering the VC Game**: A Venture Capital Insider Reveals How to Get from Start-up to IPO on Your Terms. Portfolio, 2011.

BRANSON, Richard. **Like a Virgin**: Secrets They Won't Teach You at Business School. Portfolio, 2012.

BRUM, Carminha; BRUM, Fernando. **Os Milionários do Marketing Multinível**: Estratégias de Recrutamento e Duplicação na Era Digital. 2016.

CARROLL, Paul B.; MUI, Chunka. **Billion Dollar Lessons**: Learn from the Most Inexcusable Business Failures. Brilliance Audio, 2008.

CARNEGIE, Dale. **Como fazer amigos e influenciar pessoas**. Sextante, 2019.

CHRISTENSEN, Clayton M. **The Innovator's Dilemma**: When New Technologies Cause Great Firms to Fail. Harvard Business Review Press, 2016.

_____.; GREGERSEN, Hal. **DNA do inovador**: dominando as 5 habilidades dos inovadores de ruptura. Alta Books, 2019.

CHISHTI, Susanne; BARBERIS, Janos. **The FINTECH Book**: The Financial Technology Handbook for Investors, Entrepreneurs and Visionaries. Audible Studios, 2016.

CLARK, Timothy. **Business Model You**: A One-Page Method For Reinventing Your Career. Wiley, 2012.

COHEN, Jared; SCHMIDT, Eric. **The New Digital Age**: Transforming Nations, Businesses, and Our Lives. Vintage, 2014.

COLLINS, Jim. **Empresas Feitas para Vencer**. Elsevier, 2001.

_____. **Vencedoras por Opção**: Incerteza, caos e acaso: por que algumas empresas prosperam apesar de tudo. Alta Books, 2018.

CORLEY, Thomas C. **Rich Habits**: The Daily Success Habits of Wealthy Individuals. THOMAS C. CORLEY, 2016.

CORREA, Cristiane. **Sonho grande**. Primeira Pessoa, 2013.

_____. **Vicente Falconi**: O que importa é resultado. Primeira Pessoa, 2017.

CRAINER, Stuart. **Gestão**: como envolver e motivar a equipe para o sucesso. Bookman, 2014.

_____. **Estratégia**: arte ciência na criação e execução. Bookman, 2014.

_____. **Pensando o futuro**: Novas ideias sobre liderança, estratégia e inovação para o século 21. Bookman, 2015.

_____. **Liderança**: como atingir o sucesso organizacional. Bookman, 2014.

_____. **Inovação**: como levar sua empresa para o próximo nível. Bookman, 2014.

_____. **Gurus da Administração**: Os Pensadores Indianos e as Melhores Ideias em Inovação, Gestão, Estratégia e Liderança. Bookman, 2015.

CRUZ, Fundação Oswaldo. **A saúde no Brasil em 2030**: organização e gestão do sistema de saúde. SciELO – Fundação Oswaldo Cruz, 2013.

DALIO, Ray. **Princípios**. Intrínseca, 2018.

DE SOUZA, Francisco Alberto Madia. **O Grande Livro do Marketing**. M.Books, 2014.

DIAMANDIS, Peter H; KOTLER, Steven. **Bold**: How to Go Big, Create Wealth and Impact the World (Exponential Technology Series). Simon & Schuster, 2015.

_____. **BOLD**: oportunidades exponenciais: um manual prático para transformar os maiores problemas do mundo nas maiores oportunidades de negócio... e causar impacto positivo na vida de bilhões. Alta Books, 2018.

DINIZ, Bruno. **O Fenômeno Fintech**: Tudo sobre o movimento que está transformando o mercado financeiro no Brasil e no mundo. Alta Books, 2020.

DINIZ, José Janguiê Bezerra. **Inovação em uma sociedade disruptiva**. Novo Século, 2020.

DINO. **Vendas Diretas crescem e abrem oportunidades em meio à pandemia**. 2020. Disponível em: https://www.metropoles.com/dino/vendas--diretas-crescem-e-abrem-oportunidades-em-meio-a-pandemia. Acesso em: 16 jun. 2021.

DIXON, Matthew. **A venda desafiadora**: Assumindo o controle da conversa com o cliente. Portfolio-Penguin, 2013.

DOERR, John. **Avalie o que importa**: como o Google, Bono Vox e a Fundação Gates sacudiram o mundo com os OKRs. Alta Books, 2019.

DOUGLAS, William. **25 Leis Bíblicas do Sucesso**. Sextante, 2012.

DWECK, Carol S. **Mindset**: a nova psicologia do sucesso. Objetiva, 2017.

ELLIS, Sean; BROWN, Morgan. **Hacking Growth**: How Today's Fastest-Growing Companies Drive Breakout Success. Currency, 2017.

_____. **Startup Growth Engines**: Case Studies of How Today's Most Successful Startups Unlock Extraordinary Growth. Currency, 2014.

FABER, Meb. **Global Asset Allocation**: A Survey of the World's Top Asset Allocation Strategies. The Idea Farm, 2015.

FACTS, Entrepreneurship. **101 Entrepreneurial Facts About 10 of The Most Successful BILLIONAIRES That Can Inspire You**: Warren Buffett, Steve Jobs, Elon Musk, Richard Branson, Mark Cuban, Oprah Winfrey, Jeff Bezos. EntrepreneurshipFacts.com, 2016.

FAUSTINO, Paul. **Marketing Digital na Prática**: Como criar do zero uma estratégia de marketing digital para promover negócios ou produtos. DVS Editora, 2019.

FELD, Brad; RAMSINGHANI, Mahendra. **Startup Boards**: Getting the Most Out of Your Board of Directors. Wiley, 2013.

FINCH, Victor. **Big Data For Business**: Your Comprehensive Guide To Understand Data Science, Data Analytics and Data Mining To Boost More Growth and Improve Business. 2017.

FRANKLIN, Jentezen. **Right People, Right Place, Right Plan**: Discerning the Voice of God. Whitaker House, 2017.

FRIDSON, Martin S. **How to be a Billionaire**. 2001.

GALLOWAY, Scott. **The Four**: The Hidden DNA of Amazon, Apple, Facebook, and Google. Portfolio, 2017.

GARGUGLI, Étienne. **Lean B2B**: Build Products Businesses Want. CreateSpace Independent Publishing Platform, 2014.

GERBER, Michael E. **E-Myth Mastery**: The Seven Essential Disciplines for Building a World-Class Company. Harper Business, 2007.

GEROMEL, Ricardo. **Bilionários**: O que eles têm em comum além de nove zeros antes da vírgula? Leya Brasil, 2014.

GODIN, Seth. **Isso é marketing**: para ser visto é preciso aprender a enxergar. Alta Books, 2019.

_____. **Instagram Marketing Secrets 2021**: The Ultimate Beginners Guide to Grow your Following, Become a Social Media Influencer with your Personal Brand. 2020.

GOLEMAN, Daniel. **Inteligência Emocional**. Objetiva, 1995.

GRAHAM, Billy. **Hear My Heart: What I Would Say to You.** Howard Books, 2018.

GROVE, Andrew S. **Gestão de Alta Performance**: Tudo o que um gestor precisa saber para gerenciar equipes e manter o foco em resultados. Benvirá, 2020.

_____. **O Dilema da Inovação**. M.Books, 2011.

GUILLEBEAU, Chris. **The $100 Startup**: Reinvent the Way You Make a Living, Do What You Love, and Create a New Future. Currency, 2012.

GRAHAM, Benjamin. **The Intelligent Investor**. HarperBusiness, 2006.

HASHMI, Osama A. **Innovation Thinking Methods for the Modern Entrepreneur**: Disciplines of Thought That Can Help You Rethink Industries and Unlock 10x Better Solutions. Next Thirty Press, 2017.

HALLMAN, G. Victor. **Private Wealth Management: The Complete Reference for the Personal Financial Planner**. McGraw-Hill Education, 2015.

HALLIGAN, Brian; SHAH, Dharmesh. **Inbound Marketing, Revised and Updated**: Attract, Engage, and Delight Customers Online. Wiley, 2014.

HAMEL, Gary; PRAHALAD, C. K. **Competing for the Future**. Harvard Business Review Press, 1994.

HAUGEN, Peter. **World History For Dummies**. For Dummies, 2009.

HESSELBEIN, Frances. **The Leader of the Future 2:** Visions, Strategies, and Practices for the New Era. Jossey-Bass, 2009.

_____. **Peter Drucker's Five Most Important Questions**: Enduring Wisdom for Today's Leaders. Jossey-Bass, 2015.

_____. **The Organization of the Future 2**: Visions, Strategies, and Insights on Managing in a New Era. Jossey-Bass, 2009.

HESS, Edward D. **Grow to Greatness**: Smart Growth for Entrepreneurial Businesses. Stanford University Press, 2012.

HILL, Charles. **ISE International Business**: Competing in the Global Marketplace. McGraw-Hill Interamericana de España S.L., 2021.

GOLEMAN, Daniel. **Foco**: A atenção e seu papel fundamental para o sucesso. Objetiva, 2013.

HOLMES, Chet. **The Ultimate Sales Machine**: Turbocharge Your Business with Relentless Focus on 12 Key Strategies. Portfolio, 2008.

HOFFMAN, Reid; YEH, Chris. **Blitzscaling**: o caminho vertiginoso para construir negócios extremamente. Alta Books, 2019.

ISAACSON, Walter. **Os Inovadores**. Intrínseca, 2021.

ISMAIL, Salim; MALONE, Michael S.; GEEST, Yuri van. **Exponential Organizations**: Why new organizations are ten times better, faster, and cheaper than yours. Diversion Books, 2014.

KELLER, Timothy; KELLER, Kathy. **God's Wisdom for Navigating Life**: A Year of Daily Devotions in the Book of Proverbs. Viking, 2017.

KELLY, Kevin. **The Inevitable**: Understanding the 12 Technological Forces That Will Shape Our Future. Penguin Audio, 2016.

KENNEDY, Anna. **Business Development For Dummies**. For Dummies, 2015.

KNAPP, Jake. **Sprint**: How to Solve Big Problems and Test New Ideas in Just Five Days. Simon & Schuster, 2016.

KIYOSAKI, Robert. **El Negocio del Siglo XXI (the Business of the 21st Century)**. Aguilar, 2013

KOTLER, Philip. **Administração de Marketing**. Pearson, 2006.

_____. **Marketing 4.0**. Editora Sextante, 2017.

_____. **Minhas aventuras em marketing**. Audible Studios, 2018.

KROON, Robert J. **Finding Revenue**: How Founders, Owners, And Ceos Lead Marketing And Sales. Expeerious, 2019.

KRUSE, Walter. **Rei Salomão**: o maior sábio do mundo. Walter Kruse, 2016.

LAURENCE, Tiana. **Blockchain For Dummies**. For Dummies, 2019.

LEE, Kai-Fu. **AI Superpowers**: China, Silicon Valley, and the New World Order. Houghton Mifflin Harcourt, 2018.

LEITE, Thomaz Paula. **A Sabedoria da Bíblia (Clássicos Pensamento)**. Editora Pensamento, 2009.

LINETSKY, Barry; MCLAIN, Bob. **The Business of Walt Disney and the Nine Principles of His Success**. Theme Park Press, 2017.

LONGO, Walter. **Marketing e Comunicação na Era Pós-Digital**: As regras mudaram. Alta Books, 2018.

LUZ, Helena. **Pequenas histórias do Dr. Einstein**. 2015.

MAGALDI, Sandro; NETO, José Salibi. **O novo código da cultura**: Vida ou morte na era exponencial. Editora Gente, 2019.

_____. **Gestão do Amanhã**: Tudo o que você precisa saber sobre gestão, inovação e liderança para vencer na 4ª Revolução Industrial. Editora Gente, 2018.

MANDINO, Og. **The Greatest Secret in the World**. Bantam, 2009.

MARKETING mononível e multinível. Disponível em: https://www.abevd. org.br/vendas-diretas/marketing-multinivel/. Acesso em: 16 jun. 2021.

MAXWELL, Dane. **Start from Zero**: Build Your Own Business. Experience True Freedom. 2020.

MAXWELL, John C. **A arte de formar líderes**: como transformar colaboradores em empreendedores. Vida Melhor, 2011.

MCGRATH, Rita Gunther. **Seeing Around Corners**: How to Spot Inflection Points in Business Before They Happen. Houghton Mifflin Harcourt, 2019.

_____. **Discovery-Driven Growth**: A Breakthrough Process to Reduce Risk and Seize Opportunity. Harvard Business School Press, 2009.

MACGREGOR, JR. **Elon Musk**: Moving the World One Technology at a Time: Billionaire Visionaries. CAC Publishing, 2018.

_____. **Steve Jobs**: The Man Behind the Bitten Apple: Insight into the Thoughts and Actions of Apple's Founder. CAC Publishing LLC, 2018.

_____. **Jeff Bezos**: The Force Behind the Brand – Insight and Analysis into the Life and Accomplishments of the Richest Man on the Planet: Billionaire Visionaries. CAC Publishing, 2018.

MCKEEFERY, Ron. **CEO Strength Coach**. CreateSpace Independent Publishing Platform, 2015.

MELLO, Francisco S. Homem de. **OKRs, da Missão às Métricas**: Usando as OKRs para criar uma cultura de execução e inovação na sua empresa. 2018.

MCMAHON, Gladeana. **Performance Coaching For Dummies**. For Dummies, 2011.

MURDOCK, Mike. **Segredos do Homem Mais Rico Mundo**. Wisdom International, 2014.

_____. **The Greatest Success Habit On Earth**. Wisdom International, 2011.

MUNROE, Myles. **The Power of Character in Leadership**: How Values, Morals, Ethics, and Principles Affect Leaders. Whitaker House, 2014.

FORTIN, Mayara; D'ALMEIDA, Renato; MONTEFIORE, Simon Sebag. **Líderes e Discursos que Revolucionaram o Mundo**. 2013.

NAWALKHA, Ajit; BHUSHAN, Neeta. **The Business Book Of Coaching**: Your Ultimate Guide to a 7-Figure Coaching Business. 2020.

_____. **The CEO Difference**: How to Climb, Crawl, and Leap Your Way to the Next Level of Your Career. McGraw-Hill Education, 2014.

O QUE é venda direta. Disponível em: https://www.abevd.org.br/sobre-
-vendas-diretas/. Acesso em: 16 jun. 2021.

OLIVEIRA, Ana Perestrelo de; CORDEIRO, António Menezes; DUARTE,
Diogo Pereira. **FinTech**: Desafios da Tecnologia Financeira. Almedina, 2019.

OLIVEIRA, Luís Martins de. **Controladoria Estratégica**: Textos e Casos
Práticos Com Solução. Atlas, 2000.

OROSZ, Jacob. **The Complete Guide to Selling a Business**: A Roadmap to
the Successful Sale of Your Business. 2017.

PAULA, Simão de. **Abraham Lincoln Seus Provérbios e Pensamentos**. 2017.

PARKER, Geoffrey G; ALSTYNE, Marshall W. Van; CHOUDARY, Sangeet
Paul. **Platform Revolution**. W. W. Norton & Company, 2016.

PENG, Mike W. **Global Business**. Cengage Learning, 2016.

PULIZZI, Joe. Content Inc., **Start a Content-First Business, Build a
Massive Audience and Become Radically Successful**. McGraw-Hill
Education, 2021.

PRYPTO. **Bitcoin For Dummies**. For Dummies, 2016.

RIES, Eric. **A startup enxuta**. Editora Sextante, 2019.

_____. **The Lean Startup**: How Today's Entrepreneurs Use Continuous
Innovation to Create Radically Successful Businesses. Currency, 2011.

ROBERT, Antonio. **Machine learning**: The Complete Beginner's Guide to
Learn and Effectively Understand Machine Learning Techniques (Intermediate,
Advanced, To Expert Concepts). Independently published, 2019.

ROBERGE, Mark. **The Sales Acceleration Formula**: Using Data, Technology,
and Inbound Selling to go from $0 to $100 Million. Wiley, 2015.

ROSS, Aaron. **CEOFlow**: Turn Your Employees Into Mini-CEOs.
PebbleStorm Press, 2010.

_____. **Predictable Revenue**: Turn Your Business Into a Sales Machine
with the $100 Million Best Practices of Salesforce.com. PebbleStorm, 2011.

ROSE, David S. **Angel Investing**: The Gust Guide to Making Money and Having Fun Investing in Startups. Wiley, 2014.

RIES, Al. **The 22 Immutable Laws of Marketing**: Violate Them at Your Own Risk! HarperBusiness, 1994.

SANTOS, Renato. **Empretec**: manual de operacionalização. Sebrae, 2018.

SCHMIDT, Eric; ROSENBERG, Jonathan. **How Google Works**. Grand Central, 2017.

SCHWAB, Professor Dr.-Ing. Klaus. **The Fourth Industrial Revolution**. Currency, 2017.

SHER, Brian. **O Que os Ricos Sabem e Não Contam**. Fundamento, 2015.

_____. **What Rich People Know & Desperately Want to Keep Secret**. Prima Lifestyles, 2000.

SCHOEDER, Alice. **The Snowball**: Warren Buffett and the Business of Life. Books on Tape, 2008.

SIGGELKOW, Nicolaj; TERWIESCH, Christian. **Estratégia Conectada**: Como Construir Relacionamentos Contínuos com Clientes e Alcançar Vantagem Competitiva. Saraiva, 2020.

SILVA, José Paulo Pereira da. **Decisão Ideal**. 2020.

_____. **Conexão para o Sucesso**: O Padrão de 11 passos do Meu Ideal para obter sucesso no Marketing de Relacionamento. Sistema Meu Ideal, 2019.

_____. **Web para Negócios**. 2019.

SINCLAIR, Bruce. **IoT**: Como Usar a "Internet Das Coisas" Para Alavancar Seus Negócios. Autêntica Business, 2018.

SMITH, Keith Cameron. **As 10 Principais Diferenças entre os Bilionários e a Classe Média**. GMT, 2009.

SINEK, Simon. **Start with Why**: How Great Leaders Inspire Everyone to Take Action. Portfolio, 2009.

_____. **Por quê? Como grandes líderes inspiram ação**. Sextante, 2018.

SOCIEDADE, Bíblia do Brasil. **Bíblia Sagrada com reflexões de Lutero**: Nova Tradução na Linguagem de Hoje. Sociedade Bíblica do Brasil, 2016.

_____. **Bíblia de Estudo NTLH**: Nova Tradução na Linguagem de Hoje. Sociedade Bíblica do Brasil, 2014.

SOUZA, A. **10 habilidades de Líderes Exponenciais**. 2018. Disponível em: https://www.futurosa.com.br/post/10-habilidades-de-l%C3%ADderes-exponenciais. Acesso em: 12 jun. 2021.

STANLEY, Thomas J; DANKO, William D. **O bilionário mora ao lado**: Os surpreendentes segredos dos ricaços americanos. Editora Manole, 1999.

STONE, Brad. **A loja de tudo**: Exclusivo Amazon. Intrínseca, 2019.

SUDOL, Ted; MLADJENOVIC, Paul. **Affiliate Marketing For Dummies**. For Dummies, 2020.

STONE, Brad. **The Everything Store**: Jeff Bezos and the Age of Amazon. Back Bay Books, 2014.

SWENSEN, David F. **Pioneering Portfolio Management: An Unconventional Approach to Institutional Investment**: An Unconventional Approach to Institutional Investment. Free Press, 2009.

_____. **Unconventional Success**: A Fundamental Approach to Personal Investment. Free Press, 2005.

THE WORLD in 2021. The economist. Novembro de 2020. Disponível em: https://www.economist.com/the-world-in-2021. Acesso em: 12 jun. 2021.

THIE, Peter. **Zero to One**: Notes on Startups, or How to Build the Future. Crown Business, 2014.

THOMPSON, Mark; TRACY, Brian. **Construa Um Grande Negócio**: 7 Passos Para O Sucesso De Sua Empresa. Hunter Books, 2012.

TORRES, Cláudio. **A Bíblia do Marketing Digital**. Novatec Editora, 2018.

TRACY, Brian. **The 21 Success Secrets of Self-Made Millionaires: How to Achieve Financial Independence Faster and Easier than You Ever Thought Possible**. ReadHowYouWant, 2009.

_____. **Now, Build a Great Business: 7 Ways to Maximize Your Profits in Any Market.** Gildan Media, 2011.

_____. **Maximum Achievement: Strategies and Skills That Will Unlock Your Hidden Powers to Succeed.** Simon & Schuster, 1995.

TYLER, Marylou. **Predictable Prospecting: How to Radically Increase Your B2B Sales Pipeline.** McGraw-Hill Education, 2016.

VANCE, Ashlee. **Elon Musk: Como o CEO bilionário da SpaceX e da Tesla está moldando nosso futuro.** Intrínseca, 2015.

VERGARA, Sylvia Constant. **Planejamento e Gestão Estratégica.** FGV, 2012.

WALKER, Jeff. **A fórmula do lançamento.** Best Business, 2019.

WALLIN, Claudia. **Um País Sem Excelências e Mordomias.** Geração Editorial, 2014.

WALTON, Sam. **Sam Walton**: Made In America Sam Walton: Made In America. Bantam, 2013.

WELCH, Jack; WELCH, Suzy. **Paixão por vencer**: a bíblia do sucesso. Elsevier, 2005.

_____. **Winning.** HarperAudio, 2005.

WEST, Mike. **People Analytics.** Alta Books, 2020.

WESTERMAN, George. **Leading Digital**: Turning Technology into Business Transformation. Harvard Business Review Press, 2014.

WOREK, Michael. Nobel: A Century of Prize Winners. Firefly Books, 2010.

ZAHARIADES, Damon. **To-Do List Formula**: A Stress-Free Guide To Creating To-Do Lists That Work! CreateSpace Independent Publishing Platform, 2016.

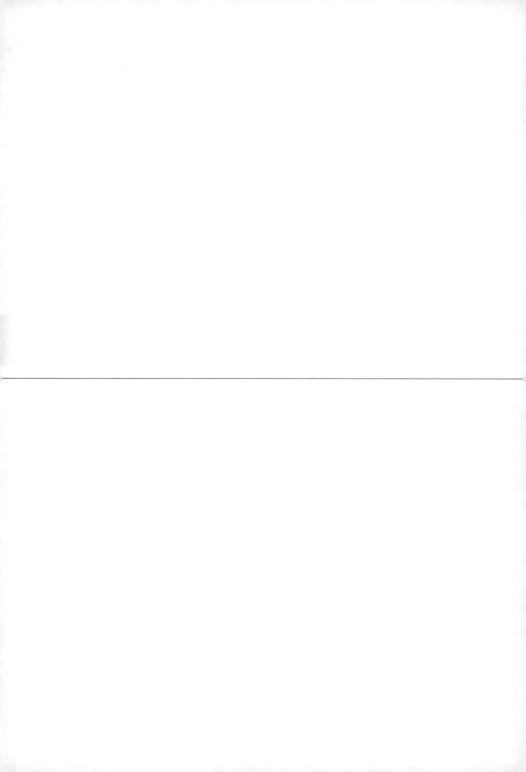

ANEXOS

José Paulo com sua avó Lazara.

Atitudes e ações são mais poderosas do que palavras.

José Paulo com sua família.

Sonhos são, por natureza, ampliações de nós mesmos e, por isso, conseguimos nos dedicar a eles.

José Paulo com sua família.

A liderança pelo exemplo pessoal é o melhor guia para nossa cultura. Fazemos o que dizemos.

CONHEÇA-ME

José Paulo com Rosangela Martins no pré-lançamento do livro Decisão Ideal, início do Projeto Ideal Books.

Tomamos decisões com base em fatos, não no sistema de tentativa e erro. Mas, embora a análise seja fundamental, a paralisia analítica deve ser evitada a todo custo.

José Paulo na Universidade de Stanford, Califórnia (EUA). Ao fundo, placa com a frase: "Change the world" ("Mudando o mundo").

José Paulo em sua defesa de doutorado pela Instituição FCU – Orlando, Flórida (EUA).

Disciplina é fundamental em tudo o que fazemos.

José Paulo em sua graduação de doutorado com o Reitor da FCU – Doutor Anthony B. Portigliatti – Orlando, Flórida (EUA).

Resultados são a força motriz da empresa.

José Paulo em sua graduação de pós-doutorado pela Instituição FCU – Orlando, Flórida (EUA).

O foco nos resultados nos permite concentrar tempo e energia no que é essencial.

José Paulo em sua graduação de pós-doutorado pela Instituição FCU – Orlando, Flórida (EUA).

Nada substitui o discernimento e o bom senso.

CONHEÇA-ME

Em Harvard (Cambridge, Massachusetts), em frente à Biblioteca Central.

Grandes empresas são formadas por pessoas excelentes. Esta é a única vantagem competitiva realmente sustentável.

Em Harvard, em frente ao Laboratório de Ciência e Engenharia.

Todo sonho tem consequências. Para sermos a melhor empresa, não podemos ser apenas uma boa empresa. Bom não é suficientemente bom.

Em Harvard, na icônica estátua de John Harvard.

A execução faz a diferença em nosso negócio. Grandes ideias mal executadas não têm valor algum.

José Paulo com seu amigo e mentor Edson Pardini.

Líderes autênticos mantêm o caminho livre para os demais e criam, constantemente, o ambiente, as oportunidades e os desafios para que estes progridam conforme seus talentos e dedicação.

José Paulo em reunião com equipe de Campinas (SP)

Nada substitui a presença do líder, sempre que possível, vamos aonde as coisas acontecem para gerenciá-las.

Escritório da Berrini, em São Paulo (SP).

Pessoas excelentes atraem pessoas excelentes.

UMA DECISÃO IDEAL E UMA TRAJETÓRIA DE SUCESSO

José Paulo e seu sócio, Dr. Alex Guilger. Assinatura do contrato de sociedade das Clínicas Odontológicas.

Sermos donos da empresa é o que nos permite tomar decisões melhores.

José Paulo nas primeiras instalações das empresas digitais do Grupo Ideal Trends, no Bairro de Socorro (SP), em 2013.

Criar uma grande empresa leva tempo, é difícil e exige consistência. Ela é erguida tijolo por tijolo, dia após dia.

José Paulo e Junior Cesar recebendo a chave de um imóvel do Grupo Ideal Trends.

Buscamos sempre o próximo nível, para nos mantermos à frente dos concorrentes.

José Paulo no Vale do Silício, em visita à empresa Sequoia Investment, especialista no investimento em empresas de tecnologia como Apple, Google, Linkedin, Oracle e Instagram.

Jamais podem ser comprometidas a segurança de nosso pessoal, a qualidade de nossos produtos e a singularidade da experiência oferecida a nossos consumidores.

José Paulo em visita à aceleradora na qual teve início o Instagram.

Consistência e continuidade são fundamentais nesse aspecto, ainda que nas áreas de marketing e vendas a abordagem tenha de evoluir constantemente.

José Paulo em visita ao Pixar Animation Studios. Ao fundo, o prédio Steve Jobs Building, nomeado em homenagem ao fundador da Apple: Nunca estamos plenamente satisfeitos com os resultados alcançados, assim como os princípios do GIT.

UMA DECISÃO IDEAL E UMA TRAJETÓRIA DE SUCESSO

José Paulo e colegas durante o programa Angel Investment Mission

Tudo que a empresa faz tem um dono, com responsabilidades claras e metas mensuráveis, incluindo prazo definido. Um dono sempre assume essas responsabilidades, além de exercer sua autoridade. Embora as discussões sejam importantes e comitês se mostrem úteis, é o dono que sempre toma a decisão final.

José Paulo em visita à sede do Google, em Mountain View, Califórnia (EUA), local que gera muitas inspirações para as empresas do Grupo.

Em outras palavras, investimos no que os clientes podem ver, tocar, usar e pelo que estejam dispostos pagar mais; o resto é investimento que não gera valor.

José Paulo em visita à sede do Google, em Mountain View, Califórnia (EUA), local que gera muitas inspirações para as empresas do Grupo.

Ser simples é melhor. Coisas simples são fáceis de explicar e pôr em prática e têm maior probabilidade de dar certo.

José Paulo no Evento Traffic & Conversion Summit 2016.

Uma das formas de aumentar a sua fé é por meio do conhecimento daquilo que você está desenvolvendo, e isso vem pelo ouvir pessoas, experiências, livros, palestras e com certeza sua crença no negócio vai aumentar.

José Paulo presente no maior evento de inbound do mundo em Boston, Massachusetts (EUA), em busca de inovações para o GIT.

Criar conteúdo de valor para sua audiência é importantíssimo, porque as pessoas consomem conteúdo.

Na 500 Startups, uma das maiores aceleradoras do mundo, sediada em São Francisco. Até fevereiro de 2021, já havia investido em mais de 2.400 empresas, como Udemy, Canva, GrabTaxi, TalkDesk e Twilio.

São os lucros que atraem as melhores pessoas, geram oportunidades profissionais, cativam investidores e mantêm o motor da empresa funcionando.

UMA DECISÃO IDEAL E UMA TRAJETÓRIA DE SUCESSO

Na Tech Crunch, em São Francisco, um dos maiores portais do mundo, especializado em tecnologia, sempre por dentro das novidades no setor.

Somos movidos por um sonho grandioso e desafiador: sermos os melhores e mais lucrativos nos setores em que atuamos.

Fundadores das startups selecionadas pelo programa Techmission, da +Innovators, para uma imersão no Vale do Silício, em São Francisco, em 2016 (foto tirada na Universidade de Stanford). José Paulo está na fila de trás – o segundo da esquerda para a direita.

Meios (o modo como realizamos as coisas) são importantes para obtermos os fins (resultados) de modo mais rápido, econômico e confiável. Meios sem fins não significam nada.

Na University of St. Thomas, em Houston, no Texas, recebendo o certificado de um programa internacional de negócios.

Em uma verdadeira cultura de proprietários, donos não julgam ter direito natural ao negócio: pelo contrário, buscam fazer jus a ele todos os dias.

No escritório da Rocket Space de São Francisco, uma gigante na aceleração de empresas e projetos de tecnologia, tendo no seu portfólio unicórnios como Uber, Airbnb, Spotify e grandes marcas como AT&T, ABInBev, Microsoft, entre outras.

Nunca estamos plenamente satisfeitos com nossos resultados. É essa recusa em se acomodar à situação atual que nos garante vantagem competitiva duradoura.

Uma marca registrada da Rocket Space é colocar as logomarcas das startups aceleradas dentro do foguete...

10, 9, 8, 7 ... 1, 0. Vrummm! Lançamento!

José Paulo e Kevin Kelly (autor de best-seller, editor, consultor em filmes, fotógrafo).

Conversas estimulantes sobre tendências e oportunidades nos negócios, sociedade e tecnologia.

UMA DECISÃO IDEAL E UMA TRAJETÓRIA DE SUCESSO

José Paulo com um de seus livros prediletos, *Pense sobre essas coisas*, que fala sobre a sabedoria vinda dos provérbios bíblicos.

José Paulo no escritório em Orlando, projetando diversos fusos horários na internacionalização do GIT pelo IDE.

Integridade para mim é aquilo que é completo, inteiro, que não tem duas faces, aquilo que é o mesmo, em qualquer lugar, hora e tempo.

José Paulo em Dublin, na Geórgia (EUA), em visita à Primeira Igreja Batista Afro-americana, onde o pastor ganhador do prêmio Nobel Martin Luther King fez um célebre discurso sobre o movimento dos direitos civis, em 1944.

Lembre-se: se você quer realizar seu sonhos, o trabalho é o caminho para isto...

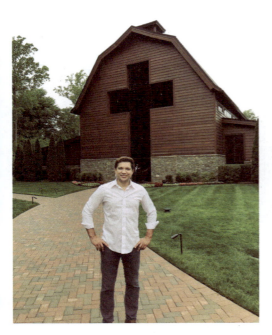

No Billy Graham Library, em Charlote, na Carolina do Norte.

"Não abandone a sabedoria, e ela protegerá você. Ame-a, e ela lhe dará segurança." Provérbios 4:6

José Paulo em frente ao Capitólio, a casa de leis americana, em Washington, D.C. (EUA).

Transparência e disponibilidade de informações contribuem para a tomada de decisões e minimizam os conflitos. Gostamos de visibilidade e franqueza sem receio.

José Paulo e Bedy Yang, na aceleradora 500 Startups, em São Francisco, Califórnia (EUA). Bate-papo sobre startups, venture capital e angel investment.

Se você quer construir algo sólido e perene, jamais deixe de ser constante. Constância e paciência andam de mãos dadas quando se quer empreender...

UMA DECISÃO IDEAL E UMA TRAJETÓRIA DE SUCESSO

José Paulo e Richard Stallman, um mito da tecnologia no Vale do Silício. Conversaram sobre o nascimento da internet, programação e futuro da tecnologia (um gênio excêntrico).

Sonhar grande requer a mesma energia que sonhar pequeno. Sonhamos grande para sermos do tamanho de nosso sonho.

Treinamento Gente & Gestão GIT, módulo Liderança Exponencial, em maio de 2021.

Pessoas excelentes, livres para crescer no ritmo de seu talento e recompensadas adequadamente são nosso ativo mais valioso.

Evento Ideal Convention – Convenção Internacional de Empreendedorismo, realizado em novembro de 2019. Foi organizado pela Anne Caroline Global e contou com mais de 350 pessoas, com palestras sobre os temas liderança e empreendedorismo, coroando o lançamento da marca no mercado.

Devemos selecionar indivíduos que possam ser melhores do que nós. Seremos avaliados pela qualidade de nossas equipes.

Inauguração da primeira franquia multinegócios do mundo, a Ideal Multi Business.

Somos uma empresa voltada para vendas, e é essencial que estas nunca parem de crescer. Para tanto, o consumidor deve ser visto como rei. Transformamos dinheiro que não gera valor em dinheiro que gera valor.

Encontro de vice-presidentes em Orlando, Flórida (EUA).

A liderança de sua equipe é a chave para a obtenção de resultados. Sem grandes líderes, não há grandes resultados.

Palestra para empreendedores na Sede Sebrae de Florianópolis (SC), em 2020.

O que importa são resultados, desde que obtidos de maneira que respeite a estrutura ética e as normas da empresa.

UMA DECISÃO IDEAL E UMA TRAJETÓRIA DE SUCESSO

Palestra para liderança do Grupo Ideal Trends, na sede Caminho Ideal, em 2020.

Somos todos embaixadores e multiplicadores da nossa cultura. Isso significa que somos todos atenciosos, humildes, energéticos e com senso de urgência, a chave para construir nossa empresa.

Evento Ideal Convention – Convenção Internacional de Empreendedorismo, realizado em novembro de 2019. Foi organizado pela Anne Caroline Global e contou com mais de 350 pessoas, com palestras sobre os temas liderança e empreendedorismo, coroando o lançamento da marca no mercado.

Somos todos donos da empresa. E um dono assume a responsabilidade pelos resultados pessoalmente.

Visita de alunos de MBA da FGV ao scritório do GIT, em Orlando, Flórida (EUA).

Todos os líderes da organização precisam ter tempo disponível para atrair, desenvolver e motivar pessoas. Essa é uma responsabilidade que eles não delegam.

UMA DECISÃO IDEAL E UMA TRAJETÓRIA DE SUCESSO

Plotagem do carro da escola de inglês em Orlando, Flórida (EUA), e flyer da campanha.

Só podemos ter a melhor empresa se contarmos com a confiança e o envolvimento de todos os nossos stakeholders.

Futuras instalações da Faculdade Ideal Trends.

O desenvolvimento de cada pessoa deve ser incentivado com a oferta de oportunidades profissionais que possam tirá-las de sua zona de conforto e levá-las para além do que elas julgavam ser capazes de ir.

CAMINHO IDEAL

José Paulo com os vice-presidentes doando livros para o Caminho Ideal.

"Quanto for possível, não deixe de fazer o bem a quem dele precisa."
Provérbios 3:27

Pastor José Paulo, fundador do Caminho Ideal (Ideal Way), e seus companheiros de evangelho e cofundadores, Pastor Alexandre e Pastor Ewerton.

Pregue a palavra, esteja preparado a tempo e fora de tempo, repreenda, corrija, exorte com toda a paciência e doutrina.

2 Timóteo 4:2

José Paulo em visita à Bovespa. Um de seus projetos é abrir o capital de empresas do Grupo Ideal Trends no Brasil e nos Estados Unidos.

José Paulo com líderes do GIT fazendo uma releitura dos Beatles: "Come together, right now" ("Venha junto, agora mesmo").

Nosso desejo de construir uma grande empresa que seja a melhor no que faz é o que nos inspira e estimula a trabalhar em conjunto, na mesma direção.

José Paulo na residência de seu amigo Itys Fides, um engenheiro brilhante e grande professor, em dezembro de 2020. Da direita para a esquerda: José Paulo, Sr. Itys Fides, sua esposa Dona Ivete e seu filho Caio Toledo

Acreditamos que bom senso e simplicidade são melhores que complexidade e sofisticação.

José Paulo no Parque Magic Kingdom, onde Walt Disney tem sua frase icônica: "Se você pode sonhar, você pode fazê-lo. Lembre sempre que tudo isso começou com um sonho e um rato", fazendo alusão ao princípio do GIT "**sonhar grande**".

CONSELHOS FINAIS

Festa de fim de ano do GIT, com a Roseli.

Celebraremos nossas vitórias e reconheceremos todos os que nos ajudaram a alcançá-las – mas sempre com os olhos voltados para o próximo desafio.

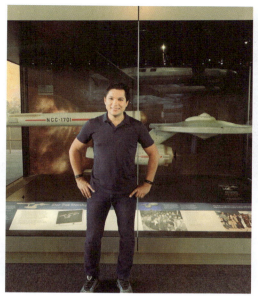

Em frente à nave Enterprise, usada na filmagem da série original de Jornada nas Estrelas (1966-1969), localizada no Smithsonian Museum, em Washington, D.C. (EUA).

A nave Enterprise foi tripulada por James Tiberius Kirk, que foi descrito por Robert Jewett e John Sheldon Lawrence em The Myth of the American Superhero como "um líder que empurra ele mesmo e sua tripulação para além de limites humanos".

Na NASA, em Houston, e no The Sixth Floor Museum, em Dallas. A meta de colocar o homem na lua até o final da década de 1960 foi alcançada!

Sempre haverá mais o que fazer do que o tempo nos permite, por isso prioridades são fundamentais. As metas nos alinharão em torno das prioridades.

Na NASA, em Houston, e no The Sixth Floor Museum, em Dallas. A meta de colocar o homem na lua até o final da década de 1960 foi alcançada!

Sempre haverá mais o que fazer do que o tempo nos permite, por isso prioridades são fundamentais. As metas nos alinharão em torno das prioridades.

CONSELHOS FINAIS

"Isto é uma evidência da existência de Deus" – Romanos 1:20

As perfeições do Criador só podem ser compreendidas por meio de suas obras. São as evidências submetidas a nosso intelecto, pelas quais podemos chegar ao verdadeiro conhecimento de Deus.

Viva o fôlego de vida! Vida a vida!

Sucesso sempre!

ESCANEIE AQUI
E acesse mais fotos de José Paulo.

Gráfica Patras
Julho/2021
Tiragem 10.000